은 전쟁과 분열의 시기에 평화, 관용, 우정, 내적 평화에 천착하면서 『그리스도인의 완전』과 같은 영성 고전을 남겼다. 모두 41편에 이르는 이 책은 페늘롱이 자신을 하나님께 내어드릴 때 경험한 홀로 있음, 그리고 인간적 고독에 깃든 하나님의 친밀하심을 세밀하고 감미롭게 묘사하고 있다. 나는 세 가지 이유로 이 책의 정독을 추천한다.

첫째, 기독교가 16세기 종교개혁 시대부터 시작된 종교가 아니라, 2천 년 동안 온축된 전통의 보고이자 지혜의 원천임을 깊이 깨달을 수 있다. 페늘롱의 권면들은 14세기 토마스 아 켐피스의 『그리스도를 본받아』를 방불케 하는 깊은 샘물이다. 마음을 어루만지는 글들에서 페늘롱의 영혼이 파동 치는 듯한 생기를 느낄 수 있다. 영적 완덕에 이르기 위해 몸부림친 영혼의 고투를 여러 각도에서 보여줌으로써, 영적 황량함과 고독에 방치된 영혼에게 생기를 불어넣어 준다.

둘째, 고결하고 따뜻한 수도원장 같은 영적 어른이나 멘토를 갈망하는 사람들에게 이 책은 한없는 위로가 될 것이다. 친구나 가족, 부부가 함께 각 장을 조금씩 나눠서 읽어도 페늘롱의 영적 힘을 느낄 수 있을 것이다.

셋째, 가톨릭 영성에 대한 편견을 벗도록 도와준다. 가톨릭 영성은 그리스도의 완덕에 이르려는 영성의 지향이다. 개신교인들은 성령을 통한 단회적 칭의를 강조할 뿐, 평생에 걸쳐 일어나는 영적 성장과 성숙의 행로는 잘 모른다. 이 책은 인간의 치명적 오류, 결점, 죄성을 직시하면서 십자가에서 성취된 하나님의 사랑, 그리스도의 거룩한 희생을 바라보도록 돕는다.

이 책을 정독한 독자들은 기독교의 영성이 실로 구약과 신약, 그리고 초대-중세 교부들의 신학과 영성을 이어받고 있음을 실감할 것이다. 페늘롱에게 하나님에 대한 순수한 사랑은 사심 없는 이웃 사랑, 공정한 시민 교양의 토대로 치환되는 보편적 영성이다. 한국교회 개신교인들에게 낯설지 몰라도 페늘롱의 영성적 지향은 정통 기독교의 영성 전통에 녹아있다. 안심하고 이 책을 즐겨도 된다는 말이다. 프랑스어 원전에서 번역되었지만 아주 잘 읽히는 책이다. 이토록 아름답고 고귀한 사상을 전달하는 모국어도 갑자기 성화된 느낌이다. 참 은혜롭고 감동적인 책이다.

김회권, 숭실대학교 기독교학과 교수

금서 조치되다.

교황에게 순명 서한을 내고 주교구인 캉브레에서 자신의 책을 금서 처분하다.

4월, (프랑스 혁명에 기여한) 18세기 프랑스 정치 이론에 큰 영향을 미친 『텔레마코스의 모험』이 출간되다. 부르고뉴 공작의 가정교사 지위를 박탈당하다.

1703년	마담 귀용이 무죄 석방되었으나 페늘롱은 사면되지 않다.
1715년	1월 7일, 캉브레의 주교이자 영주로서 사목과 치리에 여생을 바치고 63세의 나이로 세상을 떠나다.
1718-1738년	사후에 조카 페늘롱 후작에 의해 『페늘롱의 영적 저작』이 발간되다(본서 『그리스도인의 완전 및 윤리에 관한 다양한 문제에 관한 지침과 조언』이 『그리스도인의 다양한 소견 및 조언』이라는 제목으로 실리다).
1787-1792년	종손자 페늘롱 사제의 자료 수집과 프랑스 성직자회의 후원으로 전작집이 발간되었으나 프랑스 혁명으로 중단되다(『그리스도인의 다양한 소견 및 조언』이 총 51편의 글로 실리다).
1820년	10년에 걸쳐 최초의 전집인 베르사유 판(8절판, 총 34권)이 완성되다(『그리스도인의 다양한 소견 및 조언』이 편집자들에 의해 총 41편의 글로 선별되어 실리다. 일상적 일반 주제에서 영성적 심화 주제로 나아가는 순서로 구성되다).
1848-1852년	베르사유 판을 바탕으로 5년에 걸쳐 정립된 파리 판(대형 8절 판, 총 10권)이 널리 인정받는 판본이 되다.
1947년	본서가 『그리스도인의 완전』(재판)이라는 제목의 영역본으로 발간되다.
1983-1997년	주요 저작을 선별하여 플레이아드 판(총 2권)이 발간되다(『그리스도인의 다양한 소견 및 조언』이 편집자들에 의해 총 38편의 글로 선별되어 『영적 서한 및 소론』이라는 제목으로 실리다. 순서와 소제목이 바뀌다. 추정 가능한 출처가 표기되다).

가장 권위 있는 프랑스어 판본(베르사유/파리 판)을 따른 본서는 신앙생활에 관한 조언뿐 아니라 철학적 논증과 날카로운 심리 해부가 담겨 있어 그가 살았던 시대를 넘어 오늘날에도 여전히 적실하다. 이 책은 출간 이후 시대와 국가를 초월하여, 그리고 가톨릭뿐 아니라 개신교에 속한 독자들에게 기독교의 고전으로 사랑받아 왔다.

복 있는 사람

오직 여호와의 율법을 즐거워하여 그 율법을 주야로 묵상하는 자로다.
저는 시냇가에 심은 나무가 시절을 좇아 과실을 맺으며 그 잎사귀가 마르지 아니함 같으니
그 행사가 다 형통하리로다. (시편 1:2-3)

세상이 온통 이익이라는 가치를 중심으로 돌아갈 때 이 세상은 시장 바닥으로 변한다. 영혼은 납작해지고 거칠어진다. 문득 '삶이 이런 게 아닌데' 하는 생각이 들 때야말로 새로운 삶을 시작할 용기를 내야 할 때이다. 고전을 읽는다는 것은 소란한 세상에서 잠시 벗어나 고요함의 오아시스로 들어가는 일이다. 그 속에 머무는 동안 호흡은 가지런해지고, 인간 정신의 아름다움과 숭고함이 조용히 스며든다. 17세기에 유럽에서 벌어진 30년 전쟁이 끝난 직후에 태어난 페늘롱은 볼테르 이전에 신앙에 입각한 관용의 정신을 추구했던 사람이다. 그는 삶의 모든 국면에서 하나님께 길을 묻는 사람이었다. 그가 제시하는 믿는 이들의 삶의 원리는 '하나님의 현존 안에 머물기'이다. 일상 속에서 영원을 살아가는 데 필요한 41편의 가르침을 충실히 음미한다면 우리가 잊고 있었던 삶의 깊이와 신비에 눈을 뜨게 될 것이다.

김기석, 청파교회 담임목사

페늘롱의 『그리스도인의 완전』은 자기애와 자아 과잉의 질병을 앓고 있는 현대인들에게 영적 지혜로 가득 찬 치유의 길을 보여준다. 이 책에 담긴 41편의 글은 모든 시대의 인간이 경험하는 보편적인 문제에 대해 더없이 깊은 영적 통찰력과 실천적 지혜, 균형 감각이 돋보이는 가르침을 준다. 늘 경탄을 자아내는, 불문학 전문 번역자인 최애리 선생님의 유려한 번역으로, 기독교의 대표적인 영성 고전인 페늘롱의 저작을 만날 수 있게 된 것은 참으로 반갑고 고마운 일이 아닐 수 없다.

손은실, 서울대학교 종교학과 교수

이 책은 17세기 중엽부터 18세기 초기까지 살았던 프랑스 가톨릭 사제 프랑수아 드 페늘롱의 영적 수상록과 심원한 조언들을 묶은 책이다. 페늘롱의 사상은 그가 받은 과업들에 응답하는 과정에서 구축되고 생장했다. 그의 저작과 생전 활동은 정치학, 사회사상, 교육사상, 그리고 신학과 영성 영역까지 확장되어 있어서 어디서부터 접근하느냐에 따라 이미지가 달라 보인다. 캉브레 대주교이자, 루이 14세의 손자인 부르고뉴 공작의 가정교사였던 페늘롱은, 철학적-신학적 사유는 물론, 교육, 사목, 행정, 그리고 정치적 판단에도 온화하고 균형감이 탁월했다. 유럽의 30년 전쟁의 난폭한 잔영이 남아 있던 프랑스에서 태어난 페늘롱

그리스도인의 완전

François de Salignac de La Mothe-Fénelon

Instructions et avis sur divers points de la morale et de la perfection chrétienne

프랑수아 드 페늘롱 지음 ○ 최애리 옮김

그리스도인의
완전

Instructions et avis sur divers points de la morale

et de la perfection chrétienne

복 있는 사람

그리스도인의 완전

2022년 4월 28일 초판 1쇄 인쇄
2022년 5월 6일 초판 1쇄 발행

지은이 프랑수아 드 페늘롱
옮긴이 최애리
펴낸이 박종현

(주) 복 있는 사람
주소 서울특별시 마포구 연남동 246-21(성미산로23길 26-6)
전화 02-723-7183(편집), 7734(영업·마케팅) 팩스 02-723-7184
이메일 hismessage@naver.com
등록 1998년 1월 19일 제1-2280호

ISBN 979-11-91987-57-7 03230

*Instructions et avis sur divers points de la morale et de la perfection
chrétienne*
by François de Salignac de La Mothe-Fénelon

Originally published in 1820 in France under the title
Instructions et avis sur divers points de la morale et de la perfection chrétienne
by François de Salignac de La Mothe-Fénelon

This Korea translation edition © 2022 by The Blessed People Publishing Inc., Seoul, Republic of
Korea.

　페늘롱이 활동했던 시기는 프랑스 역사상 가장 강력한 절대
군주였던 루이 14세의 시대에 해당한다. 이전 세기의 종교개혁
으로 인한 프랑스 내 신구교 갈등은 1598년 앙리 4세가 낭트
칙령으로 종교적 자유를 인정하면서 수습되었고, 뒤이어 종교
분쟁을 기화로 유럽의 강대국들이 세력 다툼을 벌였던 30년 전
쟁1618-1648도 베스트팔렌 조약으로 막을 내렸다. 막판에는 프랑
스 대 합스부르크 왕가의 대결 양상을 띠었던 이 전쟁을 통해
프랑스는 패권국으로 자리매김하게 되며, 국내적으로도 귀족
들이 일으킨 프롱드의 난1649-1653이 진압된 후 왕권이 강화되고
질서가 확립되기에 이른다. 어린 나이에 즉위했던 루이 14세가
친정을 시작한 1660년 이후 18세기 초까지, 프랑스가 정치적
으로뿐 아니라 문화적으로도 전 유럽을 지배했던 이 시기를 프
랑스 문학에서는 고전주의 시대로 일컫는다.
　베르사유 궁이 화려하게 증축되고 궁정 문화가 융성하여 고

7

전주의 연극이 전성기를 구가했던 그 이면에서는 갈등과 비참이 배태되고 있었다. 무엇보다도, 낭트 칙령으로 개신교를 인정하고 30년 전쟁에서도 대외적으로 개신교 편에 서기는 했으나 국내적으로 구교 세력이 강했던 프랑스는 개신교 탄압에 도를 더해가다가 1685년 퐁텐블로 칙령 반포로 낭트 칙령을 철회하게 된다. 이로 인해 약 5만 가정의 개신교도(위그노, 프랑스 칼뱅주의자)들이 국외로 망명했으며, 떠나지 못한 이들은 가톨릭으로 강제 개종을 해야만 했으므로, 종교적 갈등이 끊이지 않았다. 그뿐 아니라, 절대 왕권을 수립한 루이 14세의 사치한 생활과 방만한 침략전쟁 수행의 연속으로 민생은 갈수록 도탄에 빠져들었다.

페늘롱은 이런 시대에 이상적인 군주 및 정치를 제시했던 사상가이자 신구교의 대립을 넘어 참된 신앙의 길을 모색하고 실천했던 성직자로 길이 기억될 만하다. 왕자의 스승으로서 바람직한 국가란 어떤 것이어야 하는지를 보여준 저서 『텔레마코스의 모험』*Les Aventures de Télémaque, fils d'Ulysse*, 1699은 20세기 초까지도 프랑스 중등학교의 필독서였으며, 신앙적 권면을 청하는 수많은 사람들을 위해 쓴 글들은 여러 형태로 편집되어 아직도 애독되고 있다.

생애의 시작

페늘롱(본명 프랑수아 드 살리냑 드 라 모트-페늘롱, François de Salignac de La Mothe-Fénelon)은 1651년 프랑스 남서부 페리고르 지방(오늘날의 도르도뉴 현에 해당)의 사를라에서 태어났다. 페늘롱 가는 유서 깊은 귀족 가문으로, 14세기에 지어진 페늘롱 성은 수차 개축되어 오늘날까지 남아 있다. 부유하지는 않았지만, 대대로 외교관, 군인 등으로 국가에 봉사한 선조들과 아홉 명의 주교 및 대주교를 배출한 집안이었다. 페늘롱의 소년기에도 한 숙부가 사를라 주교를 맡고 있었다. 인근 카오르 대학에서 수사학과 철학을 공부하기 시작한 페늘롱은 곧 성직으로 나아갈 뜻을 세웠고, 파리에 있던 또 다른 독실한 숙부 앙투안 후작의 주선으로 후작 자신이 창설에 관여했던 생쉴피스 신학교에서 공부하게 되었다. 1677년 카오르 대학에서 신학박사 학위를 받았고, 곧이어 사제 서품을 받았다.

그 무렵 그는 프랑스령 캐나다, 또는 그리스에 선교사로 가기를 원했다는 설도 있으나, 곧바로 생쉴피스 신학교 교장이던 트롱송의 초빙으로 생쉴피스 교구에서 사목하게 되었고, 1679년에는 개신교에서 가톨릭으로 개종한 소녀들을 위한 학교인 '누벨 카톨리크'Nouvelles Catholiques의 교장으로 임명되어 10년을 봉직하게 된다. 그 학교에서 온화한 감화력으로 학생들을 지도했던 경험과 친지들에게 딸들의 교육을 위해 조언해 주었던 내용을 바탕으로 『소녀 교육론』Traité de l'éducation des filles, 1687을 쓰기도 했다.

훗날 적이 될 보쉬에Jaques-Benigne Bossuet, 1627-1704를 만난 것도 그 무렵의 일이다. 왕권신수설의 기반을 다진 인물로 유명한 보쉬에는 1670년 이후 10년 넘게 왕자(그랑 도팽: 루이 14세의 아들)의 가정교사를 맡으며 루이 14세의 측근이 되어 있던 터였다. 젊은 사제 페늘롱과 24세 손위였던 보쉬에 주교는 부자간처럼 호의적인 관계로 지냈다고 전해진다. 페늘롱이 '누벨 카톨리크'의 교장으로 임명된 것이나, 위그노 밀집 지역에 대한 포교 계획의 일환으로 생통주 및 푸아투에 파견된 것이 모두 보쉬에의 영향력 덕분이리라고도 한다. 위그노에 대한 이 조처는 '용기병 박해'Dragonnades로 불릴 만큼 군대를 앞세운 무자비한 탄압으로 결국 낭트 칙령 철회로 이어지게 된다. 페늘롱은 종교의 통합이 국가의 통합에 이바지하리라는 데는 의견을 같이했지만 폭력에는 반대하여 해당 지역에서 군대를 철수시키는 조건으로, 마지못해 그 임무에 동의했다고 한다.[1]

1688년 생통주에서 돌아온 지 얼마 안 되어 그는 왕자(그랑 도팽의 아들, 즉 루이 14세의 손자) 부르고뉴 공작의 사부로 임명되었다. 일곱 살 난 왕자는 버릇이 없고 성정이 사나워 다룰 수 없는 아이라는 평이 나 있었으나, 페늘롱은 타고난 교육자답게 강압이나 폭력 없이 정중하면서도 확고한 태도로 아이를 다스려 애정과 존경을 얻어내는 데 성공했다. 어린 왕자를 데리고 다니며 자연과 사람들을 보여주었고, 백성의 행복을 위해 진력

---

1 페늘롱은 퐁텐블로 칙령이 반포되기 전인 1681-1682년과 반포된 다음인 1685-1688년 두 차례 같은 임무로 해당 지역에 파견되었다.

하는 올바른 군주란 어떤 사람이어야 하는가를 가르쳤다. 왕자의 변화는 주변의 놀라움을 불러일으키기에 족했으니, 손아래 두 왕자도 그에게 맡겨지게 되었다. 그가 왕자에게 가르쳤던 내용은 훗날 펴내게 될 『망자들의 대화』*Dialogues des morts*, 1712나 『텔레마코스의 모험』 같은 저작에서 살펴볼 수 있다.

이 일로 그의 인망이 한층 더 높아진 것은 물론이다. 그는 진작부터 여러 궁정 인사들과 가깝게 지내며 신앙을 지도하는 입장이었고, 특히 왕의 비공식적 배우자이던 마담 드 맹트농[2]의 전폭적인 신뢰를 얻던 터였다. 맹트농은 자신처럼 가난한 귀족 집안 딸들을 위해 설립한 생시르 여학교(생루이 왕립학교)의 운영에 대해 그의 조언을 구하는 것은 물론이고, 자신의 신앙생활의 세세한 점까지 그에게 의논하곤 했다. 그가 사람들의 눈에 어떻게 비쳤는지는 루이 14세의 궁정에 대한 기록으로 유명한 생시몽의 『회고록』에서 찾아볼 수 있다.[3]

---

2 마담 드 맹트농(본명 프랑수아즈 도비녜, Françoise d'Aubigné, 1635-1719)는 가난하고 불우한 성장기를 보냈으나, 작가 스카롱(Paul Scarron)과 결혼하여 그 연줄로 궁정에 드나들게 되었다. 과부가 된 후 루이 14세의 애첩 몽테스팡 후작 부인의 호의로 그녀가 낳은 왕의 서출 자녀들을 돌보다가, 왕의 신임을 얻어 1683년 왕비의 사후에 왕과 비밀리에 결혼식을 올렸다. 정식 결혼이기는 했지만 신분 격차로 인해 정식 왕비가 아닌 비공식적 배우자의 지위에 머물렀다. 맹트농 여후작(Marquise de Maintenon)이라는 작위는 1674년에 구입한 영지 맹트농을 기반으로 하사받은 것이다.

3 생시몽(Louis de Rouvroy de Saint-Simon, 1675-1755)의 연배로 보아, 그가 본 페늘롱은 이미 대주교가 된 다음이었을 것이다. 인용문에서 "주교답고 대영주다웠다"는 것은 캉브레 대주교라는 직위가 주교후(prince-évêque), 즉 대주교인 동시에 공작에 해당하는 제후의 직위였기 때문이다.

그는 키가 크고 여윈 사람이었다. 창백한 안색에 코가 크고, 눈에서는 불꽃 같은 정신이 급류처럼 쏟아져 나왔다. 나는 그와 비슷한 용모를 일찍이 본 적이 없었다. 한 번만 보아도 결코 잊을 수 없는 생김새였다. 상반되는 요소들이 섞여 있으면서도 전혀 어색하지 않았다. 위엄과 상냥함이, 진지함과 명랑함이 한데 어우러져 있었고, 학자다우면서도 주교답고 대영주다웠다. 그런 용모에서 또 그라는 사람 전체에서 풍겨 나오는 것은 섬세함과 명민함, 우아함, 세련됨과 특히 고상함이었다. 눈길이 자꾸만 그에게로 쏠리지 않도록 애써야 했다.

그의 모든 초상화는 제 나름대로 그의 모습을 그려내고 있지만, 달리 찾아볼 수 없는 절묘한 조화로움이나 그 얼굴에 담겨 있는 섬세한 특징들을 포착하지는 못한다. 그의 행동거지 또한 용모에 걸맞은 것이었으니, 그 자연스러운 우아함은 누구에게나 호감을 주었다. 그런 태도와 취향은 상류 사회에서 최상의 교제를 누려온 데서 함양된 것으로, 그의 모든 대화에서 절로 우러났다. 그뿐 아니라, 그에게는 자연스럽고 온화하고 풍부한 달변과 은근하면서도 고상하고 적절한 정중함이, 쉽고 분명하고 유쾌한 화법과 가장 난처하고 딱딱한 화제도 수월하게 풀어 나가는 명쾌함이 있었다. 그는 대화하는 상대방보다 결코 더 똑똑하기를 원치 않았으며, 전혀 티를 내지 않고 각 사람의 눈높이에 자신을 맞추어 상대방을 편안하게 해주었다. 그래서 그에게 매혹된 사람들은 그를 떠나지도 항거하지도 못하고 다시금 그를 찾을 수밖에 없게 되는 것이었다.

그랑 도팽의 사부였던 보쉬에가 주교가 되고 왕의 측근 실세가 되었듯이, 페늘롱 역시 양양한 전도를 기대할 만했다. 1693년에는 아카데미 프랑세즈 회원으로도 선출되어 실력을 인정받았으니, 주교, 대주교를 거쳐 추기경으로서 선대의 리슐리외나 마자랭처럼, 혹은 그의 벗이던 플뢰리가 나중에 그렇게 된 것처럼, 왕의 재상까지 되지 말란 법이 있겠는가. 만일 그가 마담 귀용을 만나지만 않았더라면 말이다.

마담 귀용과의 만남

페늘롱과 귀용은 친척 간이었다고도 하나 정확한 척족 관계는 알 수 없다. 귀용Jeanne-Marie Bouvier de la Motte-Guyon, 1648-1717은 파리 근교 몽타르지의 부유한 집안 출신으로, 어린 나이에 결혼하여 고된 시집살이를 겪으며 신앙생활에 정진하다가 일찍 남편을 여의고 포교 활동에 나선 여성이었다. 그녀는 1676년부터 약 10년간 그르노블, 주네브, 젝스, 마르세유 등지에서 병원을 설립하고 복음을 전하고 신앙을 지도했으며, 『급류』Les Torrents, 1682, 『짧고 아주 쉬운 기도 방법』Moyen court et très facile pour l'oraison, 1684 등을 써서 큰 호응을 얻었다.

하지만 그 못지않은 반발에도 부딪혔으니, 물려받은 재산을 처리하는 문제로 교회 당국자 및 가족과 갈등을 빚은 끝에, 지도 신부였던 라콩브 사제와 함께 주네브에서 추방당하고 이복

형제인 드 라 모트 사제에 의해 고발당하기에 이르렀다. 주네브 주교는 그녀에게 재산을 교회 기관에 헌납하도록 종용하다 뜻대로 되지 않자 자신에게 동조하지 않는 라콩브 사제까지 내쳤고, 이복형제는 한술 더 떠 그녀가 그 사제와 부정한 관계이며 이단이라고 모함한 것이었다. 그 밖에도 당시 그녀를 매도하던 주술, 위폐 등의 소문은 마녀사냥을 방불케 한다. 그녀에게 걸린 이단 혐의는 당시 물의를 빚고 있던 이른바 정적주의quiétisme와 관련된 것으로, 이를 대표하는 스페인 사제 미구엘 데 몰리노스Miguel de Molinos, 1628-1696가 1687년 8월 종신징역에 처해진 후, 그와 유사한 신앙 노선을 퍼뜨리고 있다고 간주된 라콩브 사제와 마담 귀용도 뒤따라 체포되었다.[4]

정적주의란 몰리노스의 『영적 지침서』Guía Espiritual; Defensa de la Contemplación, 1675가 불러일으킨 논란에서 비롯된 말이다. 의지적이고 이성적인 노력보다 하나님께 모든 것을 맡기는 수동적인 묵상 가운데서 하나님과의 깊은 소통과 안식quietas으로 나아갈 수 있다는 그의 주장은 기존의 영성 수련에 대한 비판으로 여겨져 큰 반발을 일으켰고, 파생되는 함의들로 인해 이단 시비에 올랐다. 그러면서 비슷한 시기에 비슷한 신앙을 추구하는 이들이 통틀어 '정적주의'라는 폄하적 용어로 불리게 된 것인데, 이들이 일관되고 체계적인 어떤 주의주장을 했다기보다는 비슷

---

4 라콩브 사제(Francois La Combe, 1640-1715)는 1687년 10월에 투옥되어 사망하기까지 석방되지 못했으며, 마담 귀용은 1688년 1월에 체포, 감금되었다가 9월에 풀려났다.

하면서도 조금씩 다른 여러 경향이 있었다고 보는 편이 적절할 것이고, 개중에 이단적 요소를 지닌 이들이 있었다 해도 그 모두를 통틀어 이단으로 볼 수는 없을 것이다. 외적 행위보다 내적 신앙을, 형식적 기도보다 묵상을, 하나님과의 깊은 소통을 강조하는 이런 신앙 태도는 그리스도교 역사에서 일찍부터 있어 온 신비주의 전통에 속하는 것으로, 귀용도 가령 수도원에서 환시를 보는 수녀였다면 아무 문제도 일으키지 않았을 터이다. 수 세기가 지난 지금, 그녀의 문제는 단지 여성으로서 드러나게 활동했다는 데 있었다고 지적되기도 한다.

페늘롱이 마담 귀용을 만난 것은 생통주 임무를 마치고 파리에 돌아와 아직 왕자의 사부로 임명되기 전, 그녀가 1차 감금에서 풀려난 직후였다. 그녀의 석방은 다분히 정치적인 세력 다툼 가운데 마담 드 맹트농이 개입한 덕분이었는데, 페늘롱은 귀용과의 신앙적 대화에서 큰 감명을 받고 이후로 한동안 그녀에게 영적 조언을 구하게 된다. 두 사람 사이에 오간 편지들에서 당대의 최고 지성이라 할 페늘롱이 무학의 초라한 여성에게 자신의 내적인 상태를 진솔하게 토로하고 그녀의 조언을 받아들이는 대목들은 새삼 그의 겸손함을 엿보게 한다. 말하자면 그는 자신이 '메마름'이라 표현한 내적 상태 가운데서 그녀를 통해 신비주의 영성을 발견했던 셈이다. 귀용이 말하는, 그리고 사실상 오랜 전통에 속하는, 하나님에 대한 '순수한 사랑'$_{pur\ amour}$, 즉 하나님 안에서 자기를 버린 사심 없는 사랑은 그의 신앙생활의 목표가 되었다.

페늘롱과 마담 드 맹트농의 비호 아래 귀용은 생시르 여학교에 받아들여졌고, 소녀들에게 기도하는 법을 가르치는 한편 두후원자를 비롯한 몇몇 궁정 인사들과 더불어 기도 모임도 만들게 되었다. 맹트농은 그녀의『짧고 아주 쉬운 기도 방법』을 항상 지니고 다녔다고 할 정도로 그녀에게 경도되었다. 그러나 1693년 5월 귀용은 더 이상 생시르에 머물 수 없다는 명령이 내려졌고, 9월에는 그녀의 모든 저작이 교내에서 압수되었다. 그 배경에서 작용했음직한 여러 알력이 추정되기는 하나, 정확한 이유는 알 수가 없다. 그녀를 배척하는 세력의 중심에는 마담 드 맹트농이 있었고, 전면에 나선 것은 보쉬에였다.

주교들의 전쟁

이번에도 빌미가 된 것은 정적주의 혐의였는데, 스스로 결백하다고 믿는 귀용 자신의 제안으로 그녀의 모든 저서 및 원고가 검토에 부쳐진 일명 이시Issy 회합이 열리면서부터 사태가 복잡해지기 시작했다. 다변에 다작이었던 귀용의 신앙적 표현들은 때로 극단적이고 부정확하여 이단적이라고 해석될 소지가 없지 않았던 것이다. 페늘롱은 그녀의 그런 면들을 모르지 않았지만 그런 약점들을 넘어 그녀의 신앙적 깊이와 진실성을 알아보았던 터이므로, 설령 표현이 다소 서투르다 하더라도 문제될 것이 없다고 보았으나, 귀용을 정죄하기로 작정한 이들의 생각은 달랐다.

보쉬에와 페늘롱의 대립 국면이 점차 표면화되는 가운데, 1695년 1월에 페늘롱이 캉브레 대주교로 임명된 것은 물론 영전이었지만 한편으로는 그를 궁정에서 멀리 떼어 놓으려는 의도가 담긴 처사이기도 했다. 연간 3개월은 베르사유에서 지내고 나머지는 임지에서 지내며 서신으로 왕자의 교육을 계속하라는 것이었는데, 그런 거리두기가 파국의 조짐이었다. 이시 회합이 상반된 해석의 여지가 있는 모호한 조항들에 대한 합의로 마무리된 후 귀용은 보쉬에로부터 신앙의 정통성을 확인하는 증명서를 받고 방면되었으나, 다시금 체포령이 내려 그해 연말에는 뱅센 감옥에, 얼마 후에는 바스티유 감옥에 갇히는 신세가 되었다.

이런 신앙적 논란에 대해 페늘롱이 자신의 생각을 밝힌 책이 『내적 생활에 관한 성인들의 금언 해설』*Explications des maximes des saints sur la vie intérieure*이다. 그는 비록 귀용의 이름을 언급하지는 않았지만, 하나님에 대한 '순수한 사랑'을 설파함으로써 누가 보더라도 귀용을 지지하는 입장을 천명했다. 뒤이어 보쉬에 역시 사안에 대한 자기 생각을 『기도의 정도에 관한 가르침』*Instructions sur les états d'oraison*으로 펴냈으니, 1697년 1월과 3월, 불과 두 달 간격으로 출간된 이 책들에서 두 사람의 전쟁이 시작되었다. 오가는 편지들과 각기 펴내는 소책자들로 이어진 이른바 '주교들의 전쟁'은 루이 14세를 뒤에 업은 보쉬에에게 유리하게 돌아갔다. 일찍이 위그노 탄압에서 보듯 교회 또한 통일된 권위 아래 두려는 의지가 확고했던 왕은 이단의 가능성 자체를 용인하지 않았던 것이다. 페늘롱은 교황에게 자기 책을 검토해 줄 것을 요청했고, 몇 달 후에는 자신이 직접 로마에 가서 책의 취지를 설명할 수 있도록 왕에게 여행 허가를 신청했다.

루이 14세는 일언지하에 거절했다. 그뿐 아니라, 페늘롱이 자신의 임지를 벗어나는 것 자체를 금지하는, 사실상의 유배령을 내렸다. 소년 왕자는 할아버지의 발밑에 몸을 던지고 그간 자신을 가르친 공을 보아서라도 영을 거두어 줄 것을 요청했으나 소용없었다. 페늘롱은 순순히 명령을 따랐고, 이후 평생 캉브레 주교구를 떠나지 않았다. 그해 말에는 그가 입장을 철회하기만 하면 왕궁으로 돌아오게 하겠다는 제의도 전해졌으나, 그는 그럴 뜻이 없었다.

로마에서는 의견이 갈렸다. 많은 추기경들이 『내적 생활에 관한 성인들의 금언 해설』을 정죄한다면 교부들 이래의 전통을 부정하는 일이 되리라며 페늘롱의 편을 들었으나, 반대편도 만만치 않았다. 논란은 해를 넘겼고, 이듬해 연말에 재차 프랑스 왕의 독촉을 받은 교황이 마지못해 교서를 내린 것이 1699년 3월이었다. 왕이 원하는 정식 칙서bulle가 아니라 권위가 덜한 소칙서bref 형식을 취한 이 교서는 문제의 책에서 위험한 23개 문구를 삭제할 것을 명하고 책을 소지하거나 읽는 자는 파문에 처해지리라는 내용이었다. 하지만 그중 어떤 문구도 명백히 '이단'으로 간주되지는 않았으며, 교황은 그 위험성이 저자가 뜻한 바가 아니라 다른 사람들이 받아들일 법한 의미에 있음을 분명히 했다. 그해 10월 교황이 추기경단 일부의 동의를 얻어 캉브레 대주교를 추기경으로 임명하려고까지 했던 것을 보면, 교황의 의중을 짐작할 수 있다.[5]

캉브레 대주교

페늘롱은 교서의 결정을 즉각 받아들여 교황에게 순명 서한을 내는 한편, 캉브레 주교구 내에서 자기 책을 금서 처분했다. 이후 그의 삶은 맡겨진 주교구에서 소임을 다하는 데 바쳐졌다. 플랑드르 지방의 캉브레는 20년 전 루이 14세가 치른 첫 번째 전쟁에서 네덜란드로부터 빼앗은 땅이었다.[6] 페늘롱이 캉브레 대주교로 부임할 당시 그곳은 언어나 습속에서 여전히 플랑드르에 속해 있었고, 주교구의 일부는 스페인령이기도 했다. 그런 지역에서 페늘롱은 주교이자 영주로서 사목과 치리를 함께 해야 하는 임무를 성실하게 해나갔다. 교구 내의 모든 교회를 돌며 설교를 했고, 교구민들과 격의 없이 지내며 그리스도의 사랑을 실천했다. 가진 것을 아낌없이 나누었으며, 가난한 자들의 소찬에 함께 했다. 저물녘 잃어버린 소를 찾아 헤매는 농

---

5 교황 인노첸시오 12세(1615-1700, 1691-1700 재위)는 그 뜻을 이루지 못한 채 이듬해에 세상을 떠났다.

6 루이 14세는 친정을 시작한 후 세 차례 전쟁을 치렀다. 프랑스-네덜란드 전쟁(1672-1678), 아우크스부르크 동맹전쟁(1688-1697), 스페인 계승전쟁(1701-1714).

부에게 소 값을 주어 보낸 후, 돌아가던 길에 발견한 소를 몸소 농부의 집까지 데려다주었다는 일화는 유명하다.

『텔레마코스의 모험』이 출간된 것은 하인 또는 필사자가 원고를 빼돌려 출판업자에게 넘긴 덕분이었는데, 1699년 4월, 그러니까 교황 교서 발표 한 달 뒤에 출간된 이 책은 1694년경부터 왕자 부르고뉴 공작을 위해 쓰인 것이었다. 율리시즈의 아들 텔레마코스가 스승인 멘토르와 함께 여러 나라를 주유하면서 각 나라의 정치, 경제, 사회 등을 돌아보고 이야기하는 내용의 이 모험소설을 통해, 페늘롱은 인류애와 이타심을 강조하고, 의회 정치 및 전쟁 방지를 위한 국가들 간의 연맹을 구상했으니 가히 계몽주의의 선구자라 할 만하다. 책은 즉각적인 호응을 얻으며 팔려 나갔으나, 군주의 전횡과 사치, 전쟁의 참상을 고발한 대목은 루이 14세에 대한 간접적인 비판으로 읽힐 수밖에 없었다. 이런 비판은 1694년 익명으로 쓴 상소문 『루이에게 보내는 편지』_Lettre à Louis_에서 이미 예고된 것이었으니, 루이 14세와 페늘롱은 표면적으로 어떤 관계였든 간에 상극일 수밖에 없었을 터이다. 1703년 귀용이 무죄 석방된 후에도 페늘롱의 사면은 이루어지지 않았다.

그러다 또 전쟁이 터졌다. 1700년 공석이 된 스페인 왕위에 루이 14세가 둘째 손자 앙주 공작 필립을 앉히면서 촉발된 유럽 각국의 세력 다툼, 이른바 스페인 왕위 계승 전쟁이었다. 페늘롱이 쓴 『스페인 전쟁을 방지하는 방도에 관한 의견서』_Mémoire sur les moyens de prévenir la guerre de la succession d'Espagne_는 영토 쟁탈을 위한 각

축 앞에 아무 힘도 되지 못했다. 전쟁의 여파를 겪게 된 캉브레에서 아군에게나 적군에게나 물심양면의 도움을 아끼지 않았던 페늘롱의 수고를 생시몽은 이렇게 전하고 있다.

그가 환대했던 수많은 사람들, 캉브레를 지날 때 그의 집에 묵었던 이들, 여러 가지 계제에 그의 도시로 실려와 그의 돌봄을 받았던 병자와 부상자들 덕분에 그는 큰 인망을 얻었다. 진료소들을 부지런히 돌아보며 최하급 군인에서부터 상급 장교들까지 두루 보살폈고, 완전히 회복될 때까지 여러 달 동안 그의 집에 묵게 하면서 참된 목자답게 그들 영혼의 구원을 감독하는 한편 세상 물정에 밝은 사람으로서 그들의 신뢰를 얻었다. 자신의 도움을 요청하는 아주 사소한 진료소도 소홀히 하지 않았으며, 달리 할 일이 없는 사람처럼 그들을 돌보았다. 육신적인 보살핌에도 배려를 아끼지 않았으니, 그의 집에서는 각종 탕약과 음식과 별식과 처방들이 나갔으며, 그는 그 각각이 최상의 것이 되도록 지휘했다. 중요한 진찰에는 몸소 함께했으니, 그가 전쟁터의 사람들에게 어느 정도로 우상이 되었을지, 그의 이름이 궁정에까지 얼마나 울려 퍼졌을지 믿을 수 없을 정도이다.

그를 흠모하던 벗들은 여전히 그의 편이었다. 왕의 최측근이던 보빌리에 공작 같은 이는 페늘롱에 대한 우정을 거두어야 한다면 차라리 궁정을 떠나겠다는 말로 왕의 말문을 막은 터였다. 1711년 그랑 도팽의 갑작스런 죽음으로 23세의 부르고뉴 공작이 왕위계승자로 부상하자, 왕자의 스승인 페늘롱은 새로운 관심을 모으게 되었다. 그 역시 새로운 군주, 새로운 정치에 대한 희망을 가지고 뜻을 같이하는 이들과 구체적인 구상에 들어가 『부르고뉴 공작 전하의 정부안案』*Projets de gouvernement de duc de Bourgogne*을 만들기도 했다. 그러나 1712년 왕자의 요절로 그 꿈은 허사로 돌아갔다.

1715년 1월 페늘롱은 63세를 일기로 세상을 떠났다. 한 푼도 남기지 않은, 한 푼도 빚지지 않은 단정한 죽음이었다. 그해 9월에는 루이 14세가, 1717년에는 마담 귀용이 떠났고, 1719년에는 마담 드 맹트농의 차례였다. 그렇게 한 시대가 지나갔다.

페늘롱의 저작

페늘롱은 방대한 저작을 남겼다. 하지만 1699년의 금서 처분과 저자의 유배 이력이 거리낌이 되었던지, 그의 사후에는 『텔레마코스의 모험』을 위시하여 조카 페늘롱 후작이 펴낸 『페늘롱의 영적 저작』*Oeuvres spirituelles de Fénelon*, 1718, 1723, 1738 등 일부만 유통되었다. 종손자 페늘롱 사제가 자료 수집을 시작한 전작집은 손을 바꾸어 1787-1792년에야 프랑스 성직자회 후원으로 발간되기 시작했으나(4절판, 제9권까지) 혁명으로 인해 중단되었다. 이후 1820년부터 10년에 걸쳐 최초의 전집인 베르사유 판(8절판, 총 34권)이 완성되었고,[7] 1848-1852년에 걸쳐 정립된 그 신판이라 할 파리 판(대형 8절판, 총 10권)이 널리 인정받는 판본이 되었다.[8] 2단으로 편집한 대형판이 700-800페이지 분량으로 10권이니, 처음 수집되었던 자료 중 일부가 혁명으로 인해 소실된 점을 감안하면 실로 엄청난 분량이다. 20세기 말에 2권으로 발간된 플레이아드 판(1권: 1983, 2권: 1997)은 그중에서 가려 뽑은 주요 저작을 싣고 있는데, 베르사유/파리 판에서 전체의 3분의 1에 달하는 분량의 서한을 제외하더라도, 나머지 저작을 다 실으려면 2권은 더 필요하리라는 것이 편자의 말이다.

베르사유/파리 판 전집은 이 저작을 여섯 분야로 나누고 있다. 1. 철학 및 신학에 관한 글, 2. 윤리 및 영성에 관한 저작, 3. 교서, 4. 문학 작품, 5. 정치에 관한 글, 6. 서한. 단, 앞서 생애를 소개하면서 언급했던 저작 중에 『내적 생활에 관한 성인들의 금언 해설』은 금서 처분되었다는 이유 때문에 전집에 포함되지 못했다(1835년에 나온 3권짜리 선집에 실렸고, 플레이아드 판에도 실려 있다). 본서는 그중 두 번째 분야인 "윤리 및 영성에 관한 저작" 중

---

7 제23권까지가 일반 저작, 나머지 11권이 서한집이라고 한다. 베르사유 판 출간 중의 또 그 이후의 연도가 다른 판본들이 더러 언급되기도 하나 정확한 서지 사항을 확인할 수 없었다. 구글 북스로 검색되는 1826년 전집(8절판, 총 12권)은 제1권을 페늘롱의 전기에 할애하고 있는 상당히 짜임새 있는 책인데, 간기(刊記)가 없어 출간 배경을 알 수 없다.

8 베르사유 판을 그대로 옮긴 것인데, 이전 판에서는 각 작품 서두에 실렸던 일러두기(Avertissement)를 모으고 확충하여 제1권에 페늘롱 저작의 역사(Histoire littéraire)로 싣고 있다. 이 판본은 1971년 Slatkine에서, 2013년 Hachette에서 영인되었다. 프랑스 국립도서관의 디지털 도서관(Gallica)에서 PDF 파일을 제공하고 있다.

하나로 실려 있는 『그리스도인의 완전 및 윤리에 관한 다양한 문제에 관한 지침과 조언』*Instructions et avis sur divers points de la morale et de la perfection chrétienne*을 옮긴 것이다.[9]

상당수가 편지글임에도 다른 편지들과 함께 '서한'으로 분류되지 않은 것은, 페늘롱의 생전부터 유사한 문집들이 유통되기 시작했기 때문으로 보인다. 그의 글에 담긴 영적인 교훈들을 다른 사람들과 공유하려는 의도에서 저자도 모르게 만들어진 이 책자들은 더러 그의 손에 들어가 검토되기도 했지만, 일관된 구성 없이 엮인 것은 물론이고 원본 대조도 제대로 이루어지지 못한 것이었다. 1718-1738년 사이에 출간된 『페늘롱의 영적 저작』에는 이런 글들이 『그리스도인의 다양한 소견 및 조언』*Divers sentiments et avis chrétiens*이라는 제목으로 실렸고, 1792년 전집 제8권에도 같은 제목 아래 총 51편의 글이 실려 있다. 베르사유 판 전집의 편자들은 이를 정리하여 총 41편의 글을 싣되(일부는 경건 교본, 서한집 등으로 옮겨졌다), 일반적인 주제에서부터 점차 깊은 영성으로 나아가는 순서로 구성했다고 하는데, 각 글의 출처는 확인하지 않고 있다. 소제목 역시 이전부터 있던 것과 스타일이 비슷하여 언뜻 보면 분간이 잘 가지 않지만, 대조해 보면 조금씩 바뀌었다. 플레이아드 판의 편자는 그중 3편을 서한집에 넣고 『영적 서한 및 소론』*Lettres et opuscules spirituels*이라는 제

---

9 *Oeuvres complètes*, Slatkine reprint, tome VI, 1971, pp. 72-159. 뒤이어 160쪽에 *Oeuvres spirituelles*에 실렸던 *Divers Sentiments et Avis chrétiens*과의 목차 비교가 실려 있다. 1826년 전집으로는 tome IV, pp. 215-535.

목 아래 38편을 신되 다시 순서와 소제목을 바꾸었으며 추정 가능한 출처를 밝히고 있다. 총 15편이 마담 드 맹트농에게 쓴 것으로, 마담 귀용의 일로 두 사람이 절연한 1697년 이전에 쓰였음을 알 수 있다. 맹트농은 절연 이후에도 페늘롱의 편지들을 소중히 보관했고, 마음에 와닿은 구절들을 따로 베껴 간직할 정도였다고 한다. 나머지는 다른 사람들에게 보낸 편지들이나 여러 기회에 강연이나 소론의 형태로 발표된 글들이다. 더러 긴 글 중에는 비슷한 주제의 단편들을 한데 엮은 형태로 전해지는 것도 있다.

프랑스에서 페늘롱은, 그의 적수였던 보쉬에가 프랑스 합리주의 정신을 대표하는 문필가로 널리 인정받았던 것과는 달리, 명석하지만 신비주의로 기운, 말하자면 낭만주의의 선구자쯤 되는 별난 인물로 여겨졌던 모양이다. 『텔레마코스의 모험』이 8백 가지 판본 및 번역본이 나올 정도의 고전이 되었다고는 하나, 그의 영적 저작이 공감을 얻는 데는 시간이 걸렸고(물론 몇몇 유명한 지지자들이 나오기는 했지만) 아직도 널리 읽히지 않는지 전집에 수록된 것으로만 찾아볼 수 있는 형편이다. 그에 비하면, 오히려 영어권에서는 그의 영적 저작을 다양한 형태로 편집한 책들이 나오고 있다. 본서 『그리스도인의 완전 및 윤리에 관한 다양한 문제에 관한 지침과 조언』의 영역본은 정확히 언제 처음 발간되었는지 알 수 없다. A. W. 토저가 중고서점에서 우연히 발견한 『영적 조언』*Spiritual Counsel*이라는 절판된 작은 책을 너무나 소중히 하여 아무에게도 빌려 주지 않고 자기 서재에서 필사하는 것만을 허락했다는 것은 널리 알려진 일화인데, 1947년 이 책이 『그리스도인의 완전』*Christian Perfection*이라는 제목으로 재발간된 것을 기뻐했다고 하니, 처음 책이 나온 것은 그보다 훨씬 이전일 것이다. 1975년 재판본을 구해 보았는데, 41편을 모두 신되 편집 순서를 바꾸어 긴 글을 뒤에 따로 모으고, 소제목은 원제를 간단히 줄인 영어 제목을 달고 원제를 첨부하는 형식을 취하고 있다.[10] 그 밖에도 페늘롱의 방대한 서한 가운데서 가려 뽑은 2권의 서한집 『남성들을 위한 페늘롱 서한집』*The Spiritual Letters Of Archbishop Fénelon: Letters To Men*, 1898 및 『여성들을 위한 페늘롱 서한집』*The Spiritual Letters Of Archbishop Fénelon: Letters To Women*, 1902과 이를 바탕으로 재구성한 『십자가의 왕도』*The Royal Way of the Cross*, 1982, 『하나님과 대화하기』*Fénelon: Talking with God*, 1997 등 많은 책들이 나와 있는데, 그 대부분이 정확한 서지 사항을 밝히지 않은 데다 발췌 편집본이라 원저작과의 관계를 알기가 쉽지 않다.

본 역서는 베르사유/파리 판을 번역 대본으로 했고 플레이아드 판 및 영역본을 참조했다. 영역본은 "세상에서 그리스도인의 완전을 추구하는 삶을 산다는 아주 실제적인 과업"을 다룬 글들을 1부에, "그리스도인의 삶의 중요한 면들을 좀 더 길고 충실하게" 다룬 글들을 2부에 실었다고 하며, 플레이아드 판은 순서를 바꾼 이유에 대해 딱히 설명이 없으나, 그보다는 역시 베르사유/파리 판의 순서가 심화되어 가는 내용을 이

---

10 간혹 이 책이 English and French Edition이라 소개되는 것은 이 프랑스어 소제목 때문이다.

해하기에 더 적절하다고 생각되어 그쪽을 따랐다. 소제목 역시 플레이아드 판의 새로운 제목보다 베르사유/파리 판의 제목대로 옮겼다. 페늘롱의 전기로는 Georges Poisson, *Fénelon, l'insurgé*(L'Harmattan, 2020)와 *The Best of Fénelon*(ed. Harold Chadwick, Bridge-Logos, 2002)을 주로 참조했다.

프랑스의 17세기는 데카르트와 파스칼이 나온 철학의 시대이자 궁정 문화의 발달로 세련된 사교 생활 가운데 인간의 속내를 탐구 천착했던 이른바 모랄리스트들의 전성기이기도 했다. 페늘롱의 이 책에는 신앙생활에 관한 조언뿐 아니라 철학적 논증과 모랄리스트다운 날카로운 심리 해부가 담겨 있어 그가 살았던 시대를 엿보게 한다. 하지만 그가 시대와 국가를 초월하여, 그리고 가톨릭뿐 아니라 개신교에 속한 독자들에게서도 호응을 얻는 것은 그의 영성이 그 모든 차이를 떠나 하나님을 사랑하는 모든 이들에게 큰 공감을 불러일으키기 때문일 것이다. 하나님에 대한 '순수한 사랑', 자기애를 완전히 버린 사랑의 극한으로, "설령 영생에서 제외된다 하더라도 하나님만을 사랑하겠다"제18장고 하여 이단 시비까지 무릅썼던 페늘롱의 끝없이 순수하고 강직한 신앙, 그러면서도 소박하고 단순한 실천적 지침들이 "사람들이 자기를 사랑하는…말세의 고통하는 때"딤후 3:1-5에 마음을 정화하고 격려하는 거울이 되어 준다.

차례

일러두기

1. 이 책은 프랑스어 베르사유/파리 판을 번역 대본으로 삼았고, 플레이아드 판 및 영역본을 참조했다.

2. 베르사유/파리 판 편집자들이 밝힌 성구 출처는 본문에 첨자로 표기했으며, 옮긴이가 보완한 것은 '[ ]'로 표기했다.

3. 플레이아드 판에서 수신인이 맹트농 부인일 것이라고 추정하는 편지들은 해당 장의 제목에 '*'로 표기했다.

4. 이 책에 인용된 성경 구절은 여러 역본을 대조하여 지은이의 의도와 가장 가깝게 표현된 것을 택해 실었다. 주로 '새번역'과 '개역개정'을 따랐으며, 간혹 원문의 문면을 그대로 옮긴 사역(私譯)도 있다. 외경이 인용된 경우에는 '공동번역개정'을 따라 주에 성구를 첨부했다.

5. 원주와 편집자 주를 제외한 모든 주는 옮긴이의 주이다.

I

시간의 선용과 평범한 행동의 성화에 대하여

한 사교계 인사를 위한 조언 *

       당신의 요청이 단지 시간을 선용할 필요성을 입증할 대원칙들을 수립해 달라는 것이 아님은 잘 알고 있습니다. 그 점에 대해서는 당신도 이미 오래전에 은혜를 통해 깨닫고 계시리라 생각합니다. 비유컨대 걸어야 할 길을 이미 반 이상 걸어온 사람들을 만나면 반갑습니다. 하지만 이렇게 말한다고 해서 당신에게 아첨하는 것처럼 보이지는 말았으면 합니다. 아직도 갈 길이 멀고, 또 머리로 깨달은 것이나 심지어 마음으로 뜻을 품은 것과 정확하고 신실한 실천 사이에는 상당한 거리가 있으니까요.

    생각에서 완전하고 거룩한 사람들을 만나는 것은 어느 시대에나 흔한 일이었고, 오늘날은 한층 더 그렇습니다. 하지만 구주께서는 "그들의 행실과 행위로 그들을 알리라"고 말씀하셨습니다.[마 7:15-20][1] 이것은 잘만 활용한다면 결코 틀리지 않을 잣대이고, 우리도 이 잣대로 우리 자신을 판단해야 합니다.

당신의 삶에는 여러 종류의 시간이 있습니다만, 어느 시간에나 보편적으로 적용되어야 할 원칙은 무익한 시간이 있어서는 안 된다는 것입니다. 모든 시간이 질서 있게, 우리의 구원을 위한 걸음걸음에 들어가며, 시간마다 하나님께서 손수 부과하시고 우리에게 결산을 요구하실 여러 가지 임무가 있습니다. 우리 삶의 첫 순간부터 마지막 순간에 이르기까지, 하나님은 우리에게 빈 시간, 우리가 멋대로 쓰거나 낭비하도록 내버려 두셨다고 할 만한 시간은 주지 않으셨습니다. 중요한 것은 그분께서 우리가 이 시간을 어떻게 쓰기를 원하시는지 아는 것입니다. 그러기 위해서는 우선, 다급하고 초조한 열심이 아니라―이런 열심은 우리의 임무를 깨닫게 해주기는커녕 모든 것을 뒤죽박죽으로 만들어 버리기 십상이지요―우리의 삶에서 하나님을 대신하는 이들, 즉 권위자들에 대한 성실한 순종이 필요합니다. 다음으로는, 순수하고 올곧은 마음으로 단순함 가운데 하나님을 구하며 모든 이중성과 자기애의 거짓된 꾀를 성실하게 물리쳐야 합니다. 아무것도 하지 않거나 악을 행하는 것뿐 아니라

---

1 페늘롱은 성구를 기억으로 대강 인용한 경우가 많다. 베르사유/파리 판 편집자들은 이를 이탤릭으로 표시하고 출처를 밝혀 놓았다. 이 번역본에서는 인용부호를 사용하고, 인용 출처를 첨자로 제시하되, 간혹 옮긴이가 보완한 것은 [ ]로 표시했다. 정확한 인용일 때는 '새번역'을 따랐지만, 그렇지 않을 때는 원서의 문면을 따랐다.

해야 할 일이 아닌 다른 일을 하는 것도 시간 낭비가 되기 때문입니다. 그것이 아무리 좋은 일이라도 그렇습니다. 우리는 끊임없이 자기 자신을 추구하는 데 비상한 재주가 있습니다. 세속적인 사람들이 조야하게, 자신을 숨기지 못하고 하는 일들을, 하나님께 속하고자 하는 이들은 종종 그럴싸한 구실을 내세워가며 좀 더 교묘하게 합니다. 이런 구실들은 그들 스스로에게도 너울이 되어서 자기 행동의 추악함을 못 보게 만들지요.

시간을 선용하는 일반적인 수단은 성령께 끊임없이 의지하여 살며 순간순간 그분이 우리에게 주기를 기뻐하시는 것을 받는 데 익숙해지는 것입니다. 지금 당장 어떤 결정을 내려야 할지 모를 때마다 그분께 여쭙고, 우리의 미덕이 무너지려는 약한 순간에 그분을 의지하며, 눈에 보이는 대상들에 마음이 동해 자기도 모르게 바른길에서 벗어나 하나님을 잊고 멀어지려는 것을 깨달을 때마다 그분을 부르며 그분을 향해 마음을 받들어 올리는 것입니다.

성실한 자기 포기를 통해 부단히 창조주의 손에 자신을 맡기며 그분이 원하시는 모든 일을 할 준비가 되어 있는 사람, 하루에 백 번이라도 "주님, 내가 무엇 하기를 원하십니까?"^{행 9:6} "당신은 나의 하나님이시니, 나에게 당신의 거룩한 뜻 행하기를 가르쳐 주소서"^{시 143:10} [2]라고 말하는 사람은 복이 있습니다. 그런

---

2 전집은 앞의 인용에 사도행전 9:6, 뒤의 인용에 시편 142:10이라는 주석을 달고 있는데, 가끔 이렇게 정확한 성구라기보다 참고할 맥락 정도가 제시되어 있기도 하다. 시편의 경우 원서에 제시된 프랑스어 성경과 장절이 다소 차이가 나므로 우리말

사람은 이렇게 말할 것입니다. "저에게 당신의 뜻 행하기를 가르치시어 당신이 저의 하나님이시며 저는 당신께 순종하는 피조물임을 보여주소서. 위대하신 하나님, 제가 당신의 손 아닌 어떤 손에서 평안을 누리겠습니까? 당신의 손을 떠나면 제 영혼은 원수의 공격에 노출되며 제 구원은 위험에 처합니다. 저는 무지하고 연약할 뿐이며, 당신이 제 걸음을 인도해 주시지 않으면, 당신이 저를 거룩하게 만드시려고 주신 소중한 시간을 제멋대로 쓰게 놔두시면, 저는 제 마음이 원하는 대로 눈먼 자처럼 걸어가다가 멸망의 길로 빠질 것이 뻔합니다. 이런 상태로 제가 매 순간 잘못된 선택이 아닌 무엇을 할 수 있겠습니까? 제 안에서는 자기애와 죄와 저주의 일밖에 무엇이 일어나겠습니까? 그러니 주님, 당신의 빛을 비추어 제 걸음을 인도해 주소서. 어린아이에게 나이와 연약함에 따라 먹을 것을 주듯, 제게 매 순간 필요한 은총을 주소서. 당신께서 제게 주신 현재의 시간을 거룩하게 사용하여 과거를 고치고 결코 어리석게 미래를 기대하지 않도록 가르쳐 주소서."

업무나 외적 활동의 시간을 잘 사용하기 위해서는 하나님의 섭리의 규칙들을 따르기만 하면 됩니다. 하나님께서 우리를 위해 그런 일들을 예비하시고 또 주시는 만큼, 우리는 그분을 순순히 따르며 우리의 기분이나 의지, 까다로움, 조바심, 자기 지향 같은 것들을 모두 그분께 복종시키기만 하면 됩니다. 다루

성경의 해당 장절로 바꾸었다.

어야 하는 일이 우리에게 유쾌하냐 아니냐에 따라 우리 마음을 어지럽히는 감정 분출, 성급함, 헛된 기쁨 등을 비롯해 기타 정념[3]들도 마찬가지입니다. 밖에서 오는 것에 압도되지 않도록 유의하고 어떤 외적 활동이든 그 분주함 가운데 함몰되지 않도록 주의해야 합니다.

우리는 모든 일을 하나님의 순수한 영광을 바라보며 시작하고, 흐트러짐 없이 계속하여, 긴장이나 조바심 없이 마칠 수 있도록 힘써야 합니다.

오락이나 대화의 시간은 우리에게는 아주 위험하고 다른 사람들에게는 아주 유익할 수 있는 시간입니다. 이런 시간에는 정신을 바짝 차려야, 다시 말해 하나님의 현존 안에 더욱 신실하게 머물러야 합니다. 우리 주님께서 그토록 강조하셨듯이 그리스도인으로서 깨어 있는 연습이지요. 영과 마음으로 하나님을 향하되, 습관적으로뿐 아니라 가능한 한 적극적으로, 믿음이 주는 단순한 시각으로 그렇게 하는 것입니다. 영혼이 은혜를 향해 온유하고 평화로운 의존을 유지하며 그것을 자신의 안전과 힘을 얻기 위한 유일한 원리로 삼는 것이지요. 이 모든 수단을 동원하여 대화나 교제 속에 은밀히 숨어드는 악을 몰아내고, 다른 사람들을 가르치고 감화시킬 수 있는 것을 현명하게

---

3 '정념'으로 옮긴 passion의 어원은 라틴어 patior로, 그리스도의 수난(Passion)처럼 수동적으로 감내할 수밖에 없는 고통을 가리키는 데서, 인간이 자기 힘으로 다스릴 수 없는 강렬한 감정을 가리키는 말로 쓰였다. 17세기 프랑스 문학에서 중요하게 다루어지는 개념이다.

안배해야 합니다. 이것은 특히 권세 있는 이들, 그 언행으로 선이든 악이든 큰 영향력을 미칠 수 있는 이들에게 필요한 일입니다.

자유 시간은 대개 우리 자신에게 가장 즐겁고 유용한 시간입니다. 자유 시간을 보내는 가장 좋은 방법은 하나님과 좀 더 은밀하고 친밀한 교제 가운데서 힘을 (신체적인 힘도) 회복하는 것이지요. 기도는 너무나 필요하고 많은 유익의 원천이므로, 그 소중함을 아는 영혼은 혼자 있게 되자마자 기도의 자리로 돌아갈 수밖에 없습니다.

이 세 가지 시간에 대해 달리 말할 것이 있을지도 모르고, 지금 제게 언뜻 떠오르는 것들을 잊어버리지 않는다면 언젠가 말하게 될지도 모르겠습니다. 하여간 대단한 것들은 아닙니다. 하나님 뜻이라면 다른 생각들도 주실 테고, 그러지 않으신다면 딱히 필요한 것이 아니라는 뜻이겠지요. 우리의 유익을 위해 필요치 않다면, 잊어버려도 무방할 것입니다.

2

신분에 따르는 사교적 오락에 참여하기를 꺼리지 말고, 의도의 순수성으로 그런 활동을 성화하라는 것

한 궁정 인사를 위한 조언 *

　　　　　당신이 피치 못하게 참여하게 되는 오락들에 대해 불편한 마음을 가져서는 안 된다고 봅니다. 어쩔 수 없이 동참해야 하는 유흥에 내심 혐오감을 가지고서 끊임없이 자신을 들볶으며 매사에 구시렁대는 사람들이 많습니다. 저는 그런 엄격한 태도에 찬성하지 않습니다. 저로서는 좀 더 단순한 것을 좋아하며, 하나님은 한층 더 그러하시리라 생각합니다. 오락 그 자체가 무해한 것이고, 하나님의 섭리로 우리가 처하게 된 신분의 요구에 따라 참여해야 하는 것이라면, 그분이 보시는 앞에서 현명하게 정도껏 참여하면 되리라 봅니다. 지나치게 건조하고 억제된 태도, 덜 협조적이고 덜 개방적인 태도는 세상 사람들에게 신앙에 대한 그릇된 인상을 줄 뿐입니다. 세상 사람들은 안 그래도 신앙에 대해 부정적인 선입견을 갖고 있는 터라, 하나님을 섬기려면 음울하고 서글프게 살아야만 한다고 여기게 될 것입니다.

그러므로 하나님께서 우리를 모든 일에 관여해야만 하는 자리, 지금 당신이 처한 것과 같은 자리에 두실 때는, 자기도 모르게 마음속에 스며드는 은밀한 동기들에 대해 너무 따지지 말고 담담하게 그런 상황을 받아들여야 한다고 봅니다. 노상 자기 마음속을 파헤치려 한다면 끝이 없을 것입니다. 하나님을 추구하고자 자기로부터 벗어나려 애쓰다 보면, 오히려 그런 빈번한 성찰 가운데서 자신에게 사로잡히게 될 수 있습니다. 단순한 마음으로 평안과 기쁨을 누리며 걸어갑시다. 이런 것들이야말로 성령의 열매입니다. 하찮은 일들 가운데 하나님과 동행하는 사람은 딱히 중요한 일이라고는 하지 않는 것처럼 보일 수도 있지만, 그래도 여전히 하나님의 일을 하고 있는 것입니다. 우리는 그런 하찮은 일을 함으로써 하나님의 질서 가운데 있고, 하나님께서 우리를 두신 자리에서 충성하는 것이라고 저는 늘 생각합니다.

대부분의 사람들은 회심하거나 개전改悛하려고 할 때, 자기 신분에 걸맞은 행동을 하는 가운데 의도의 순수성을 지키거나 타고난 죄 된 기질에 대해 죽으려 하기보다, 자신의 삶을 뭔가 어렵고 특별한 행동들로 채우려 애씁니다. 이 점에서 그들은 크게 잘못 생각하고 있습니다. 행동을 바꾸기보다는 그 행동을 하게 하는 마음의 동기를 바꾸는 것이 더 중요할 것입니다. 이미 정직하고 착실한 삶을 살고 있는 사람이라면, 진실로 그리스도인이 되기 위해 외적인 행동보다는 속마음을 바꾸는 것이 훨씬 더 필요한 일입니다. 하나님께서는 입술의 소리나 몸의 자세, 외적 예식에 만족하시지 않습니다. 그분이 요구하시는 것은 그분과 어떤 피조물 사이에서도 나뉘지 않은 우리의 의지입니다. 그분의 손에 순순히 자신을 내맡기고, 아무것도 제멋대로 원하거나 거부하지 않으며, 그분이 원하시는 것은 무엇이든 유보 없이 원하고, 그분이 원치 않으시는 것은 어떤 핑계로도 원하지 않는 의지 말입니다.

그분이 당신을 어디로 이끄시든, 이 극히 단순한 의지, 하나님의 의지로 충만한 의지를 지니십시오. 공허하게만 보이는 시간 속에서도 하나님을 찾으십시오. 그러면 그런 때도 하나님께서 당신을 붙드시므로, 당신에게는 그 시간들이 충만해질 것입니다. 더없이 무익한 오락조차도 하나님께서 부과하신 질서에 순응하려는 마음으로 참된 예의를 가지고 임한다면 선한 일이 될 것입니다. 하나님께서 이 단순성의 길을 열어 주실 때, 마음은 얼마나 활짝 트이는지요! 마치 어머니의 손에 이끌려 걸어가는 어린아이처럼 어디로 가는지 전혀 염려하지 않고 따라가게 됩니다. 붙잡혀 있음에 만족하는 동시에 자유로움에 만족하고, 기꺼이 말하며 기꺼이 침묵할 수 있습니다. 유익한 말을 할 수 없을 때는 시시한 말도 즐겁게 할 수 있습니다. 프랑수아 드 살[4]의 이른바 '유쾌함'joyeuseté이라는 것을 즐기고, 그렇게 다른 사람들의 기분을 풀어줌으로써 자기 기분도 푸는 것이지요.

당신은 아마도 뭔가 더 진지하고 중요한 일을 하고 싶다고 말할지도 모르겠습니다. 하지만 당신 스스로 택하지 않을 일을 택해주신 것을 보면, 하나님 뜻은 당신 뜻과 다른가 봅니다. 그분 취향이 당신 취향보다 낫다는 것은 아시지요? 당신은 취향에 맞는 중요한 일에서 더 만족을 느끼겠지만, 그분께서는 당신에게서 그런 만족을 없애려 하시는 것입니다. 당신의 그 취향이라는 것을 꺾으시려는 것이지요. 그것이 아무리 선하고 건전하다고 해도 말입니다. 미덕들조차도 그 실천에 있어서는 자기주장을 꺾도록 하나님께서 주시는 역경을 통해 정화될 필요가 있습니다. 오, 취향이나 기질이나 과도한 열정의 분출에 좌우되지 않고 하나님의 뜻이라는 근본 원칙을 따르는 신앙생활이란 얼마나 단순하고 상냥한지요! 그 모든 발걸음이 얼마나 사랑스럽고 신중하며 확실한지요! 짐짓 근엄한 외양을 꾸미지 않고, 원만하고 편안한 태도로, 다른 사람들과 거의 다를 바 없이 살아갑니다. 그러면서도 자신의 의무를 충실히 다하고, 간혹 하나님의 질서에 어긋나는 것들은 가차 없이 버리며, 하나님에 대한 순수한 비전을 가지고서 본성의 그릇된 발로들을 다스립니다. 바로 이런 것이 예수 그리스도와 그분의 아버지께서 찾으시는, 영과 진리로 드리는 예배입니다. 그 나머지는 종교 예식에 불과하며, 그리스도교의 진리라기보다 그 그림자입니다.

---

4 프랑수아 드 살(François de Sales, 1567-1622)은 제네바의 주교이자 로마 가톨릭교회의 성인이다. 『신심 생활 입문』 『하느님을 찾는 이들에게』 등 영성 지도와 형성을 주제로 한 책을 저술했다.

당신은 분명 반문하겠지요. 극히 부박해 보이는 공적인 삶에서 어떻게 그런 의도의 순수성을 견지할 수 있느냐고요. 세상의 온갖 정념과 악한 본보기들에 휩쓸리지 않도록 마음을 지키고 항상 자기 자신을 감독하기란 힘든 일이라고요. 또 그리스도인의 영혼에 독을 뿌리거나 위협하는 오락들에 그처럼 쉽게 노출되는 터에, 어떻게 자신을 지켜 나가기를 바랄 수 있겠느냐고 물을 것입니다.

저도 그 위험은 인정합니다. 이루 다 말할 수 없을 정도라고 봅니다. 그 수많은 함정들에 맞서 주의할 필요가 있다는 데 동의하는 바이고, 그 방안을 다음 몇 가지로 요약해 보고자 합니다.

첫째, 말씀 읽기[5]와 기도를 모든 것의 기초로 삼아야 한다고 봅니다. 호기심에서 나오는 읽기, 종교 문제에 관해 당신을 유식하게 만들어 줄 읽기를 말하는 것이 아닙니다. 그보다 더 헛되고 온당치 못하며 위험한 일도 없습니다. 제가 말하는 읽기란 단순한 읽기, 복잡 미묘한 것이 아니라 지각 있고 실천적인 것들에 국한된, 오로지 마음의 자양을 얻기 위한 읽기입니다. 지식욕을 자극하여 영혼으로 하여금 교회의 가르침에 순종하는 복된 단순성에서 떠나게 하는 일체의 것을 피하십시오. 더 많은 지식을 얻기 위해서가 아니라 당신 자신을 더욱 경계하기 위해서 하는 말씀 읽기라야 유익이 될 것입니다. 그리고 말

---

5 원문에는 그저 '독서'(lecture)라고 되어 있지만, 오늘날 독서라고 하면 신앙과 무관하게 잡다한 책을 읽는 것을 생각하게 되는데 저자는 주로 성경과 경건 서적의 독서를 말하므로, '말씀 읽기'로 옮긴다.

씀 읽기에 기도를 더하여, 깊은 침묵 속에서 그리스도교의 어떤 위대한 진리에 대해 묵상하십시오. 예수 그리스도의 어떤 말씀이나 행동에 집중함으로써 그렇게 할 수 있습니다. 묵상한 진리가 확신으로 자리 잡은 다음, 그것을 진지하고 구체적으로 적용함으로써 당신의 결점들을 고쳐 나가십시오. 하나님 앞에 결심을 말씀드리고, 그분께서 용기를 주시어 약속하게 하신 바를 실천할 힘을 주십사고 구하십시오. 이런 기도를 드리는 동안 정신이 산만해지는 것을 알아채게 되면, 당황하지 말고 마음을 다잡으면 됩니다. 끈질기게 되돌아오는 잡념들 때문에 낙심하지 마십시오. 일부러 떠올리는 것이 아닌 한, 잡념은 당신을 해치지 못합니다. 그런 기도가 자기만족과 의식적인 열의에 찬 기도보다 오히려 나을 수도 있습니다. 잡념에 시달리며 힘들게 드리는 기도는 적어도 당신을 겸손하게 하고 마음을 쳐서 하나님 그분만을 순수하게 추구하는 버릇을 들여 줄 수 있을 테니 말입니다. 당신이 아침저녁으로 규칙적인 시간을 내어 말씀 읽기와 기도를 충실히 수행한다면, 그것은 당신을 욱여싸는 위험들에 대한 예방책이 되어 줄 것입니다. 굳이 아침저녁으로, 라고 말씀드리는 까닭은 영혼의 양식도 육신의 양식만큼이나 시시때때로 보충해 주어야 하기 때문입니다. 그러지 않으면 다른 사람들과 어울리는 동안 지쳐서 기진맥진할 테니까요. 하지만 항상 그렇게 시간을 내려면 자기 자신에게나 다른 사람들에게나 휘둘리지 않도록 마음을 단단히 먹어야 합니다. 아무리 좋은 일이라도 외부적인 관심사들에 끌린 나머지 자기 영혼을 돌볼 시간을 빼앗겨서는 안 됩니다.

둘째, 틈이 나는 대로 또 필요를 느끼는 대로 며칠쯤 완전히 세상에서 물러나 묵상의 시간을 갖는 것도 좋습니다. 그럼으로써 예수 그리스도의 발밑에서 마음의 모든 상처를 은밀하게 치유 받고 세상의 해로운 흔적들을 지워버릴 수 있습니다. 그런 짧은 피정을 단순한 마음으로 활용할 줄 알게 되면 정신뿐 아니라 육신도 쉼을 얻게 되므로, 건강에도 도움이 될 것입니다.

셋째, 당신이 참여하는 오락은, 물론 당신의 신앙고백에 걸맞은 것이라야 하겠지요. 세상 사람들이 당신에게서 기대하는 좋은 본보기가 될 만한 것 말입니다. 세상은 아무리 세속적이라 해도, 세상을 경멸한다는 이들이 자신의 입장에 위배되는 행동은 하지 않기를 바라니까요. 세상도 진심으로 세상을 경멸하는 자들은 존경하지 않을 수 없는 것입니다. 참된 그리스도인이라면 세상이 그처럼 엄격한 비판자라는 사실을 기뻐하는 것이 마땅합니다. 그럼으로써 유익하지 않은 일은 하지 말아야겠다는 결의를 더욱 굳힐 수 있으니까요.

끝으로, 궁정의 오락에 참여하는 것은 요청을 받을 때에 한해서, 다른 사람들을 배려하기 위해서라야 합니다. 초대받지 않았거나 당신이 꼭 필요한 자리가 아니면 가지 말아야 하고, 하물며 초대를 받기 위해 손을 써서는 안 됩니다. 그렇게 해서 생긴 여유로운 시간에 당신은 집안일이나 신앙생활에 마음을 쏟을 수 있을 것입니다. 세상 사람들은, 적어도 사리분별이 있고 냉소적이지 않은 사람들이라면, 당신이 여가 시간을 그렇듯 조용히 보내는 모습에서나 초대받은 경우 허용 가능한 범위 내의 오락에 기꺼이 참여하는 사교적인 모습을 보고 좋은 감화를 받을 것입니다.

이상과 같은 단순한 규칙들을 지키면 풍성한 복을 받게 되리라고 생각합니다. 하나님께서는 그런 오락들 가운데서도 손잡아 이끄시며 당신을 붙들어 주실 것입니다. 그 가운데서 함께하심을 알게 해주실 것입니다. 그분이 함께하심을 느끼는 기쁨이 오락에서 제공되는 어떤 즐거움보다 더할 것입니다. 그럴 때 당신은 다른 사람들을 거북하게 하는 경직되고 부자연스럽고 까다로운 태도 없이, 절도 있고 신중하고 침착한 태도를 지니게 됩니다. 사도 바울의 말처럼 그 모든 것들 가운데 있되 거기 없는 듯이, 명랑하고 기분 좋게, 모든 사람을 즐겁게 할 것입니다.

만일 지루해지거나 기쁨이 사라지는 것을 느끼면 동요되지 말고, 언제든 팔 벌려 당신을 맞아 주시는 하늘 아버지의 품 안으로 조용하게 물러나면 됩니다. 그분의 품 안에 있을 때 당신은 슬픔 가운데서도 기쁨과 자유를, 기쁨 가운데서도 중용과 평정심을 얻을 수 있으며, 그분은 당신이 그 무엇도 부족하지 않게 하신다는 것을 알게 될 것입니다. 마음속에서 다시금 그분을 향해 신뢰의 눈빛을 보내는 것만으로도 새로운 힘을 얻을 것이고, 이따금 영혼이 지치고 낙심되는 것을 느낄 때라도 하나님께서 당신에게 무슨 일을 시키실 때는 필요한 용기와 능력을 주실 것입니다. 이것이 우리가 언제고 구할 수 있는, 결코 우리에게 부족하지 않을, 일용할 양식입니다. 우리 아버지께서는 우리를 저버리시기는커녕, 은혜의 강물을 부어 주시기 위해 우리 마음이 활짝 열리기만을 바라시니 말입니다.

3.

인종忍從의 정신으로 신분에 따르는 속박을 감수하라는 것
한 궁정 인사에게 보내는 조언 *

금으로 된 사슬이라 해도 쇠사슬보다 구속이 덜하지는 않습니다. 오히려 사람들에게 질시를 당하게 되니, 동정할 만하지요. 당신의 속박은 부당하게 옥에 갇힌 사람의 속박보다 전혀 나을 게 없습니다. 당신에게 진정 위로가 될 수 있는 것은 당신의 자유를 앗아가신 분이 하나님이시라는 생각뿐입니다. 이런 생각은 방금 제가 말했듯 무죄하게 옥에 갇힌 사람에게도 위로가 될 것입니다. 그러니 당신이 그 사람보다 나은 거라고는 헛된 영광뿐인데, 이는 당신에게 실제적인 이점이 되기는커녕 오히려 당신을 현혹하여 착각에 빠뜨릴 수 있습니다.

하지만 당신이 현재 처한 상황이 하나님의 뜻에 의한 것이라는 생각은 무한한 위로가 됩니다. 그런 위로가 있다면 당신에게는 부족한 것이 없습니다. 쇠사슬도 변하여─금사슬이 되리라고는 하지 않겠습니다. 그것이 얼마나 딱한 것인지는 이미 말한 대로이니까요─행복과 자유가 될 것입니다. 그런데 우리가 그토록 염원하는 이 자유란 대체 우리에게 무슨 도움이 될까요? 자연 상태의 자유란 설령 무해한 일에서라도 제멋대로의 기질을 따르게 하고, 독립심에 취해 기고만장하게 하고, 제 마음대로 행하게 하니, 자기 자신에게 가장 못할 노릇이지요.

그러니 자기 뜻을 박탈당하고 하나님의 뜻에 접붙여진 이들은 복이 있습니다! 자기 정념에 매인 자들이 가련한 만큼이나, 하나님께서 친히 매어 주신 이들은 자유롭고 행복합니다. 이런 속박 상태에서는 더 이상 제 뜻대로 행동할 수 없지만, 오히려 잘된 일입니다. 그들은 아침부터 저녁까지, 자기가 원하는 것이 아니라 하나님께서 원하시는 것을 행합니다. 하나님께서는 그분의 뜻이라는 줄로 그들의 손발을 꽁꽁 묶으시고 단 한 순간도 그들을 혼자 내버려 두지 않으십니다. 그분은 뭐든 제 뜻대로 하려는 자아를 질투하셔서, 이런 답답함에서 저런 답답함으로, 이런 귀찮음에서 저런 귀찮음으로 이끄시어, 다시 생각하면 창피해질 짜증이나 유치하고 무익한 대화를 통해 그분의 원대한 계획을 이루게 하십니다. 그분은 신실한 영혼을 압박하셔서 숨도 못 돌리게 만드십니다. 걱정거리 한 가지가 사라지면 또 다른 걱정거리를 보내 그분의 일을 이루어 가시지요. 우리는 좀 더 한갓지게 하나님을 생각했으면 하지만, 그분의 선하심을 생각하며 흐뭇한 기분에 잠길 때보다 오히려 그분의 뜻을 따르며 고통을 겪을 때 그분과 더 친밀하게 연합됩니다. 우리는 좀 더 주도적이 되어 하나님께 자신을 드렸으면 하지만, 여전히 주도적이기를 바라는 것만큼 하나님께 드려지는 데 부적당한 것도 없습니다. 하나님과 연합되기 위해 되찾고자 하는 옛사람의 이 '자아'란 가장 실없는 장난보다도 그분과 동떨어진 것입니다. 이 '자아' 속에는 어린 시절의 놀이에서는 찾아볼 수 없는 은밀한 독소가 들어 있으니까요.

자신으로부터 벗어나기 위해 자유로운 모든 순간을 활용해야 한다는 것은 맞습니다. 무엇보다도, 묵상 가운데 몸과 마음의 피로를 풀 시간을 확보해야 합니다. 그러나 하루 중 나머지 시간 동안에는 어쩔 수 없이 물살에 휘말리게 마련이니, 유감 없이 실려 가도록 하십시오. 그렇게 실려 가는 가운데 하나님을 만나게 될 것입니다. 그런 식으로 그분을 만나기를 스스로 택한 적이 없으니만큼 한층 더 순수한 방식으로 그분을 만날 것입니다.

그런 속박 상태에서 겪는 괴로움은 위로받고자 하는 본성의 나약함이지 성령에서 비롯되는 것이 아닙니다. 우리는 하나님을 희구한다고 생각하지만 실은 자기 자신을 희구하는 것입니다. 짜증스럽고 피곤한 상태 속에서 우리가 가장 힘들어하는 것은 오롯이 자신과 함께 있을 수 없다는 점이니, 결국 그것은 '자아'에 대한 욕구지요. 그것은 자기 정신과 자기 감정과 자신의 모든 장점을 자기 식대로 향유하기 위해 좀 더 고요한 상태를, 그 '자아'의 장점들을 느끼게 해줄 만한 몇몇 섬세한 사람들과의 어울림을 원하는 것입니다. 또는 하나님께서 우리를 향유하시고 우리를 그분 뜻에 맞추어 가시도록 깨뜨리시는 대신, 우리 자신이 고요함 가운데서 하나님과 자기 신앙심의 감미로움을 향유하려 하는 것이지요.

하나님께서는 어떤 사람들은 쓰라린 가난을 통해 인도하시지만, 당신의 경우처럼 헛된 부요함을 질리도록 누리는 것으로 인도하시기도 합니다. 그분께서는 잘 모르는 사람이라면 완벽한 행복이라 여길 것들을 넘치게 부어 주심으로 당신의 처지를 힘들고 괴롭게 만드십니다. 그렇게 하심으로써, 그분은 당신 안에 두 가지 바람직한 일이 일어나게 하시는 것입니다. 그분은 경험을 통해 당신을 가르치시며, 다른 사람들의 부패하고 악한 삶을 유지케 하는 것들로 당신이 죽게 만드십니다. 당신은 무엇이든 자기 손이 닿기만 하면 황금으로 변해 버린다는 저 왕과도 같습니다. 지나친 부유함이 그를 불행하게 만들었지요. 당신은 하나님께서 행하시는 대로 자신을 내맡기고 그분이 당신을 위해 계시고자 하는 곳에서만 그분을 찾기로 한다면 복이 있을 것입니다.

당신이 누리는 특혜에서 오는 비참이나 당신이 괴로워하는 속박에 대해 생각하니, 예수 그리스도께서 베드로에게 하신 말씀이 생각났습니다. "네가 젊어서는 스스로 띠 띠고 원하는 곳으로 다녔으나 늙어서는 너보다 강한 자가 너를 이끌어 네가 원하지 않는 곳으로 데려갈 것이다."요 21:18[6] 그분이 이끄시는 대로 따라가며, 그 길에서 주저하지 마십시오. 당신도 베드로처럼, 자기 목숨과 자유를 보전하려는 본성이 전혀 가고 싶어 하지 않는 곳으로 가십시오. 순수한 사랑을 향해, 완벽한 포기를 향해, 당신 자신의 뜻에 대한 철저한 죽음을 향해 가면서, 그분의 기뻐하심에 따라 당신을 이끌어 가시는 하나님의 뜻을 수행하십시오.

모든 것을 떨쳐버리고 옛사람에서 벗어나기 위해, 세상에서 은둔하여 한가해지기까지 기다려서는 안 됩니다. 그렇듯 여유로운 상태를 꿈꾸는 것은 아름다운 허상에 지나지 않습니다. 우리는 결코 그런 상태에 도달할 수 없을 것입니다. 우리는 지금과 같이 이리저리 매인 가운데서 죽을 준비가 되어야 합니다. 만일 하나님께서 우리의 은둔 계획을 막으신다면, 우리는 우리 자신의 것이 아니니, 하나님께서는 우리의 힘이 미치는 일밖에는 요구하시지 않을 것입니다. 이스라엘 백성은 바빌론에서 예루살렘을 생각하며 탄식했습니다. 하지만 결국 예루살렘으로 돌아가지 않고 바빌론에서 생을 마친 이들이 얼마나 많았는지요! 참되신 하나님을 신실하게 섬기고 자신을 온전케 하기를 그렇듯 고국으로 돌아가기까지 마냥 미루기만 한다면, 얼마나 어리석은 일일까요. 아마도 우리는 저 이스라엘 백성과 같을 것입니다.

---

6 "내가 진실로 진실로 네게 이르노니 네가 젊어서는 스스로 띠 띠고 원하는 곳으로 다녔거니와 늙어서는 네 팔을 벌리리니 남이 네게 띠 띠우고 원하지 아니하는 곳으로 데려가리라"(개역개정, 요 21:28). – 편집자

4.

높은 지위와 번영 가운데 주어진 십자가들에 대하여

한 궁정 인사를 위한 조언 *

하나님께서는 우리 각자에게 독특한 십자가를 만들어 주십니다. 철이나 납으로 된 십자가는 그 자체로 무겁고 힘이 들지만, 전혀 무게가 나갈 것 같지 않은 짚으로 된 십자가도 그렇다고 덜 힘들지는 않지요. 사람들의 부러움을 사는 눈부신 금이나 보석으로 된 십자가도 십자가라는 점에서는 가장 멸시당하는 십자가보다 나을 것이 없습니다. 그분께서는 우리가 가장 사랑하는 온갖 것을 재료로 십자가를 만드셔서 고통이 되게 하십니다. 특혜에는 불편하고 귀찮은 일들이 따르기 마련이라, 원하는 것은 빼앗기고 원치 않는 것을 떠안게 되는 것입니다.

가난하여 먹을 빵이 없는 자는 그 극도의 궁핍 속에서 납으로 된 십자가를 지지요. 하지만 하나님께서는 가장 부유한 자들도 그 못지않은 비참함을 맛보게 하십니다. 부유함 가운데서도 자유와 위로에 굶주린 것이, 가난한 자가 빵에 굶주린 것과 진배없습니다. 적어도 가난한 자는 불행 속에서 집집마다 문을 두드릴 수 있고 지나가는 사람들의 동정을 불러일으킬 수도 있지만, 특혜를 누리는 자들은 남모르는 궁핍에 시달리며 감히 동정이나 위로를 구하지도 못합니다. 하나님께서는 종종 이처럼 높은 지위에 있는 이들이 겪는 심적 고통에 신체적 연약함을 더하시기도 합니다. 이 두 가지 십자가를 합친 것보다 더 확실한 효과를 내기도 힘들 것입니다. 이 이중의 십자가에 머리 끝부터 발끝까지 못 박힌 자는 자신의 무력함과 동시에 모든 소유가 무용지물임을 뼈저리게 깨닫게 됩니다. 세상 사람들은 당신의 십자가를 전혀 눈치채지 못하고, 기껏해야 권위자에 대한 약간의 매임과 섬세한 체질로 인한 가벼운 병증 정도밖에는 보지 못합니다. 반면 당신은 자신이 처한 상황 속에서 쓰라림과 메마름, 짜증, 답답함, 낙심, 고통, 초조함만을 봅니다. 멀리서 보는 이들에게는 눈부시게 보이는 모든 것이 그것을 소유한 자의 눈에는 전혀 보이지 않는 것이지요. 모든 사람이 그의 행복을 부러워할 때, 하나님께서는 그를 십자가에 못 박으십니다.

그렇듯 하나님께서는 우리가 어떤 처지에 있든 그에 맞는 각종 시련을 겪도록 섭리하십니다. 높은 신분에서 실추될 필요도 없으니, 실패나 재앙을 겪지 않은 채로도 쓴잔을 마실 수 있습니다. 왕들의 식탁에 오른 황금 잔으로 더없이 쓰디쓴 것을 마지막 한 방울까지 마셔야 하는 것입니다. 하나님께서는 그처럼 인간적인 권세가 아무것도 아님을 알게 하시기를 기뻐하십니다. 한 꺼풀 권세 밑에는 연약함이 있을 뿐이지요. 사도 바울이 말하듯 마음의 눈을 밝히 떠 이런 것을 보는 자는 복이 있습니다!엡 1:18 당신이 보고 느끼다시피, 특혜란 사실상 아무런 위로가 되지 못하며 인간이 타고난 불행에 도움이 되기는커녕 그 불행에 한층 더 참담한 불행을 더할 뿐입니다. 특혜에 따르는 병통들은 류머티즘이나 두통보다 한층 더 괴로운 것입니다. 하지만 종교는 높은 지위에서 겪는 이 모든 부담을 유익한 것으로 만듭니다. 종교는 높은 지위를 한갓 예속으로 받아들이고 그 예속을 사랑하는 가운데 자유를 발견하게 합니다. 사람들에게 알려지지 않은 것이니만큼 한층 더 참된 자유이지요.

　번영 가운데서 단 한 가지 구해야 할 유익은 세상이 거기서 보지 못하는 것, 즉 십자가입니다. 특권적인 신분이라 해서 인간이 타고난 고통의 어떤 것도 면제받지는 못합니다. 오히려 더 큰 고통이 따르지요. 불운한 처지에서라면 받을 수 있을 위로도 얻을 수 없습니다. 적어도 불운한 처지에서는, 가령 병이 들거나 하면, 만나고 싶은 사람을 만날 수 있고 시끄러운 소리는 듣지 않아도 되지요. 하지만 번영 가운데서는 철저하게 십자가를 져야 합니다. 혼자 있고 싶을 때도 다른 사람들을 위해 살아야 하고, 아무런 결핍도 없고 아무것도 느끼거나 원하지 않고 아무런 불편도 겪지 않는다는 상태로, 너무나 큰 행운이라는 가혹함에 끝까지 내몰려야 하는 것입니다. 하나님께서는 세상 사람들이 가장 귀하게 여기는 것을 우스꽝스럽고 끔찍한 것으로 만들기를 원하시기 때문입니다. 그래서 지나칠 만큼 높여 주신 자들을 가혹하게 다루시어 본보기로 삼으시는 것입니다. 하나님께서는 가장 특혜받는 자들에게 십자가를 지우심으로써 세상에서 일컫는 특혜가 아무것도 아니게 만들기를 원하십니다. 다시 말하지만, 이런 위치에서 자신을 십자가에 못 박는 하나님의 긍휼하신 손길을 알아보는 자들은 복이 있습니다! 짧고 비참한 이생의 삶이 지난 후의 천국을 알지 못한 채 이 땅에서 천국을 찾는 사람들 사이에서, 이생의 삶을 정화[연옥]의 기간으로 삼는 것은 얼마나 아름다운 일인지요!

이런 상태에서는 별로 할 게 없습니다. 하나님께서는 우리가 그분께 많은 말씀을 드리는 것도 많은 생각을 하는 것도 요구하시지 않습니다. 그분은 우리 마음을 보시며, 그분께는 그것으로 충분합니다. 우리의 고통과 순종도 다 보고 계십니다. 우리는 그저 사랑하는 이에게 이따금 다시 말하기만 하면 됩니다. 온 마음으로 당신을 사랑합니다, 라고요. 때로는 그분을 사랑하는지 생각하지도 않은 채 오랜 시간이 지나기도 합니다. 그럴 때라고 해서 더없이 다정한 고백을 할 때보다 덜 사랑하는 것은 아닙니다. 진실한 사랑은 마음속 깊이 자리 잡으며, 단순하고 평온하고 조용한 것입니다. 때로는 많은 말과 생각에 스스로 취하기도 하지만, 그처럼 의식적인 사랑은 열띤 상상 속에만 존재하는 것이지요.

그러니까 고통 속에서는 그저 고통을 겪으며 하나님 앞에서 잠잠할 일입니다. "내가 잠잠하고 입을 열지 않음은 이 모두가 주님께서 행하신 일이기 때문입니다."시 39:9라고 다윗은 말합니다. 울기鬱氣와 염증과 두통과 실신과 탈진과 난조와 침체를 주시는 분은 하나님이시지요. 위대함을 주실 때도 그 모든 고난과 역경을 함께 주시고요. 우리 마음속에 메마름과 조바심과 낙심이 생겨나게 하시고, 유혹을 통해 우리를 겸손케 하시며 우리 자신의 적나라한 모습을 보여주시는 분도 하나님이십니다. 그분께서 그 모든 것을 행하시니, 우리는 모든 것에서 그분을 보며 찬양할 따름입니다.

하나님의 현존과 이런 진리들의 깨달음을 인위적으로 얻고자 조바심해서는 안 됩니다. 단지 그런 마음의 태도에 머무르며 자기 십자가를 지고자 하는 것으로 족합니다. 무엇보다도 단순하고 담담한 시각을 갖고, 이따금 생각날 때마다, 말하자면 내적으로 일깨워질 때마다 그런 시각을 새롭게 하면 그만입니다.

그러니 특혜를 받는 위치에서 겪는 괴로움, 병의 고통, 내면의 결함 같은 것들도 차분하고 소소하게 견뎌낸다면 높은 지위가 내포하는 위험에 대한 해독제가 됩니다. 누가 보아도 화려한 삶에서 유익한 것은 남모르는 십자가뿐이지요. 오 십자가, 복된 십자가여, 내 네게 입 맞추노니, 네게서 죽으시는 예수를 경배하노라! 내 그분과 함께 죽어야 하리!

5.

고행과 묵상의 실천에 대하여

한 궁정 인사를 위한 조언 * 7

사람들과의 교제를 멀리하고 고행과 묵상의
정신을 따르는 것도, 영혼들을 하나님께로 인도하려는 열정을
따르는 것도, 스스로 규율로 삼아서는 안 됩니다. 그러면 어떻
게 해야 할까요? 그 두 가지 의무 사이에서 균형을 잡아, 남들의
필요를 채우느라 자신의 필요를 포기하지도 말고, 자기 필요에
만 몰두하여 남들의 필요를 무시하지도 말아야 할 것입니다.

이런 중용을 찾기 위한 잣대는 각 사람의 내적·외적 상태에
따라 달라지므로, 특정 개인들이 저마다 처해 있는 상황에 달
린 일에 일반적인 잣대를 들이댈 수는 없습니다. 각 사람의 연

---

7 이 편지는 플레이아드 판에 빠져 있지만, 내용으로 보나 생시르 여학교에 대한
언급으로 보나 마담 드 맹트농에게 보내는 것이라 생각된다.

약한 부분, 조심할 필요, 내적인 성향, 외적인 일들에 대한 섭리의 표징들, 그런 일에서 겪는 소진 정도, 건강 상태 등에 견주어 보아야 합니다. 그러므로 우선 몸과 마음의 필요부터 따져 보고 양쪽 모두를 위해 충분한 시간을 확보할 일입니다. 경건하고 경험 많은 사람의 조언에 따르는 것이 좋겠지요. 그 나머지 시간에 대해서도 자신이 처한 지위에 따르는 의무들과 그 지위에서 행할 수 있는 확실한 선善을, 그리고 그 일에 성공하도록 하나님께서 주신 바를 잘 헤아려 보고, 맹목적인 열심에 빠지지 말아야 합니다.

예를 들어봅시다. 딱히 도와줄 수 없는 사람과 함께하느라 다른 사람들을 만나 유익을 끼칠 수 있을 시간을 낭비하는 것은 바람직하지 못합니다. 친척이라든가 옛 친구라든가 아니면 예의상 어쩔 수 없이 그래야 하는 경우가 아니라면 말입니다. 그럴 때는 명예를 존중하는 선에서 적당히 대한 후 헤어져야 합니다. 고행이라는 동기를 이런 경우에 적용해서는 안 됩니다. 만나지 않으면 안 되는 사람들을 만나고 꼭 해야만 하는 일을 하는 것만으로도 충분히 고행이 될 것입니다.

생시르[8]에 있을 때는 자기애 때문에 따로 지내거나 일부러 사람들과 어울리거나 할 필요가 없습니다. 그저 자신이 최선이라

---

8 1686년 마담 드 맹트농이 생시르(Saint-Cyr)에 가난한 귀족 소녀들의 교육을 위해 세운 루이 14세 왕립학교(La Maison royale de Saint-Louis)를 말한다. 베르사유에서 서쪽으로 6킬로미터 거리에 있다. 페늘롱은 1688년 마담 드 맹트농을 만나 곧 생시르의 영적 지도자 역할을 하게 되었다.

고, 하나님의 뜻에 가장 맞는다고 생각하는 바를 행하는 것으로 족합니다. 설령 다소간 자기애가 섞이더라도 말입니다. 무슨 일을 하든 자기애는 곳곳에 스며들기 마련이지요. 개의치 말고 그냥 내키는 대로 하십시오. 생시르에 있을 때는 몸과 마음을 쉬게 하고 하나님 앞에서 가능한 한 오래 머물러야 합니다. 당신은 베르사유에서 너무나 얽매여서 부대낌을 당하며 지쳐 있기 때문에, 생시르에서 내면을 윤택하게 하는 혼자만의 한갓진 시간을 갖는 것이 절실히 필요합니다. 그곳의 급박한 필요까지 몰라라 하지는 말기 바라지만, 그래도 다른 사람을 시킬 수 없는 일 말고는 하지 마십시오.

당신이 덜 고통 받고 더 사랑하게 되면 좋겠습니다. 당신은 몸이 약하니만큼 교회에서도 묵상에 방해가 되지 않는 한 편한 자세를 취하십시오. 단정치 못하거나 남의 눈에 뜨이지만 않으면 됩니다. 그래도 당신 처지에서는 고행 거리가 항상 넘쳐날 것입니다. 하나님도 사람들도 당신이 괴로움에서 벗어나도록 내버려 두지 않을 테니까요. 그러니 스스로 짐을 좀 덜어내십시오. 자신을 풀어놓고 마음을 살찌워, 다가오는 고통을 좀 더 의연히 견뎌낼 준비를 하십시오.

경험상 당신의 건강에 좋지 않았던 햇볕이나 바람, 특정한 음식들을 피해야 한다는 데는 이론의 여지가 없습니다. 이렇게 건강에 유의하면 분명 몇몇 병통은 겪지 않게 될 것입니다. 하지만 이것은 체력을 유지하라는 말이지 자신을 떠받들라는 말이 아닙니다. 사실 이런 섭생에는 대단한 진수성찬이나 별미가 필요한 것도 아니지요. 오히려 반대로, 소박하고 단순한, 따라서 모든 면에서 절제된 행동이 필요합니다. 노상 자신에게 고행이 될 만한 것을 택하고자 하는 것보다 더 거짓되고 무분별한 것도 없습니다. 그런 짓을 일삼다 보면 조만간 건강과 사업과 평판, 친척이나 친구들과의 교제 등 하나님께서 맡겨 주신 모든 선한 것들을 망가뜨리게 됩니다.

고행을 자처하려는 열심 때문에 고독을 포기해서도 안 되고, 외적인 일들에서 물러나도 안 됩니다. 자신을 드러낼 때도 있고 숨길 때도 있으며, 말할 때도 있고 침묵할 때도 있어야 합니다. 하나님께서 당신을 말 아래 두시지 않고 등경 위에 두신 것은 집 안에 있는 모든 사람을 비추게 하시기 위해서입니다. 그러니 당신은 세상 사람들이 보는 앞에서 빛을 내야 합니다. 설령 그럴 때 자기도 모르게 자만심이 올라온다 하더라도 말입니다. 동시에 당신은 경건 서적 읽기와 기도를 위한 시간도 확보하여 하나님 앞에서 몸과 마음을 쉬게 할 수 있어야 합니다.

당신 쪽에서 먼저 이런저런 십자가를 지려 하지 마십시오. 당신이 지려 하는 십자가들은 하나님께서 주시고자 하는 것이 아닐 수도 있고, 그분이 당신에게 두신 뜻에 맞지 않을 수도 있습니다. 다만 매 순간 그분의 손길이 건네는 십자가들을 주저 없이 받아들이십시오. 인생에 필요한 모든 것이 그렇듯이, 십자가도 그분의 섭리에 따라 주어지는 것입니다. 십자가는 우리의 영혼을 살찌우는 일용할 양식이니, 하나님께서는 반드시 각 사람에게 맞도록 나눠 주십니다. 당신이 좀 더 자유롭고 한갓지고 매인 데 없는 상태라면, 너무 안락한 삶에 대해 좀 더 두려워해야 할 것입니다. 하지만 당신의 삶에는 항상 고난이 있을 터이니, 당신이 신실한 한 그러할 것입니다.

부디 평온한 마음으로 이 바르고 단순한 삶을 견지하시기를 간곡히 부탁드립니다. 일부러 십자가를 지려는 열심 때문에 스스로 그런 자유를 떨쳐버린다면, 하나님께서 친히 당신을 위해 예비하신 십자가들을 잃게 될 수도 있습니다. 더 잘해 보려다 망하게 되는 것이지요. 자유롭고 명랑하고 단순해지십시오. 아이가 되십시오. 아무것도 두려워하지 않고 솔직하게 말하는 아이, 부모의 품에 안겨 어디로든 인도되는 아이, 한마디로 아무것도 모르고 아무것도 못하고 아무것도 내다보지 못하며 아무것도 제 뜻대로 하지 못하는, 그렇지만 어른들에게는 없는 자유와 대담함을 지닌 아이 말입니다. 이런 아이다움이 현자들의 입을 당황하게 합니다. 하나님 자신도 그런 아이들의 입을 통해 말씀하시지요.

6.

자신의 비참을 보되 동요하거나 낙심하지 말 것: 자신을 감찰하는 법과 유혹에 대한 예방책

한 사교계 인사를 위한 조언 *

하나님을 거스르려고 고의로 그러는 것이 아니라 해도 크건 작건 알면서 저지르는 과오들이 많이 있음은 당신도 아시겠지요. 당신의 벗이 비록 당신의 기분을 상하게 하려는 생각이 딱히 없었다 해도 어떤 일이 당신의 기분을 상하게 하리라는 것을 모르지 않으면서 그냥 저질러 버렸다면, 당신은 그를 비난할 것입니다. 마찬가지로, 하나님께서도 우리의 그런 과오들을 책망하십니다. 그것들은 자의[自意]적인volontaire 과오입니다. 왜냐하면 비록 일부러 하나님을 거스를 뜻은 없었다 해도 내 의사로 한 일이고, 그런 일을 주저하거나 유보하게 할 만한 내적인 양심의 빛이 있는데도 그렇게 한 것이니까요. 이것은 선량한 영혼들이 종종 저지르는 과오입니다.

고의적인délibéré 과오로 말하자면, 전심으로 하나님을 섬기는 자들이 그런 과오를 범하는 일은 극히 드물 것입니다. 하지만 하나님의 순수한 빛이 우리 마음속에서 증가할수록 사소한 과오들도 크고 기괴한 것으로 느껴집니다. 해가 뜨면 밤새 희미하게만 가늠되던 사물들의 크기가 제대로 드러나는 것과도 같지요. 내적인 빛이 증가하면 지금껏 보아온 결점들이 지금까지 보이던 것보다 훨씬 더 크고 더 속속들이 악한 것으로 보이게 됩니다. 또한 마음속에서 지금껏 있는 줄도 몰랐던 다른 많은 비참들이 떼 지어 나오는 것도 보게 됩니다. 자신의 힘에 대한 모든 신뢰를 잃어버리기에 족할 만큼 온갖 약점들을 보게 됩니다. 하지만 이런 경험은 당신을 낙심시키기보다는 당신한테서 자만심을 뿌리 뽑고 교만의 탑을 철저히 허물어 버리는 데 도움이 될 것입니다. 그리하여 자신의 비참을 동요나 낙심 없이 바라보게 되는 것보다 더 영혼의 확실한 진보를 보여주는 것도 없습니다.

자신을 감찰하되 자신에게 너무 몰두하지 않는 방법으로는 다음과 같은 것이 실제적이라 여겨집니다. 현명하고 부지런한 여행자는 한걸음 한걸음에 유의하면서 항상 앞을 바라봅니다. 끊임없이 뒤돌아보며 지나온 걸음을 헤아리거나 자신의 발자취를 검토하거나 하지 않습니다. 그러다 보면 앞으로 나아가는 시간을 잃어버릴 것입니다. 하나님께서 진정으로 손잡아 이끌어 주시는 영혼은(걸음마를 배우는 영혼, 아직도 길을 찾는 영혼이 아니라는 말입니다) 가는 길에 유의하기는 하되 단순하고 평온한 조심성으로 현재에 충실하며 자기애로 초조해하거나 하지 않습니다. 그것은 매 순간 하나님의 뜻을 수행하기 위해 끊임없이 하나님께 주의를 기울이는 것이지, 자신의 상태에 대한 확신을 얻고자 자신을 돌아보는 것이 아닙니다. 하나님께서는 우리가 그런 확신을 갖기를 바라지 않으십니다. 그래서 시편 기자는 이렇게 말합니다. "그분만이 내 발을 덫에서 벗어나게 하시는 분이시기에, 내 눈은 언제나 여호와를 바라봅니다." 시 25:15

도처에 덫이 놓인 길을 가면서 자신 있게 걸음을 내딛기 위해, 그는 줄곧 발을 내려다보는 대신 오히려 눈을 들어 주님을 바라보는 것이지요. 우리는 하나님께서 아브라함에게 명하신 대로, 하나님을 바라보며 그분과 동행할 때 우리 자신을 가장 잘 지킬 수 있기 때문입니다. 사실 우리가 조심하는 목적이 무엇이겠습니까? 걸음마다 하나님의 뜻을 따르는 것이지요. 매사에 그분의 뜻을 따르는 자가 매사에 자신을 살펴 거룩하게 합니다. 그러므로 우리는 하나님의 현존 가운데 있는 한, 자신을 살피기를 그치지 않을 것입니다. 자기 확신을 얻으려는 날카롭고 불안하고 이해관계에 사로잡힌 경계심이 아니라, 단순하고 애정 깊은, 평온하고 사심 없는 주의력을 가지고 말입니다. 우리는 우리 자신의 빛이 아니라 하나님의 빛을 따라 걸어야 합니다. 하나님의 거룩하심을 보는 자는 자신의 사소한 불성실도 끔찍하게 여기게 됩니다. 하나님의 현존 가운데 묵상하며 양심을 점검하지 않을 수 없습니다. 나태에 빠지지 않기 위해, 그리고 해야 할 고해를 쉽게 하기 위해서는 그럴 필요가 있습니다. 하지만 이런 점검은 갈수록 더 단순하고 쉬운 방식으로 이루어지며, 불안하게 자신을 돌아보는 것과는 거리가 멉니다. 자신의 이익을 위해서가 아니라 하나님의 권고와 순수한 뜻을 수행하기 위해 양심을 점검하는 것이지요. 더욱이 우리는 그분의 손에 자신을 맡기는 것이고, 자신의 손에 있는 것이 불만스러운 만큼 하나님 손에 있음을 아는 것은 더 즐겁습니다. 그분이 숨기고자 하시는 것은 전혀 보고 싶지 않습니다. 자신을 사랑하기보다 무한히 더 그분을 사랑하므로, 무조건 기꺼이 자신을 희생합니다. 그분을 사랑하고 자신을 망각하기만을 바라게 됩니다. 그렇듯 너그럽게 자신의 영혼을 잃어버리는 자는 영생토록 그것을 되찾을 것입니다.

시험을 받을 때 해야 할 일은 제가 알기로는 두 가지밖에 없습니다. 그 하나는 내적인 빛에 충실해지는 것입니다. 시험이 될 만한, 그리고 우리가 자유롭게 끊어낼 수 있는 온갖 것을 가차 없이 지체 없이 끊어내기 위해서는 그래야만 합니다. 자유롭게 끊어낼 수 있는, 이라고 말하는 것은 시험이 될 만한 일을 피하는 것이 항상 우리 자신에게 달려 있지는 않기 때문입니다. 하나님께서 우리를 두신 신분에 따르는 시험은 우리의 능력 범위 안에 있지 않습니다. 두 번째 규칙은 시험 가운데서 동요하지 말고 하나님 편으로 돌아서라는 것입니다. 반쯤 넘어간 것이나 아닌지 불안해하지 말고, 하나님께 직접 나아가는 데 방해받지도 말아야 합니다. 행여나 그분께 불충한 짓을 저지르지나 않았는지 너무 집착하여 점검하려다 보면 오히려 시험에 빠질 우려가 있기 때문입니다. 가장 간단하고 확실한 것은 어머니를 찾는 어린아이처럼 하는 것입니다. 아이에게 무서운 짐승을 보여주면 아이는 아무것도 보지 않으려고 엄마 품에 뛰어들 따름입니다.

하나님의 현존을 누리는 것이 가장 확실한 해결책입니다. 하나님이 우리를 붙드시고 위로하시고 평안을 주십니다. 아무리 수치스러운 시험이라 해도 놀라서는 안 됩니다. 성경은 이렇게 말합니다. "시험당해 보지 않은 자가 무엇을 알겠는가?"집회 34:9 "내 아들아, 하나님을 섬기러 들어갈 때는 네 영혼을 시험에 준비하라."집회 2:1 우리가 이 세상에 사는 것은 시험으로 단련받기 위해서입니다. 그래서 천사도 토비아에게 이렇게 말했지요. "하나님께서 너를 기뻐하사 시험으로 너를 단련하실 필요가 있었다"토빗 12:13고요.

이 땅에서는 모든 것이 시험입니다. 십자가는 우리의 교만을 찔러댐으로써 우리를 시험하고, 번영은 교만을 부추김으로써 그렇게 하지요. 우리의 삶은 끊임없는 전투지만, 예수 그리스도께서 우리와 함께 싸워 주시는 전투입니다. 시험이 울부짖으며 우리 주위를 돌아다니도록 내버려 두고, 계속 전진해야 합니다. 들판에서 강풍을 만난 여행자가 외투로 몸을 싸고 비바람을 뚫고 나아가는 것처럼 말입니다.

과거로 말하자면, 일단 참회를 했으면 다시는 그리로 돌아가지 않는 것이 현명합니다. 지난날의 모든 불의를 긍휼의 심연 속에 던져버리면 그만입니다. 영벌을 받아 마땅하다, 하나님의 선하심을 의지할 뿐이며 영원한 구원은 자기 자신이 아니라 오로지 하나님께 달려 있다고 느끼는 데는 일종의 기쁨마저 있습니다. 자기도 모르게 지난날의 비참에 대한 기억이 떠오를 때도, 자기 죄의 모든 수치와 오욕을 가지고서, 하지만 그런 기억을 굳이 붙들려 하지 말고, 하나님 존전에 조용히 나아가 엎드러질 뿐입니다.

그러니 하나님께서 원하시는 모든 일을 하기 위해 어떤 의미로는 거의 할 일이 없습니다. 물론 해야 할 일은 엄청나게 많은 것이 사실입니다. 그분의 질투하시는 사랑, 영혼의 가장 후미진 구석까지 찾아 들어가 극히 사소한 자만심까지, 그분 자신이 지으시지 않은 하찮은 애정까지 들추어내시는 사랑에는 단 한 순간도 저항하거나 그 무엇도 유보하지 말아야 하니 말입니다. 하지만 다른 한편으로는, 진정한 진보를 이룩하는 것은 많은 깨달음이나 고된 훈련도 아니고, 제약이나 구속도 아닙니다. 오히려, 아무것도 바라지 않는 것, 제한도 선택도 없이 모든 것을 바라는 것이 중요합니다. 하나님께서 우리를 이끄시는 대로 하루하루 명랑하게 지내며, 아무것도 추구하지 않고 거부하지 않으며, 현재적 순간 속에서 모든 것을 찾는 것입니다. 모든 것을 이루시는 분께 맡기고, 자신의 의지를 그분의 의지에 내맡기는 것입니다. 오, 이런 상태는 얼마나 복된지요! 모든 것이 텅 비어버린 듯한 그때 마음은 얼마나 충만한지요!

우리 주님께서 당신에게 아버지 같은 마음의 무한히 너른 품을 열어 주시어, 당신의 마음이 마냥 잠길 수 있기를, 그분의 마음과 당신의 마음이 하나가 되기를 기도합니다. 그것이 바로 사도 바울이 성도들에게 예수 그리스도의 품 안에 머물기를 빌면서 바랐던 것입니다.

7

하나님의 현존, 그 유익과 실제에 대하여

우리의 완전성의 주된 원천은 옛적에 하나님께서 아브라함에게 하신 다음과 같은 말씀에 들어 있습니다. "너는 내 현존 가운데 행하라. 그러면 완전하리라."^{창 17:1} [9] 하나님의 현존은 정신^{esprit/mind}을 가라앉히고 평온한 잠을 주며 낮 동안의 온갖 일 한복판에서도 쉼을 줍니다. 하지만 그러려면 아무 유보 없이 하나님께 속해야 하지요. 하나님을 발견하고 나면 사람들에게서는 더 이상 구할 것이 없어집니다. 가장 친한 친구들도 버려야 합니다. 좋은 친구는 마음^{coeur/heart} 속에 있으니

---

9 "…너는 내 앞에서 행하여 완전하라"(개역개정, 창 17:1). 페늘롱은 라틴어 불가타 성경을 자주 직역하여 인용한다. "…ambula coram me et esto perfectus"(VUL, Gen 17:1).—편집자

까요. 그분은 우리의 신랑 되시어 질투하시며 다른 모든 것을 물리치십니다.

하나님을 사랑하고 그분의 현존 가운데 자신을 새롭게 하는 데는 그리 오랜 시간이 걸리지 않습니다. 우리는 언제든 그분을 향해 마음을 들어올리고, 마음속 깊은 데서 그분을 흠숭하고, 자신이 하는 일, 겪고 있는 일을 그분께 드릴 수 있습니다. 그럴 때 우리 안에 이루어지는 진정한 하나님 나라눅 17:21는 그 무엇으로도 무너뜨릴 수 없습니다.

산만한 감각과 활발한 상상 때문에 영혼âme/soul이 조용하고 주의 깊은 상태로 묵상에 잠길 수 없을 때는, 의지를 다잡아서라도 마음을 가라앉혀야 합니다. 그러면 묵상하고자 하는 소원 자체가 일종의 묵상이 됩니다. 즉 하나님께로 돌이켜 그분이 우리에게 바라시는 바를 올곧은 의지로 수행해야 합니다. 시시때때로 영혼의 모든 힘을 다해, 다시 말해 그분을 알고 그분을 생각하려는 정신의 힘과 그분을 사랑하려는 의지의 힘을 다해, 그분께 속하려는 소원을 일깨워야만 하는 것입니다. 우리의 외적 감각도 그 모든 활동에서 그분께 드려지기를 소원합시다.

마음과 정신을 산만하게 만들어 헤매게 만든 나머지 제자리로 돌아가 하나님을 찾기 힘들 정도의 일이라면 외적인 것이든 내적인 것이든 오래 몰두하지 않도록 주의합시다. 무엇인가 낯선 것이 우리에게 즐거움이나 기쁨을 준다고 느끼는 순간, 마음이 그것에 탐닉하지 못하도록 떨쳐내고, 참된 목표요 최고의 선이신 하나님 그분께로 나아갑시다. 우리가 내적으로 피조물들에 대한 집착을 끊어 그것들이 영혼 깊은 데까지 들어오지 못하게 하여 그곳에서는 오직 주님만이 사시며 경배와 흠숭과 사랑을 받으시게 한다면, 우리는 모든 인간적 애정에서 자유롭게 된 영혼에게 하나님께서 반드시 주시는 순수한 기쁨을 곧 맛보게 될 것입니다.

우리 안에 무엇에 대해서든 열렬한 욕망이 일어나고, 해야할 일들로 인해—그것이 무엇을 말하는 것이든 보는 것이든 행하는 것이든 간에—지나치게 분주해진다 싶으면, 절제하기에 힘쓰고 주님께서 우리의 몰아치는 생각과 부산스러운 외적 행동을 멈추어 주시기를 구합시다. 하나님께서 친히 말씀하셨듯이, 그분의 영은 혼란 가운데 거하시지 않으니까요.[고전 14:33]

말해지고 행해지는 모든 것에 너무 끼어들지 말고, 그런 것에 너무 몰두하지 않도록 합시다. 그런 것은 사람을 산만하게 만들기 십상입니다. 만나게 되는 상황에서마다 하나님께서 우리에게 요구하시는 바를 깨닫는 즉시, 그 밖의 것은 멀리합시다. 그럼으로써 우리 영혼의 깊은 속을 항상 자유롭고 고르게 유지할 수 있을 것이고, 우리 마음을 불편하게 하고 하나님을 향하는 데 방해가 되는 많은 무익한 것들을 끊어버릴 수 있을 것입니다.

내적인 고독과 정신의 자유 가운데 머무는 탁월한 수단은 각각의 행동을 마칠 때마다 거기서 모든 생각을 접고, 헛된 기쁨에서든 슬픔에서든 되살아나는 자기애의 감정을 떨쳐버리는 것입니다. 그런 것들이야말로 우리의 가장 큰 병통 중 하나니까요. 필요한 것만을 정신에 담아두고 그것에 대해 생각해야할 때만 생각하는 자에게 복이 있습니다! 그러면 하나님께서 이루어야 할 그분의 뜻을 보여주시고 필요한 일을 일깨워 주시므로, 정신이 굳이 그런 것들을 앞서가며 구하는 수고를 하지 않아도 됩니다. 끝으로, 낮 동안, 해야 할 일들을 해나가는 동안, 하나님을 바라봄으로써 자신을 돌아보는 습관을 들입시다. 그럼으로써 마음에 동요가 이는 즉시 가라앉힙시다. 하나님으로부터 오지 않는 모든 즐거움을 멀리합시다. 무익한 상념들과 몽상들을 끊어냅시다. 허탄한 말을 하지 맙시다. 우리 안에서 하나님을 찾읍시다. 그러면 반드시 그분을 만날 것이고 그분과함께 기쁨과 평안을 누릴 것입니다.

외적인 활동 가운데서도, 그 무엇보다 하나님께 더욱 집중합시다. 일을 잘하기 위해서는 그분의 현존 가운데서 해야 하며, 모든 것을 그분을 위해서 해야 합니다. 하나님의 엄위하심 앞에서, 우리의 내면은 차분해지고 조용해지기 마련입니다. 주님의 말씀 한마디에 거칠게 요동치는 바다가 잔잔해졌습니다. 그분이 우리를 향하시는, 또 우리가 그분을 향하는 눈길 하나로도 날마다 그런 일이 일어나야 할 것입니다.

자주 마음을 하나님께로 받들어 올려야 합니다. 그분은 우리 마음을 깨끗게 하시고, 밝혀 주시고, 인도해 주십니다. 그것이 거룩한 선지자 다윗이 날마다 한 일이었습니다. "내가 항상 주님을 내 눈앞에 모셨습니다"시 16:8라고 그는 노래했습니다. 그의 다음과 같은 아름다운 말을 자주 되새깁시다. "하늘에서나 땅에서나 당신이 아니고는 누구를 찾겠습니까? 당신은 내 마음의 하나님이시요 영원히 내 유일한 분깃이십니다."시 73:25-26 문을 닫고 들어앉을 수 있는 한가한 시간을 기다려서는 안 됩니다. 묵상할 수 없음을 안타깝게 여기는 그 순간 즉시 묵상을 수행할 수 있습니다. 단순하고 친밀하고 신뢰에 찬 태도로 하나님을 향해 마음을 돌이켜야 합니다. 가장 바쁜 때에, 식사를 하거나 다른 사람들의 말을 듣는 동안에, 틈틈이 내는 순간들도 좋습니다. 무익하고 지루한 이야기들도 당신을 피곤케 하기는커녕 오히려 묵상을 할 여유를 줍니다. 그렇듯 하나님을 사랑하는 자들에게는 모든 것이 합력하여 선을 이루는 것이지요.

취향에 따라 또 필요에 따라 말씀을 읽되, 자주 중단하면서 우리 안에 계신 성령의 인도하심에 따라 묵상에 잠길 필요가 있습니다. 성령 충만한 두어 마디 말이 숨겨진 만나가 됩니다. 말 자체는 잊어버릴지라도 그것들은 은밀하게 작용하여 영혼을 살찌우는 것입니다.

8.

하나님을 사랑하는 법,
작은 일들에 충성하기

        모든 사람은 하나님을 반드시 사랑할 의무가 있음을 알아야 할 뿐 아니라, 어떤 식으로 그분을 사랑해야 하는지도 깨달아 가야 합니다. 우리가 하나님을 사랑해야 하는 것은 그분이 우리의 창조주이시며 그분의 너그러운 손에서 받은 것 말고는 우리에게 아무것도 없기 때문입니다. 우리에게 있는 모든 것은 아무것도 아닌 존재에게 그분이 베풀어 주신 선물입니다. 우리는 우리 자신으로서는 무無에 지나지 않으니까요. 우리에게 있는 모든 것이 하나님으로부터 왔을 뿐 아니라, 우리를 둘러싼 모든 것도 그분으로부터 왔고 그분이 지으신 것입니다. 또한 우리가 그분을 사랑해야 하는 것은 그분이 우리를 사랑하셨기 때문입니다. 그분은 자녀들을 측은히 여기는 아버지처럼 자애로운 사랑으로 우리를 사랑하셨습니다. 애초에 그 자녀들을 지으신 재료가 흙인 것을 아시기 때문이지요. 그분은 우리가 헤매던 죄악의 길로 우리를 찾아오셔서, 길 잃은 양을 찾느라 지치도록 애쓰는 목자처럼 쫓아다니셨습니다. 그분은 우리를 찾아다니는 데 그치지 않고, 우리를 찾아낸 다음에는 인간의 형체를 입으시고서 우리와 우리의 질고를 도맡아 주셨습니다. 그분은 십자가에 죽기까지 순종하셨으니, 그 지극한 순종은 우리에 대한 지극한 사랑을 말해 주는 것입니다.

하나님을 사랑해야 한다는 것을 깨달았다면, 어떻게 그분을 사랑해야 할지를 검토해 보아야 합니다. 마음의 한쪽은 하나님께 드리고 다른 쪽은 세상과 오락을 위해 남겨 둔다든가, 진실과 거짓, 하나님과 세상을 적당히 섞으려 한다든가, 제단 앞에서는 하나님께 속하기를 원하지만 하나님을 그곳에 버려둔 채 나머지 시간은 세상에 바친다든가, 하나님께는 표면적인 애정만 드리고 실질적인 애정은 세상에 둔다든가 하는 식으로, 두 마음을 가진 비열한 자들처럼 할 것입니까? 그런 사랑은 하나님께서 거부하십니다. 그분은 질투하시는 하나님이시며, 그런 유보를 용납지 않으십니다. 그분은 전부를 원하십니다. 하나님을 사랑하라는 명령을 그분은 이렇게 명시하십니다. "너는 네 하나님을 온 마음과 목숨과 힘과 뜻을 다하여 사랑하라."[신 6:5; 막 12:30] 이렇게 말씀하시기까지 했는데, 그분이 종교 예식에 만족하시리라고는 생각할 수 없습니다. 그분은 전부를 드리지 않는다면 받지 않으십니다.

사실, 영원부터 우리를 사랑하신, 아니 죄악의 구렁에서까지 우리를 사랑하신 분을 반쯤만 사랑한다는 것은 은혜에 대한 배반이 아닙니까? 타락한 세상도 배은망덕에는 충격을 받았다고 떠듭니다. 세상도 아들이 자기한테 삶을 준 아버지에게 감사치 않는 것은 용납하지 않습니다. 그런데 육신의 아버지가 대체 어떤 삶을 주었다는 말입니까? 비참과 불행과 온갖 병통으로 가득한 삶이요, 죽음을 향해 가는, 끊임없는 죽음인 삶이지요. 그런데도 우리 아버지 어머니에게는 생각할 수 있는 모든 존경심을 갖는 것이 절대적인 도리입니다. 그렇다면 같은 원리로, 우리는 하나님께 어떤 태도라야 할까요? 그분은 우리에게 그분 자신과 마찬가지로 영원히 지속될 삶을 주셨으며, 우리를 복되게 하시려고 창조하셨습니다. 그분은 모든 아버지를 합친 이상의 아버지라고, 한 교부는 말한 적이 있습니다. 그분은 영원한 사랑으로 우리를 사랑하셨으니, 대체 우리에게서 무엇을 사랑하셨을까요? 누군가를 사랑한다는 것은 그 사랑의 대상에게서 발견하는, 또는 추정하는 어떤 좋은 점 때문이니 말입니다. 대체 그분은 우리에게서 그분의 사랑을 받을 만한 무엇을 발견하셨을까요? 우리는 창조되기 전에는 무無였고, 창조된 이후로는 죄악일 뿐입니다. 오, 얼마나 과분한 선하심인지요! 우리에게 그토록 크나큰 선을 베푸신 분, 우리를 지탱하시고 보존하시는 분을 사랑하지 않을 수 있을까요? 그분이 단 한 순간이라도 외면하신다면, 우리는 그분의 전능하신 손이 우리를 끌어내셨던 무無로 돌아갈 것입니다. 그런데도 두 마음을 가질 수 있을까요? 우리에게 영원한 복락을 약속하시는 하나님과 우리를 잠시 현혹할 뿐인 세상을 비교할 수 있을까요? 우리가 죽는 순간 세상은 우리를 하나님의 손에 떠넘길 것이니, 이때의 하나님은 심판하시는 하나님, 아무것도 거역할 수 없는 하나님, 우리가 그분을 대했던 대로 우리를 대하실 공의의 하나님입니다. 만일 우리가 세상을 섬겼다면, 그분은 정당한 보응으로 우리를 세상이라는 비참한 주인에게로 돌려보내실 것입니다. 하나님께서 우리에게 그분을 사랑하라고 명하신 율법이 기록된 것은 우리로 하여금 그분을 잊고 사는 것이 얼마나 끔찍한 일인지 상기시키기 위해서라고 성 아우구스티누스는 말한 바 있습니다.

하나님의 선하심에 대해 생각해 봅시다. 그분은 우리의 배은망덕을 아시고 우리 약함을 속속들이 아시므로, 우리를 그분께로 돌이키고자 온갖 수단을 동원하셨습니다. 그분은 만일 우리가 그분을 사랑하면 영원한 상을 주겠다고 약속하시고, 만일 그분을 사랑하지 않으면 징계를 내리겠다고 엄히 말씀하십니다. 이런 위협 속에서도 우리는 그분의 긍휼과 자비를 더 잘 볼 수 있습니다. 왜 그토록 자주 엄히 말씀하시겠습니까? 그것은 어쩔 수 없이 징계를 내리게 되기를 원치 않으시기 때문입니다. 하지만 그분의 은혜와 긍휼과 자비를 악용하지 않도록 주의합시다. 지금이라는 시간을 선용하고 그분을 노엽게 하지 맙시다. 날마다 "내일부터, 내일부터"라고 미루는 나약한 자들처럼 되지 맙시다. 온전히 그분께 속하겠다는 강한 결심을 하고, 오늘부터, 지금부터 시작합시다. 우리의 능력 밖에 있는 것에 의지한다면 얼마나 무모한 일일까요! 미래는 하나님께서 우리에게 감추시는 심연이며, 미래가 우리의 것이 될 때라도 하나님의 은혜 없이 그분의 일을 한다고 할 만큼 우리 자신을 신뢰할 수 있을까요? 그분이 지금 우리에게 베푸시는 은혜를 선용합시다. 우리의 회심도 아마 그 은혜에 달려 있을 겁니다. 시간이 지날수록 정념들은 강해져서 다스리는 것이 거의 불가능해집니다. 지금 우리의 선택을 하고 하나님께 귀 기울입시다. 그분은 엘리야를 통해 말씀하셨습니다. "내 백성아, 너희가 언제까지 바알과 나 사이에서 마음이 나뉘려느냐. 어느 쪽이 진짜 신인지 결정하라. 만일 나이거든, 나를 따르고 더 이상 의심하지 말라. 만일 바알이거든, 그를 따르고 세상을 따르며 그에게 헌신하라. 그러면 죽는 날 그가 너희를 내 손에서 구원할지 보게 될 것이다."[왕상 18:21]

하지만 사람들은 하나님만을 사랑하고 다른 모든 애착에서 완전히 떠나기란 어렵다고 말합니다. 글쎄요! 당신을 지금처럼 만들어 주신 분을 사랑하는 데 무슨 어려움이 있습니까? 당신이 당신의 창조주께 마땅히 드려야 할 것을 드리기 꺼리는 것은 우리 본성이 타락했기 때문입니다. 하나님과 세상 사이에서 마음이 나뉘는 것이 행복하다고 생각합니까? 끊임없이 정념들에 끌려다니면서 양심의 가책에 시달리고, 즐거움 가운데는 씁쓸함이 스며들고, 노상 갈팡질팡하는 것이 행복합니까? 이처럼 온당치 못하게 분열된 마음 때문에 괴로움을 겪는 비겁한 영혼들은 하나님의 사랑이 엄격하다고 하며 그 엄격함을 누그러뜨리려 합니다. 다시 말하지만, 그렇게 생각하는 것은 큰 착각입니다. 누가 이생에서부터 행복할 수 있다고 한다면, 그것은 하나님을 사랑하는 자입니다. 자기애가 뭔가 선한 결과를 가져오려면, 그것은 우리로 하여금 하나님께만 속하기 위해 다른 모든 것을 포기하게 만들어야 합니다. 영혼 안에 하나님에 대한 사랑만이 있을 때, 영혼은 선한 양심이 주는 평안을 맛보며, 요동치 않고 행복합니다. 그에게는 위대함도 부도 명성도, 시간이 흔적 없이 실어갈 어떤 것도 필요치 않습니다. 그 영혼은 자기가 사랑하는 분의 뜻밖에는 원치 않습니다. 그 뜻이 이루어지는 것을 아는 것으로 만족하고, 신랑을 기다리며 항상 깨어 있습니다. 번영이 그 영혼을 교만하게 만들지 못하고 역경이 그의 기를 꺾지 못합니다. 그리스도인의 완전은 이처럼 자기 의지로부터 초연해지는 데 있지 교묘한 추론에 있지 않습니다. 얼마나 많은 자만심 강한 박사들이 하나님의 일에서 무지한 소리를 하는지요. 그들에게서 사도 바울의 말이 확인됩니다. "지식은 교만하게 하지만 사랑은 덕을 세운다"[고전 8:1]고 말입니다.

덕은 길게 기도하는 데 있지 않습니다. 예수 그리스도께서 친히 말씀하신 대로입니다. "나더러 '주님, 주님' 하는 사람이라고 해서, 다 하늘나라에 들어가는 것은 아니다.…내 아버지께서는 내가 너희를 도무지 알지 못한다 하실 것이다"[마 7:21-23]라고 말입니다. 또한, 신앙심이란 사랑 없는 행함에도 있지 않습니다. 하나님을 사랑한다고 하면서 아무런 행함이 없을 수는 없습니다. 사랑은 그렇게 무위하지 않으니까요. 사랑이 우리 안에 있으면, 반드시 우리로 하여금 하나님을 위해 무엇인가를 하게 합니다. 지병으로 인해 움직일 수 없다면, 고통을 받아들이는 것만으로도 하나님께서 기꺼워하실 만한 무엇이 될 것입니다. 그뿐 아닙니다. 온 마음으로 하나님을 사랑하게 된 다음에는, 아무런 대가를 바라지 말고 오로지 그분에 대한 사랑을 위해 사랑하는 단계까지 올라가야 합니다. 그럴 만한 가치가 있지 않을까요? 만일 무엇인가가 그렇게 사랑받을 만하다면, 무한히 사랑스러운 분이야말로 그렇지 않을까요?

프랑수아 드 살은 큰 덕목들과 작은 충성들은 마치 소금과 설탕과도 같다고 말했습니다. 설탕은 더 감미로운 맛을 내지만, 그리 자주 쓰이지는 않지요. 반면, 소금은 생명에 필요한 모든 음식에 들어갑니다. 위대한 덕목들은 드물고, 발휘될 기회가 좀처럼 오지 않습니다. 그런 기회가 올 때면, 이전의 모든 것을 총동원하여 준비하게 되지요. 위대한 희생정신으로 고무되고, 다른 사람들이 보는 데서 행한 혁혁한 행동이나 스스로 대단하다 여기는 노력 속에서 느끼는 자기만족으로 버텨 나갑니다. 그에 비하면 사소한 기회들은 예측할 수 없이 아무 때나 찾아오며, 우리를 자신의 교만과 게으름과 거드름과 성마름과 슬픔과 끊임없이 씨름하게 함으로써 매사에 우리의 의지를 깨뜨리고 우리에게 아무런 여지도 남기지 않습니다. 그런 기회들에 충실하고자 한다면, 우리의 본성은 숨 쉴 틈도 없이 자신의 모든 성향에 대해 죽어야만 합니다. 사소한 일들에서 자기 취향과 습관을 따를 자유와 맞바꿀 수만 있다면 아무리 격렬하고 고통스럽다 해도 하나님을 위해 큰 희생을 몇 차례 치르는 편이 더 낫다고 여겨질 정도입니다. 하지만 진정한 사랑의 은혜가 유지되고 인간 본성의 덧없는 선의들과 구별되는 것은 작은 일에 대한 충성에서입니다.

신앙생활에도 현세적 재산에서와 같은 경제 원리가 있습니다. 즉 면밀한 주의를 기울이지 않으면 큰 항목의 지출에서보다 부질없는 비용 때문에 재산을 허비하게 된다는 것입니다. 현세적인 것에서나 영적인 것에서나 작은 것을 선용할 줄 아는 사람이 큰 재산을 모읍니다. 큰 것들이 큰 것은 세심하게 모은 작은 것들이 합쳐져서입니다. 아무것도 잃지 않는 자는 곧 부자가 됩니다.

아울러, 하나님께서는 우리 행동보다는 그 행동을 하게 하는 사랑의 동기를, 우리 의지의 순종을 찾으신다는 점을 기억합시다. 사람들은 우리의 행동을 겉만 보고 판단하지만, 하나님께서는 우리의 행동에서 사람들의 눈에 띄는 점들은 전혀 보시지 않습니다. 그분이 원하시는 것은 순수한 의도, 그분의 손안에서 순순히 무엇이든 기꺼이 하려는 의지, 자기 자신에 대한 진정한 초연함입니다. 이 모든 것은 특별한 때보다 평범한 때에 더 자주 일어나며, 우리의 자존심을 다치게 할 우려는 적지만 더 엄격하게 우리를 시험합니다. 때로는 큰 이해관계보다 사소한 일에 집착할 때도 있습니다. 거액의 자선을 하기보다 당장의 오락을 그만두기가 더 어려운 것이지요.

사소한 일들은 죄가 되지 않으리라 여기고 또 스스로 그런 것에 별로 집착하지 않는다고 여기는 만큼 오히려 더 쉽게 우리를 실족게 할 수 있습니다. 하나님께서 그런 것들을 앗아가실 때에야 비로소 그 박탈의 고통으로 인해 우리의 집착과 습관이 지나쳤고 변명할 수 없는 것임을 깨닫게 됩니다. 그뿐 아니라, 우리는 그런 사소한 것들을 소홀히 함으로써 언제든 가족과 아랫사람들과 세상 사람들의 빈축을 사게 되지요. 우리의 행동이 구체적인 데서 해이하고 변칙적이라면, 사람들은 우리의 신앙심이 진실하다고 여길 수 없습니다. 사소한 것이 문제가 되자마자 굴복하면서 가장 큰 희생은 주저하지 않으리라 생각하는 것은 얼마나 허울뿐인 믿음일까요?

하지만 가장 위험한 것은 영혼이 사소한 일들을 소홀히 함으로써 불성실에 익숙해진다는 점입니다. 성령을 근심하시게 하고 제멋대로 행동하고 하나님을 거역하는 것을 아무렇지 않게 여기게 됩니다. 반면, 참된 사랑은 아무것도 작게 여기지 않습니다. 그에게는 하나님을 기쁘시게 또는 슬프시게 하는 모든 것이 항상 크게 보입니다. 참된 사랑이 영혼을 불편하고 까다롭게 만든다는 말이 아니라, 그 충성됨에 끝이 없다는 말입니다. 그는 그저 하나님과 함께 행하며, 하나님께서 요구하시지 않는 일들에 대해서는 전혀 개의치 않으므로 하나님께서 요구하시는 일들에 대해서는 크건 작건 단 한 순간도 망설이려 하지 않는 것입니다. 그러므로 영혼이 극히 사소한 일들에까지 충성되고 정확하다는 것은 마지못해 그렇게 하는 것이 아닙니다. 그것은 불안하고 근심 많은 영혼이 갖는 두려움이나 고민과는 전혀 다른, 사랑의 마음에서 우러나는 것입니다. 마치 하나님에 대한 사랑에 끌려가는 것만 같습니다. 지금 하는 일만을 하고자 할 뿐, 하지 않는 다른 일을 하고자 하지 않습니다. 질투하시는 하나님께서 영혼을 압박하시어 극히 사소한 것들까지 간섭하시고 모든 자유를 앗아가시는 것처럼 보일 때, 사실상 영혼은 마음껏 풀려나 그분 안에서 깊은 평안을 누리는 것이지요. 오, 그런 영혼은 얼마나 복된지요!

천성적으로 세심하지 못한 사람들은 사소한 것들에 대해 더 확고한 규범을 스스로 확립해야 할 것입니다. 이들은 사소한 것들을 무시하고 대수롭지 않게 여기는 버릇이 들어 그 결과를 충분히 고려하지 않습니다. 그래서 정념들이 은연중에 깊어지는 것도 미처 깨닫지 못하는 것입니다. 그런 일에 대해 겪었던 최악의 경험조차도 잊어버립니다. 부단한 충성에 자신을 굴복시키기보다 자신에게 없는 강인함을 다짐하며 이미 무수히 속아왔던 자신의 용기를 믿는 것입니다. 별거 아니야, 라고 말하지요. 그래요, 별거 아닙니다. 하지만 그 하찮은 것이 당신에게는 전부입니다. 하찮을망정 너무나 사랑하여 하나님께도 내놓기를 거부하는 무엇이지요. 내놓지 않을 구실을 찾기 위해 별거 아니라고 말하지만, 실은 하나님께 거역하여 집착하는 무엇, 당신을 멸망시킬 무엇입니다. 사소한 것들을 경히 여긴다고 위대한 정신이 되는 것이 아닙니다. 그처럼 크나큰 결과를 갖는 것을 사소하게 여기는 것은 당신의 시야가 좁기 때문이지요. 작은 것들에 주의하기가 힘들면 힘들수록, 부주의하여 실수

할까 두려워하고 자신을 경계하며 자신과 해이함 사이에 철통 방벽을 쳐야 합니다. "작은 것을 무시하는 자는 점점 망하게 된다"집회 19:1는 말씀대로입니다.

하여간 당신 스스로 판단하십시오. 당신에게 모든 것을 빚진 친구가 있는데, 이른바 크다고 여겨지는 드문 기회에는 당신을 도와야 한다고 생각하면서도 평소 생활에서는 당신에게 배려도 경의도 보이려 하지 않는다면, 당신은 어떻게 하겠습니까?

사소한 일들에 끊임없이 신경 쓰기를 주저하지 마십시오. 그러자면 우선 용기가 필요하겠지요. 하지만 그런 것이야말로 당신에게 필요하고 또 마땅한 참회이며, 그것이 당신에게 평안과 확신을 줄 것입니다. 그러지 않고서는 혼란과 같은 실수가 반복될 뿐입니다. 하나님께서 당신에게 차츰 이 즐겁고도 쉬운 마음 상태를 베풀어 주실 것입니다. 참된 사랑은 세심하되, 거북하거나 부대끼지 않는 것입니다.

9.

느슨한 회심에 대하여

하나님으로부터 멀어져 있던 사람들은 그분께 다가가기 위해 몇 발자국 떼기 시작한 것만으로 자신이 그분께 아주 가까워졌다고 믿습니다. 교양과 분별을 갖춘 사람들조차도 그 점에서는 왕을 보았다고 해서 자신이 정말로 궁정에 있기나 한 것처럼 생각하는 농부와 다를 바 없이 어리석습니다. 무서운 악행들을 버리고 안일하고 세속적이고 허랑방탕한 삶에서 돌이켰다고 해서, 현재 자신의 삶을 전에 살던 삶이나 다른 많은 사람들이 여전히 살고 있는 삶과 비교하여 판단하는 것이지요. 유일한 잣대는 복음인데 말입니다. 그러다 자칫하면 스스로 성인쯤 된 줄로 여기고, 구원과 관련하여 아직 남은 할 일들에 대해 깊은 잠에 빠질 수도 있습니다.

이런 상태는 어쩌면 수치스러운 방탕함보다 더 치명적입니다. 적어도 방탕함은 양심을 불편하게 하고 신앙심을 일깨우고 뭔가 노력을 하게 할텐데, 느슨한 회심에서 나온 변화는 건전한 뉘우침을 틀어막고 마음속에 거짓 평안을 심어 주며 그만하면 괜찮다고 스스로 설득하여 악습을 고치지 못하게 만듭니다. 구원은 악을 그치는 것에 국한되지 않으며, 선의 실천이 더해져야 합니다. 하늘나라는 너무나 큰 상급이므로, 감히 악행을 저지를 용기가 없어서 저지르지 못했을 뿐인 두려움 많은 노예에게는 주어지지 않습니다. 하나님은 그분의 선하심을 사랑하는 자녀를 원하시지 그분의 권능에 대한 두려움 때문에 마지못해 섬기는 노예를 원하지 않으십니다. 그러므로 그분을 사랑해야 하며, 따라서 참된 사랑에서 우러나는 모든 것을 해야 합니다. 진심으로 하나님을 사랑하면서, 그분의 원수인 세상, 복음서에서 그토록 엄히 저주하신 세상을 열렬히 사랑할 수 있을까요? 하나님을 사랑하면서, 그분을 너무 깊이 알까봐, 그분을 위해 해야 할 일이 너무 많아질까봐 두려워할 수 있을까요? 하나님을 사랑하면서, 그분을 거스르지 않는 것으로 만족하고 그분을 기쁘시게 하거나 영화롭게 하거나 그분에 대한 사랑을 용기 있게 증거하는 수고는 도외시할 수 있을까요? 열매 맺지 않는 나무는 죽은 것과 같으니 찍혀서 불에 던져진다고 예수께서도 복음서에서 말씀하셨습니다.마 7:19 하나님에 대한 사랑의 열매를 맺지 않는 자들은 죽어서 뿌리까지 마른 자들입니다.

하나님을 사랑하기를 원한다고 뻔뻔하게 말하면서 사랑받는 것으로만 만족하는 못된 피조물이 이 땅 위에 있을까요? 그분을 사랑하기를 원한다면서, 말과 예식, 그것도 금방 싫증이 나서 짧은 예식만을 드리려 하고, 그분을 위해 어떤 정념도 실제적인 이해관계도 안락한 삶의 편의성도 희생하지 않으려 하지요. 그분을 사랑하기를 원한다면서, 그분이 사랑하기는커녕 미워하시는 세상의 허탄한 것들을 그분과 함께, 아니 그분 이상으로, 사랑하려 하지요. 그분을 사랑하기를 원한다면서, 우상숭배나 다름없는 맹목적인 자기 사랑을 전혀 그만두려 하지 않지요. 하나님을 위해 지어진 자들로서 그분 앞에 나아가는 대신, 달리 도움을 구할 데가 없을 때에야 최후의 수단으로 그분을 우리에게 끌어다가 그분이 우리를 섬기고 위로해 주기를 원하는 겁니다. 이런 것이 하나님을 사랑하는 것입니까? 오히려 거역하는 것이 아닙니까?

그게 다가 아닙니다. 하나님을 사랑하기를 원한다면서, 그 사랑을 수치로 여겨 약점인양 감추지요. 그분이 사랑할 만한 자격이 없는 친구나 되는 것처럼 그분의 일로 얼굴을 붉힙니다. 기껏해야 불경건하다는 비난을 받지 않으려고 종교적인 외관을 꾸미고, 세상에 휘둘린 나머지 세상의 허락 없이는 하나님께 아무것도 드릴 엄두를 내지 못합니다. 이런 것이 스스로 영원한 상급을 받을 만하다고 여기는 사랑입니다.

'나는 고해를 했는데요'라고 말할지도 모르겠습니다. '내 지나간 삶의 죄악들을 낱낱이 고했습니다, 성경도 좀 읽고, 조신하게 예배에도 참석하며, 그만하면 선한 마음으로 하나님께 기도도 하고, 큰 죄악이라고는 짓지 않는다고요. 그렇다고 세속을 떠나 아예 연을 끊을 만큼 그렇게 감동받은 건 아니지만, 만일 종교가 이처럼 선량한 사람들을 거부한다면 너무 엄격한 것 아닙니까? 이 모든 세세한 신앙 행위들은 너무 지나쳐서, 선을 사랑하게 하기는커녕 낙심시키기에 딱 맞네요.' 이런 것이 선한 의도를 지닌 것처럼 보이는 사람들이 하는 말입니다. 하지만 그들이 사태를 정직하게 검토하고자 한다면, 착각을 깨닫기는 쉽습니다.

그들의 잘못은 그들이 하나님도 자기 자신도 제대로 알지 못하는 데서 비롯됩니다. 그들은 자신의 자유를 애지중지하는 나머지 신앙에 너무 빠져들었다가는 자유를 잃을까봐 두려워합니다. 하지만 그들은 자신이 결코 자신의 것이 아니라는 사실을 깨달아야 합니다. 그들은 하나님의 것이고, 하나님께서 그들을 지으신 것은 그들을 위해서가 아니라 오로지 그분 자신을 위해서입니다. 그러므로 하나님은 절대적인 권위를 가지고 그분 뜻대로 그들을 이끄시는 것이 마땅합니다. 그들은 아무 조건이나 유보 없이 그분께 드려져야 합니다. 엄밀히 말해 우리는 우리 자신을 하나님께 드릴 권리조차 없지요. 우리 자신에 대해 아무런 권리도 갖고 있지 않으니 말입니다. 하지만 만일 우리가 우리 자신을 본성상 온전히 그분의 것으로서 그분께 내맡기지 않는다면, 그것은 자연의 질서를 뒤엎고 피조물의 근본적인 법을 거스르는 신성모독적인 절도행위가 될 것입니다. 그러므로 하나님께서 우리에게 베푸신 법에 대해 이러니저러니 따지는 것은 우리가 할 일이 아닙니다. 우리가 할 일은 그 법을 받아들이고 받들고 무조건 따르는 것입니다. 하나님께서는 무엇이 우리에게 맞는지 우리보다 더 잘 아십니다. 만일 우리가 복음을 만든다면, 우리는 그 엄격함을 누그러뜨려 우리의 느슨함에 맞도록 조정하고픈 유혹을 느끼겠지요. 하지만 하나님께서는 복음을 만드시면서 우리와 의논하지 않으셨고, 다 만들어진 것을 우리에게 주셨으며, 모든 신분에 평등한 이 지고의 법을 수행하는 것 말고는 다른 구원의 희망을 남겨두지 않으셨습니다. "하늘과 땅은 없어질지라도, 내 말은 절대로 없어지지 않을 것이다."마 24:35 복음에서는 단 한마디도 한 글자도 잘라낼 수 없습니다. 우리에게 맞도록 율법을 완화하기 위해 감히 복음의 힘을 축소시키려 하는 성직자들에게 화가 있을 것입니다! 이 법을 만든 것은 그들이 아니며, 그들은 그저 수탁자에 지나지 않습니다. 그러므로 복음의 법이 엄하다고 해서 그들을 탓할 일도 아닙니다. 이 법은 그들에게나 다른 사람들에게나 똑같이 엄격하며, 그들은 이 법의 준수에 대해 그들 자신뿐 아니라 다른 사람들에 대해서도 책임을 지고 있으니만큼, 그들에게 더 준엄한 것입니다. "눈먼 사람을 인도하는 눈먼 사람에게 화가 있을 것이다! 눈먼 사람이 눈먼 사람을 인도하면 둘 다 구덩이에 빠질 것이다"마 15:14라고 하나님의 아들이 말씀하셨습니다. 무지하거나 비겁하여 아첨하는 성직자들, 좁은 길을 넓히려는 자들에게 화가 있을 것입니다! 넓은 길은 멸망으로 이르는 길입니다. 그러니 인간의 교만은 잠잠해야 할 것입니다! 인간은 스스로 자유롭다고 생각하지만 그렇지 않습니다. 그는 율법의 멍에를 지고 하나님께서 그 멍에의 무게에 걸맞은 힘을 주시기를 바랄 뿐입니다.

왜냐하면 피조물에게 절대적 주권을 가지고 명령하시는 분은 또한 그에게 내적인 은혜를 주시어 그분이 명하시는 바를 원하고 행하게 하시니까요. 그분은 그분의 멍에를 사랑하게 하십니다. 그분은 공의와 진실에 내재하는 매력으로 그 멍에를 부드럽게 하십니다. 그분은 미덕들에 그 정결한 감미로움을 부여하시며, 거짓된 즐거움을 역겹게 하십니다. 그분은 인간이 자기 본성에 맞서게 하시고 타락에서 벗어나게 하시며 연약함에도 불구하고 강하게 만드십니다. 오 믿음이 적은 자여, 그러니 무엇을 두려워합니까? 하나님께서 하시는 대로 맡기십시오. 당신을 그분께 내맡기십시오. 당신은 괴로움을 겪겠지만 사랑과 평화와 위안 가운데서 겪을 것입니다. 싸우겠지만 승리를 거둘 것이고, 하나님 자신이 그 싸움에 당신과 함께해 주시며 그분 손으로 당신에게 관 씌워 주실 것입니다. 당신은 눈물을 흘리겠지만, 감미로운 눈물일 것이며, 하나님께서 기쁘게 그 눈물을 닦아 주실 것입니다. 당신은 더 이상 자유롭게 폭군적인 정념들에 탐닉하지 못하겠지만, 당신의 자유를 기꺼이 희생하면 새롭고 세상이 알지 못하는 자유 속으로 들어가게 될 것입니다. 그 자유 안에서 당신은 사랑 때문이 아니고는 아무것도 하지 않을 것입니다.

더구나, 이 세상에서 당신이 얼마나 속박되어 있는지 생각

해 보십시오. 당신이 경멸하는 사람들로부터 좋은 평가를 받기
위해서라면 마다할 일이 없지 않습니까? 당신의 정념들이 도
를 넘을 때 그 광포함을 억누르기 위해서라면, 또는 기꺼이 빠
져들고 싶은 정념을 만족시키기 위해서라면, 고통을 숨기기 위
해서나 거추장스러운 예의범절을 지키기 위해서라면, 무슨 대
가인들 치르지 않겠습니까? 당신이 그토록 대단히 여겨 하나
님 앞에 바치기를 어려워하는 자유가 고작 그런 것입니까? 도
대체 무엇이 자유라는 겁니까? 좀 보여주십시오. 어디를 보나
거북함이요 비천하고 부당한 예속이요, 아침부터 저녁까지 자
신을 꾸며야 한다는 한심한 압박뿐입니다. 우리는 우리를 구원
하는 것밖에 달리 우리에게 바라는 것이 없으신 하나님께 등을
돌리고 세상의 품에 뛰어들지만, 세상이 우리를 원하는 것은
오로지 우리를 제멋대로 휘두르고 파멸시키기 위해서입니다.
사람들은 세상에서는 자기가 원하는 것만 하는 줄로 생각합니
다. 자기가 끌려가는 정념의 단맛을 보니 말입니다. 하지만 가
장 높은 위치에서 겪어야 하는 끔찍한 역겨움, 가공할 권태, 쾌
락과 불가분인 환멸, 모욕 등도 헤아리고 있습니까? 겉으로는
모든 것이 좋아 보이지만, 속으로는 슬픔과 불안이 가득합니다.
오로지 자기 정념만을 따른다면 자유로우리라 생각하지만, 어
리석은 착각이지요! 이 세상에 자신의 변덕 이상으로 다른 사
람의 변덕에 휘둘리지 않는 상태가 있을까요? 모든 인생사가
예의범절과 다른 사람들의 비위를 맞추어야 한다는 의무감에
얽매여 있습니다.

게다가 우리의 정념이란 폭군 중에서도 가장 거친 폭군입니다.[10] 그저 반쯤만 따른다 해도, 시시각각 드잡이해야 하며 단한 순간도 마음 놓고 숨 쉴 수 없습니다. 정념들은 우리를 배반하며 마음을 찢어 놓습니다. 우리의 이성과 명예를 짓밟으며, 결코 '이만하면 됐어'라고 말하지 않습니다. 설령 그것들을 항상 이길 확신이 선다 해도, 얼마나 가혹한 승리가 될까요! 반대로 그 흐름에 그저 내맡기기로 한다면, 도대체 어디까지 흘러가게 될까요? 생각하기도 두렵습니다. 당신도 감히 생각하고 싶지 않을 것입니다.

　오, 하나님! 사람들이 뻔뻔하게도 자유라 부르기를 부끄러워하지 않는 이 가공할 노예 상태로부터 저를 지켜 주소서! 우리는 당신 안에서 자유합니다. 당신의 진리만이 우리를 구원합니다. 당신을 섬기는 것이 참으로 세상과 나를 다스리는 것입니다.

　하나님을 너무 사랑하게 될까봐 두려워하다니 얼마나 어리석은 일일까요! 하나님의 사랑 안에 뛰어듭시다. 사랑하면 할수록, 그 사랑 때문에 해야 하는 일까지 사랑하게 됩니다. 그 사랑이 우리의 상실을 위로하고, 우리의 십자가를 기꺼이 지게 합니다. 사랑하면 위험할 것으로부터 우리를 떼어 놓고, 온갖 해악으로부터 우리를 지키며, 우리가 겪는 모든 고난을 통해 하나님의 인자하신 긍휼을 보여줍니다. 죽음 가운데서도 영광과 하늘의 복락을 발견하게 하는 것은 바로 이 사랑입니다.

---

10 37쪽 제1장 주3 참조.

이 사랑이 모든 고통을 선으로 바꾸어 놓습니다. 그러니 이 사랑으로 충만해지기를 어떻게 두려워할 수 있겠습니까? 너무 행복해지는 것이 두렵습니까? 우리 자신과 우리 교만의 변덕과 정념의 격정에서, 우리를 속이는 세상의 횡포에서 너무나 홀가분해질까봐 두렵습니까? 모든 위로의 하나님, 긍휼의 아버지를 전폭적으로 신뢰하며 그 품에 뛰어드는 데 무엇을 망설입니까? 그분은 우리를 사랑하고 우리는 그분을 사랑할 것입니다. 그분의 한없는 사랑이 다른 모든 것을 대신할 것입니다. 그분은 그분 자신만으로 우리 마음을 가득 채우십니다. 세상에 취하고 동요하고 좌절하면서 결코 세상으로 채워지지 않았던 마음입니다. 그분은 우리가 이미 경멸하던 세상만을 경멸하게 하며, 우리를 불행하게 하는 것만을 앗아가실 것입니다. 우리가 날마다 하고 있는 일들만을 하게 하실 것입니다. 우리가 그분을 위해 하지 않기 때문에 잘하지 못하는, 단순하고 지당한 일들 말입니다. 그분께 순종하려는 마음으로 그 일들을 하려는 마음을 주셔서, 우리가 그 일들을 잘하게 만들어 주실 것입니다. 그러면 모든 것이, 단순하고 평범한 삶의 사소한 행동들까지도, 위로가 되고 공덕이 되고 상급이 될 것입니다. 평온한 마음으로 죽음이 다가오는 것을 바라볼 수 있을 것이니, 죽음은 우리에게 불멸의 시작이 될 것입니다. 사도 바울이 말했듯이, 죽음은 우리를 헐벗기기는커녕 모든 것으로 우리를 입혀 줄 것입니다. 오, 하나님을 믿는다는 것은 얼마나 복된 일입니까!

IO.

그리스도를 본받음에 대하여

우리는 예수를 본받아야 합니다. 그분이 사신 것처럼 살고, 그분이 생각하신 것처럼 생각하며, 그분의 형상에 자신을 맞추어 가야 한다는 말입니다. 그분의 형상이야말로 우리 성화의 인증입니다.

얼마나 딴판인지요! 우리는 아무것도 아니면서 스스로 무엇이나 되는 듯이 여기는데, 전능하신 분은 아무것도 아닌 존재가 되시다니요. 주님, 저도 당신과 함께 아무것도 아닌 자가 되기를 원합니다. 이제껏 저를 사로잡고 있던 교만과 허영을 전부 당신 앞에 제물로 바치겠습니다. 제 선한 의도를 도와 주소서. 제가 실족하지 않도록 지켜 주소서. "제 눈을 돌이켜 허탄한 것을 보지 말게 하소서."시 119:37 당신만을 보고 당신 앞에서 저를 보게 하소서. 그럴 때 비로소 저는 제가 누구인지 당신이 어떤 분인지 알게 될 것입니다.

예수 그리스도께서는 마구간에서 나셨습니다. 애굽으로 피신하셔야 했고, 생애의 30년을 목수의 일터에서 보내셔야 했습니다. 배고픔과 목마름과 고단함을 견디시고, 가난에 처하시며 멸시와 천대를 당하셨습니다. 하늘의 교훈을 가르치셨지만, 아무도 귀담아듣지 않았습니다. 권세 있고 지혜 있는 자들은 그분을 뒤쫓고 체포하여 모진 고문을 가하고 노예처럼 취급했으며, 그분보다는 오히려 다른 죄수를 살리기를 택하여 그분을 두 강도 사이에서 죽게 했습니다. 이것이 예수 그리스도께서 택하신 삶입니다. 그런데 우리는 모욕이라면 질색하고, 조금만 멸시를 당해도 못 견뎌합니다.

우리의 삶을 예수 그리스도의 삶과 비교해 봅시다. 그분이 주인이시고 우리는 종이라는 것을, 그분이 전능하시고 우리는 더없이 약하다는 것을 기억합시다. 그런데도 그분은 자신을 낮추시고 우리는 스스로 높입니다. 우리 자신의 비참을 끊임없이 돌아보아 자신이 아무것도 아니라는 사실에 익숙해집시다. 우리 자신이 흠투성이인데, 다른 사람들의 흠을 보고 그들을 업신여길 수 있겠습니까? 예수 그리스도께서 몸소 걸으시어 우리에게 보여주신 길을 걷도록 합시다. 그것이 우리를 그분께 인도해 줄 유일한 길이니 말입니다.

그분이 필멸의 인간으로서 사셨던 삶 가운데서, 다시 말해 고독과 침묵 가운데서, 가난과 고통 가운데서, 박해와 경멸 가운데서, 십자가와 죽음 가운데서 그분을 찾지 않는다면, 어디에서 그분을 찾을 수 있겠습니까? 성도들은 하늘에서, 찬란한 영광과 말할 수 없는 즐거움 가운데서 그분을 만나겠지만, 그러기 전에 이 땅에서 그분과 함께 수치와 고통과 굴욕을 겪어야 할 것입니다. 그리스도인이 된다는 것은 예수 그리스도를 본받는 자가 되는 것입니다. 기꺼이 치욕을 당하신 그분의 겸비하심에서가 아니라면 어디에서 그분을 본받을 수 있겠습니까? 다른 어떤 것도 우리를 그분께 다가가게 할 수 없습니다. 우리는 그분을 전능하신 분으로 경배해야 하고, 공의로우신 분으로 두려워해야 합니다. 선하고 자비하신 분으로 온 힘을 다해 사랑해야 하며, 겸손하게 자신을 낮추시어 천대와 모욕을 당하신 분으로 본받아야 합니다.

우리 자신의 힘으로 그렇게 될 수 있으리라고는 기대하지 맙시다. 우리 안에 있는 모든 것이 그에 반발합니다. 다만 하나님 존전에서 힘을 얻읍시다. 예수 그리스도께서는 우리의 모든 연약함을 몸소 체휼하기를 원하셨으니, 긍휼하신 제사장으로서 우리처럼 시험당하기를 원하셨습니다. 그러니 우리를 강하게 만들기 위해 스스로 약해지신 그분 안에서 힘을 얻읍시다. 그분의 가난함에서 우리의 부요함을 얻으며, 담대히 말합시다. "나에게 능력을 주시는 분 안에서, 나는 모든 것을 할 수 있습니다"빌 4:13라고요.

오 주님, 당신이 가신 길을 저도 따라가기 원합니다! 저도 당신을 본받기를 원하나 당신의 은혜가 아니고는 되지 않습니다.

오 겸손히 낮아지신 구주여, 참된 그리스도인의 지혜를 주시어 자신의 비루함을 알게 하시고, 인간의 마음으로는 이해할 수 없는 교훈, 굴욕당함으로 자신에 대해 죽는 참된 겸손을 배우게 하소서!

이제 시작합시다. 이토록 완고한 마음, 반항적인 마음을 예수 그리스도의 마음으로 바꿉시다. 그분의 거룩한 마음에 가까이 갑시다. 부디 그분이 우리 마음을 움직이시어 온갖 거치는 것들을 깨뜨려 주시기를! 오 선하신 예수여, 저를 사랑하사 그토록 수치와 치욕을 당하신 주님, 그 사랑에 대한 존경과 사랑을 제 마음에 깊이 새겨 주시어, 저도 그 사랑의 실천을 갈망하게 하소서!

II.

겸손에 대하여

참된 겸손이 모든 미덕의 기초라는 점은 모든 성도가 믿어 의심치 않습니다. 겸손은 순수한 사랑의 딸이요 진리와 다르지 않기 때문입니다. 세상에는 두 가지 진리밖에 없으니, 하나님이 전부이시라는 것과 피조물은 아무것도 아니라는 것입니다. 겸손이 참되려면, 우리는 아무것도 아닌 존재로서 하나님께 끊임없는 경배를 드려야 하며, 우리 자리, 즉 그 아무것도 아님을 사랑하는 자리에 머물러야 합니다. 예수 그리스도께서는 마음이 온유하고 겸손해야 한다고 하셨습니다. 온유함은 겸손의 딸입니다. 분노가 교만의 딸이듯이 말입니다. 오직 예수 그리스도만이 우리에게 그분으로부터 오는 이 참된 마음의 겸손을 주실 수 있습니다. 이 겸손은 그분의 은혜의 기름 부으심에서 생겨납니다. 흔히 생각하는 것과는 달리, 겸손이란 외적인 겸손의 행위-그것이 아무리 선한 일이라 해도-를 하는 데 있지 않고, 자기 자리에 머무는 데 있습니다. 자기가 무엇이나 된 것처럼 여기는 자는 진정 겸손한 자가 아닙니다. 자신을 위해 무언가를 원하는 자도 마찬가지입니다. 하지만 자신을 아예 잊어버린 나머지 자신에 대해 생각하지 않고 자신을 돌아보지도 않는 자, 마음이 워낙 낮아져 아무것에도 상처받지 않는 자, 인내심을 짐짓 드러내지 않으며 자신에 대해서도 남의 말을 하듯이 하는 자, 자아로 가득 차 있으면서 자신을 잊은 척하지 않는 자, 자신의 행동이 겸손인지 교만인지도 의식하지 않은 채 사랑을 실천하는 자, 겸손치 못하다는 평판을 들어도 아무렇지 않은 자, 그리고 사랑으로 충만한 자야말로 진정 겸손한 자입니다. 자기 이익이라고는 구하지 않고 현세와 내세에서 오로지 하나님만을 위하는 자가 겸손한 자입니다. 우리의 사랑이 순수해질수록 겸손은 완전해집니다. 그러니 겸손을 꾸며진 겉모습으로 평가하지 맙시다. 이런저런 행동이 아니라 순수한 사랑으로 평가합시다. 순수한 사랑은 사람에게서 자아를 벗겨내고 예수 그리스도로 옷 입힙니다. 거기에 참된 겸손이 있습니다. 겸손은 우리가 더 이상 우리 자신으로 살지 않고 예수 그리스도께서 우리 안에 사시게 합니다.

우리는 항상 무언가가 되고자 합니다. 종종 우리는 주님께 헌신하기 전에 하던 일들에서 그랬듯이, 주님께 헌신하는 데서도 두드러지려 합니다. 왜 그럴까요? 왜냐하면 우리는 어떤 위치에서든 두각을 나타내고 싶어 하기 때문입니다. 하지만 겸손한 자는 아무것도 구하지 않습니다. 그에게는 칭찬이나 경멸을 받는 일이 다를 바 없습니다. 왜냐하면 그는 아무것도 자기 것으로 받아들이지 않고, 사람들이 자기를 어떻게 취급하든 상관하지 않으니까요. 어느 자리에 두어지든 기꺼이 그곳에 머무릅니다. 자기가 다른 자리에 있어야 한다는 생각조차 하지 못합니다. 외적인 겸손을 실천하기는 하지만 이런 마음의 겸손과는 거리가 먼 사람들이 꽤 많습니다. 순수한 사랑에서 우러나지 않은 외적 겸손은 거짓 겸손이기 때문입니다. 자신을 낮춘다고 믿을수록, 실은 자신의 높아짐을 의식하는 것이지요. 자신이 낮아짐을 의식하는 자는 아직 자기 자리, 모든 낮아짐보다 더 낮은 자리에 있지 않습니다. 자신을 낮춘다고 생각하는 이 사람들은 많이 높아져 있습니다. 따지고 보면, 이런 식의 겸손은 종종 은근히 높아지려는 마음의 발로입니다. 이런 종류의 겸손은 유일하게 하나님께서 받으실 만한, 그리고 그분 자신으로 채워 주시기를 기뻐하시는 참된 겸손의 원천인 순수한 사랑으로 돌아가지 않는 한 결코 하늘에 들어가지 못합니다. 참된 겸손으로 가득 찬 사람들은 자신들이 보기에 이미 어떤 낮아짐보다 더 낮은 자리에 있으므로, 자신을 겸비케 할 수도 낮출 수도 없습니다. 자신을 낮추고자 한다면, 그러기 전에 높아져야만 할텐데, 그러자면 그들에게 마땅한 자리에서 벗어나게 될 것입니다. 또한 그들은 겸손해지려면 자신의 어떠함보다 더 낮아져야 하고 자기 자리에서 벗어나야 한다고 믿기 때문에, 결코 그럴 수

있다고 생각지 않습니다. 그들은 사람들의 온갖 경멸과 정죄에
도 전혀 모욕을 당하지 않습니다. 그들은 그저 자기 자리에 머
무를 뿐입니다. 마찬가지로, 그들은 박수갈채를 받는다 해도 아
무렇지 않습니다. 그들은 아무것도 받을 자격이 없다고 여기므
로 아무것도 기대하지 않고 아무것에도 가담하지 않습니다. 그
들은 본래의 지위보다 낮아지신 분은 육신이 되신 하나님의 말
씀밖에 없다는 사실을 잘 압니다. 그래서 성경은 그분이 자신
을 비우셨다고 하는 것입니다. 성경은 다른 어떤 피조물에 대
해서도 그렇게 말하지 않습니다.

　많은 사람들이 이 점에서 잘못 생각하고 있습니다. 자기 의
지로 겸손을 유지하며 자기 자신을 완전히 내려놓지 못하는 자
는 하나님의 사랑을 욕되게 하는 것입니다. 스스로는 겸손해지
려 한다고 믿지만, 하나님의 사랑에 일치하지 못한다면 그것
은 겸손이 아니니까요. 겸손을 분별할 빛이 있다면, 자신을 낮
춘다고 여기는 바로 거기서 실은 자신을 높인다는 것을 분명히
보게 될 것입니다. 자기를 포기한다고 생각하면서 실은 자기를
세우려 하고, 겸손의 행위를 함으로써 겸손이라는 탁월한 미덕
의 영광을 소유하려 한다는 것을 말입니다. 진정 겸손한 자는
아무것도 하지 않고 아무것에도 반대하지 않으며, 사람들이 원
하는 대로 순순히 따라갑니다. 그는 하나님께서 지푸라기를 가
지고도 무엇이든 하실 수 있듯 자기를 가지고도 무엇이든 하실
수 있다고 믿습니다. 겸손을 구실 삼아 하나님의 뜻을 거스르
기보다는 그렇게 주어지는 일들을 하는 편이 더 겸손에 가깝습

니다. 높아지기보다 낮아지기를 굳이 자청하는 자도, 비록 겸손의 취향을 갖고 있을망정 여전히 진정 겸손하다고는 볼 수 없습니다. 결국, 진정 겸손한 자는 높든 낮든 자신에게 돌아오는 자리를 받아들이고, 그 차이를 느끼지도 못하며, 사람들이 자기를 칭찬하는지 욕하는지, 사람들이 자기를 두고 하는 말이 자기한테 유리한지 불리한지도 모르는 자입니다. 참된 미덕을 그 자체로 판단하기보다 자신들의 선입견에 따라 판단하는 세상 사람들의 눈에는 그렇게 보이지 않을 수도 있지만 말입니다.

진실로 겸손한 자는 자신의 의지를 버렸으므로 철저히 순종합니다. 그는 사람들이 자기를 끄는 대로 이리저리 이끌려 다닙니다. 모든 것에 순응하며 아무것에도 저항하지 않습니다. 왜냐하면 만일 그가 사람들이 시키는 일에 대해 선택과 의지 또는 자기대로의 생각 따위를 갖는다면 그는 더 이상 겸손한 것이 아닐 테니까요. 그는 도무지 자기 성향이라는 것이 없고, 어느 쪽으로 기울이든 기울어집니다. 그는 아무것도 원치 않고 요구하지 않는데, 그것은 아무것도 요구하지 않기를 연습해서가 아니라 그가 워낙 자신을 잊어버리고 자기 자신과 분리되어 있기 때문에 무엇이 자신에게 가장 잘 맞는지조차 모르기 때문입니다. 진실로 겸손한 자는 예수 그리스도께서 하늘나라가 그들의 것이라고 말씀하신 아이들 중 하나입니다. 아이는 자신에게 무엇이 필요한지 알지 못하고, 아무것도 할 수 없고, 아무 생각도 하지 않고, 그저 이끌려 다닙니다. 그러니 우리 자신을 그분께 용감하게 내맡깁시다. 설령 하나님께서 우리를 가지고 아무엇도 하시지 않는다 해도 그것은 우리가 아무것에도 쓸모가 없기 때문일 테니, 하나님의 판단이 옳으시다 할 것입니다. 만일 우리를 통해 큰일을 이루신다면 그분께 영광이 되겠지요. 우리는 마리아처럼 말할 것입니다. 우리의 비천함을 돌아보사 우리 안에서 큰일을 행하셨다고.[눅 1:48]

I2.

그리스도인이 끊임없이 자신과
벌여야 하는 싸움에 대하여

사도 바울의 다음과 같은 말씀은 누구에게
하신 것이라고 생각합니까? "우리는 그리스도 때문에 어리석
은 사람이 되었지만, 여러분은 그리스도 안에서 지혜 있는 사
람이 되었습니다."_{고전 4:10} 이는 당신에게 또 나에게 하신 말씀이
지, 하나님을 알지 못하는, 수치심 없는 이들에게 하신 말씀이
아닙니다. 그렇습니다, 구원을 위해 노력하고 있다고 생각하는
우리, 십자가의 어리석음을 피하거나 세상 사람들의 눈에 현명
해 보이려고 애쓰지 않는 우리, 하지만 자신의 연약함을 보고
도 떨지 않는 우리에게 하신 말씀입니다. 사도 바울이 자신의
연약함을 발견한 곳에서 우리는 자신의 강함을 발견하게 되니,
비록 선한 의도를 가졌다고 하나 우리는 이 위대한 사도와 딴

판임을 부인할 수 없습니다. 이런 상태는 우리에게 좋아 보이지 않습니다. 그러니 잘 생각해 봅시다. 그런 다음, 우리가 하나님의 참된 종들과 어떤 점에서 다른지 살펴봅시다.

예수 그리스도를 본받는 자가 되기 위해, 사도 바울을 본받는 자가 됩시다. 그는 자신을 예수 그리스도를 본받는 자의 본보기로 제시하고 있습니다.고전 11:1 세상과 타협하지 말고, 자기 자신이나 자신의 정념, 감각, 영적인 게으름과도 타협하지 맙시다. 덕을 실천하는 것은 말로 되지 않습니다. 말만으로는 하나님 나라에 들어갈 수 없습니다. 힘과 용기, 그리고 자기 자신과 벌이는 싸움이 있어야 합니다. 우리로 하여금 무수히 악을 저지르게 하고 선을 행하는 것을 방해하는 세상의 급류에 저항해야 하는 온갖 상황 가운데서 싸워야 하고, 불필요한 것을 버려놓고 제법 버렸다고 스스로 속이지 않도록 필요한 것을 조금이라도 버리기 위해 싸워야 합니다. 육신을 겸비케 한 후에 영혼을 겸비케 해야 할 때도 하나님께서 여지를 두시기를 바라지 말고 자신과 싸워야 하며, 기도와 말씀 읽기와 피정의 시간을 늘리기 위해서도 싸워야 합니다. 지금 있는 상태에 완전히 만족하여, 더 편하기를, 명예나 건강을 더 얻기를, 다른 어떤 벗과 함께하기를 바라지 않기 위해서도 싸워야 하고, 마침내 그리스도인에게 절대적으로 필요한 무심함의 경지에 이르기 위해서도 싸워야 합니다. 그렇게 자기 자신과의 싸움을 통해서만, 우리는 창조주 하나님의 뜻 말고는 다른 뜻이 없게 되며, 그래서 열심히 일하기는 하되 모든 일의 성공은 그분께 맡기게 됩니다. 처한 형편에 따라 행동하되 근심 없이 행동하며, 하나님을 바라보기를 즐거워하고 하나님께서 자기를 바라보시는 눈길에도 두려워하지 않게 됩니다. 그 눈길은 자신의 결점들을 고치기 위함이라 믿고 바라며, 자신의 죄에 대한 징계가 그분의 뜻에 달려 있는 것을 보면서도 담담해질 수 있게 됩니다.

당신이 이런 상태에 머물기를 바랍니다. 당신도 나도, 번잡하고 소란한 세상사 가운데서 평강을 유지할 수 있도록 말입니다. 위대하신 하나님, 저희 안에서 예수 그리스도의 삶이 조금이라도 나타나기를 기대할 수 있을까요? 고난이 두려우면 두려울수록, 저희에게는 고난이 필요합니다.

바리새인과 세리의 이야기에 대하여:
바리새인의 의로움의 특징들

세리, 그러니까 유대 땅에서 로마 제국의 세금징수를 대리하고 있던 자들은 유대 민족에게 아주 혐오스러운 존재였습니다. 유대 민족은 자유를 소중히 하는데다가, 하나님이나 그분이 택하신 유대 왕손만을 왕으로 섬겨오던 터였으니까요. 예수 그리스도께서 세상에 오셨을 무렵, 유대 민족은 로마의 지배를 받고 있었는데, 그것은 좀처럼 견디기 힘든 예속이었습니다. 예수 그리스도께서도 따르는 무리에게 가르치실 때 세리라는 인물을 속되고 손가락질받는 자로 제시하십니다. 즉 세리와 창녀를 한 부류로 취급하시는 것이지요.

바리새인들로 말하자면 일종의 경건주의자들로, 율법 조문에 명시된 세부 사항들까지 면밀히 준수하는 자들이었습니다.

그들의 삶은 모범적이었고, 외적으로 드러나는 덕목들에서는 칭찬받을 만했습니다. 하지만 그들은 교만하고 거드름을 떨며 어디서나 상석에 앉고 권위 부리기를 좋아하여, 자신의 공덕에 대한 자만심으로 가득 차서 다른 사람들을 내려다보며 비판을 일삼았습니다. 한마디로, 자신의 의로움에 대한 확신 때문에 눈이 먼 자들이었지요.

예수께서는 이 두 부류의 사람들이 등장하는 이야기를 들려주심으로, 바리새인이 죄 많은 세리보다도 하나님 나라에서 얼마나 더 멀리 있는지 보여주십니다.눅 18:10-14 세리는 자신의 죄많음에 가슴을 치지만, 바리새인은 자신의 공덕을 내세우지요. 세리는 감히 은혜를 구하지도 못하지만, 바리새인은 자신이 받은 은사들을 자랑스레 늘어놓습니다. 그러자 하나님께서는 세리의 편을 들어 주십니다. 그분은 자신의 비참함에 탄식하는 겸손한 죄인을 자기 의로움에 만족하여 하나님의 은사에서 자신의 영광을 끌어내는 의인보다 더 사랑하십니다.

하나님의 은사를 제 것인 양 자랑하는 것은 하나님께 맞서 자신의 교만을 부풀리는 행위입니다. 오, 하나님의 은사란 오로지 자신만을 추구하는 영혼에게 얼마나 무서운 것일까요! 그런 영혼은 영생의 양식도 독으로 만들어 버립니다. 그로 하여금 아담[옛사람]의 생명에 대해 죽게 해야 할 모든 것이 오히려 그 생명을 보전하는 데 쓰일 뿐입니다. 선행과 엄격함으로 자기애를 키우며, 자신이 얼마나 고행과 금욕과 의로운 행동, 인내, 겸손, 사심 없음을 실천해 왔는지 스스로 돌아보고 흡족히 여깁니다. 자신이 모든 것에서 영적인 위안을 구한다고 믿지만, 실은 자신을 신뢰하고 자기 의를 입증하는 데 유리한 증거를 찾고 있는 것이지요. 항상 스스로 잘한 일을 떠올릴 수 있는 상태로 있으려 합니다. 이런 내적 증거를 찾을 수 없을 때는 낙심하여 혼란과 경악에 빠지며 다 잃었다고 생각하게 됩니다.

초신자들에게는 이런 감각적 증거가 도움이 되지요. 그것은 갓 태어나 연약한 영혼들을 위한 젖입니다. 오랫동안 그런 젖이 필요하며, 섣불리 젖을 떼는 것은 위험할 수도 있습니다. 하나님께서만이 그런 입맛을 조금씩 변화시켜 장성한 자들이 먹는 음식으로 바꿔 주실 수 있습니다. 하지만 이미 오래전부터 믿음의 은사 가운데 배우고 훈련받은 영혼이 더 이상 그 감미로운 감각적 증거를 느끼지 못하게 된다면, 시련 가운데 잠잠해야 하며 하나님께서 앗아가신 것을 떠올리며 안달복달해서는 안 됩니다. 자기 자신에 맞서 강해져야 하고, 세리처럼 하나님 앞에 자신의 비참을 보여드리며 감히 그분을 향해 눈을 들 수도 없는 상태에 만족해야 합니다. 영혼이 이런 상태일 때, 하나님께서는 그가 자신의 정결함을 보지 못하게 하시는 만큼 한층 더 그를 정결하게 하십니다.

영혼은 워낙 자기애로 물들어 있기 때문에, 항상 무엇인가 자신의 공덕을 의식함으로써 스스로 더럽히게 됩니다. 항상 무엇인가 자신에게 유리한 점을 찾아내어, 하나님께 감사한다고는 하지만 실은 자신이 누구보다 더 하늘의 은사들을 넘치게 받는 사람이라는 데 스스로 만족하는 것이지요. 이런 식으로 하나님의 은사들을 제 것으로 만드는 태도는 올곧고 단순해 보이는 어떤 영혼들에게서는 아주 미묘하고 눈에 잘 띄지 않습니다. 영혼들 자신도 자기가 저지르고 있는 도적질을 미처 깨닫지 못하지요. 이 도적질은 가장 순수한 재보를 훔치는 것이며 따라서 하나님의 진노하심을 더욱 불러일으키는 것인 만큼 한층 더 나쁩니다. 이런 영혼들이 자신의 공덕들을 제 소유로 삼기를 그치는 것은 더 이상 그런 공덕이 보이지 않고 모든 것을 다 잃은 듯할 때입니다. 그럴 때면 그 영혼들은 마치 물에 빠져가는 성 베드로처럼 외칩니다. "주님, 살려 주십시오, 저희가 망하겠습니다."[마 14:30] 그들은 더 이상 자신 안에서는 아무것도 찾지 못합니다. 아무것도 없습니다. 그들의 마음속에는 정죄와 두려움, 자기혐오, 희생과 포기의 이유밖에 남지 않습니다. 그렇듯 바리새인 특유의 의로움을 잃어버린 후에야 예수 그리스도의 참된 의로움에 들어가게 되며 더 이상 그것을 자기 것으로 여기지 않게 됩니다.

바리새인의 의로움은 의외로 아주 흔합니다. 이 의로움의 첫 번째 잘못된 점은 바리새인이 오직 행위에 의로움을 둔다는 데 있습니다. 그래서 그는 율법의 근본정신을 알려 하지 않고 그저 조목조목 준수하기 위해 율법 조문의 엄격성에 미신적으로 집착합니다. 그런데 많은 그리스도인들이 바로 그렇게 하고 있습니다. 금식하고 구제 헌금을 하고 성사에 참여하고 교회의 예배에 가서 기도도 하지만, 하나님에 대한 사랑 없이, 세상에 대한 집착을 끊지도 않고, 사랑이나 겸손이나 자기 포기 없이 그렇게 하는 것입니다. 그래서 규칙적으로 수행하는 선행들이 어느 정도 있기만 하면 만족하는데, 그것이 바로 바리새인의 태도입니다.

두 번째로 바리새인의 의가 잘못된 점은 이미 지적한 바입니다. 즉 그 의로움이 자신의 힘이나 되는 양 의지하려 한다는 것입니다. 그 의로움이 그처럼 위안이 되는 것은 그것이 우리 본성을 지지해 주기 때문입니다. 자신이 의롭다 여기고 강하다 느끼는 데서 큰 즐거움을 맛보며, 마치 허영심 많은 여성이 거울에 자신의 미모를 비추어 보듯이 그 의로움에 자기 모습을 비춰보는 것입니다. 이처럼 우리 자신의 미덕들을 바라보는 데 대한 집착은 그 미덕들을 더럽히고 우리의 자기애를 부추기며 우리를 자기 자신에서 벗어나지 못하게 만듭니다. 그 때문에 선한 의도를 가진 수많은 영혼들이 그저 자기 주위를 맴돌 뿐 하나님을 향해 전혀 전진하지 못하는 것입니다. 내적 증거를 견지하고 싶다는 구실 하에, 그런 영혼들은 항상 자기 자신에 몰두하여 만족을 구하며, 다른 사람들이 하나님을 놓칠까봐 노심초사하듯이 자신을 시야에서 놓칠까봐 전전긍긍합니다. 항상 자기 식으로 쌓은 공덕들을 눈앞에 보기를 원하며, 하나님께 인정받는 즐거움을 누리기를 원합니다. 그렇듯 자신을 유약하게 만드는 쾌락과 자만심을 부풀리는 피상적인 미덕들만을 양식 삼습니다.

이런 영혼들은 채울 것이 아니라 비워내야 합니다. 자기 자신에 맞서 강해지고, 견고함이라고는 없는 감미로운 느낌에 길들지 말아야 합니다. 유모의 젖이 서른 살 난 건장한 남자에게 맞지 않듯이, 그런 감미로움도 성숙한 영혼들에게 맞지 않습니다. 그런 양식은 영혼을 강하게 하는 대신 유약하고 작아지게 합니다. 더구나, 감각적인 경험과 내적 평온에 너무 의존하는 이런 영혼들은 태풍이 불기 시작하는 즉시 모든 것을 잃을 우려가 있습니다. 그런 영혼들은 느껴지는 은사에만 매달려서, 느껴지는 은사가 사라지면 모든 것이 하릴없이 무너져버립니다. 그런 영혼들은 하나님께서 시련을 주시자마자 낙담해 버립니다. 감각적 경험과 하나님 사이에 아무런 차이를 두지 않습니다. 그래서 그런 경험이 사라지면, 하나님께서 자기들을 버리셨다고 결론짓습니다. 눈이 먼 그들은, 성 테레사가 말했듯이 기도가 시련을 통해 정결해지고 더욱 열매 맺으려는 때에 기도를 그만둡니다. 환란의 마른 떡으로 살아가는 영혼, 모든 재보를 빼앗긴 영혼, 끊임없이 자신의 가난함과 자격 없음과 타락을 보는 영혼, 하나님께서 아무리 밀쳐내셔도 그분을 찾기에 결코 지치지 않는 영혼, 하나님 안에서 자신을 찾지 않고 오로지 그분에 대한 사랑 때문에 그분을 찾는 영혼은 자신의 완전함을 보고자 하는 영혼, 그것을 시야에서 놓치자마자 혼란에 빠지며 하나님께서 새로운 다정함으로 만져 주시기를 항상 바라는 영혼보다 훨씬 윗길입니다.

순수한 믿음이라는 박명의 길로 하나님을 따라갑시다. 아브라함처럼, 우리 걸음이 향하는 곳을 알지 못한 채 나아갑시다. 우리의 비참과 하나님의 긍휼하심만을 의지합시다. 단지, 똑바로 갑시다. 단순하고 충성스러워져서 하나님께 모든 것을 바치기를 주저하지 맙시다. 우리 행위나 감정, 또는 우리 미덕을 의지하지 맙시다. 항상 하나님께로 갑시다. 단 한 순간도 걸음을 멈추고 자신을 돌아보며 자만하거나 불안해하지 맙시다. 우리에 관한 모든 것을 그분께 내려놓고, 우리 삶의 매 순간 그분을 영화롭게 할 일을 생각합시다.

14.

분심分心과 슬픔에 대한 예방책

당신은 두 가지 문제로 고심하는 것 같습니다. 하나는 분심을 피하는 것이고, 다른 하나는 슬픔에 맞서 버티는 것이지요. 분심으로 말할 것 같으면, 일부러 생각을 집중하려 한다고 해서 피할 수 있는 것이 아닙니다. 은총으로만 가능한 일을 본성적인 힘과 노력으로 이루려 하지 마십시오. 하나님께 당신의 의지를 아무 유보 없이 내어드리는 것으로 만족하고, 그분의 섭리에 자신을 내맡기고 받아들이지 못할 어떤 힘든 상태도 미리 생각하지 마십시오. 십자가에 대한 생각들에서도 앞질러 가지 않도록 주의하십시오. 하지만 당신이 굳이 구하지 않았는데도 하나님께서 당신에게 그런 생각들을 허락하실 때는, 결코 열매 없이 지나가게 하지 마십시오.

본성적으로 싫고 거부감이 들더라도, 하나님께서 당신의 정신에 떠오르게 하시는 모든 것을 그분께서 당신의 믿음을 훈련하시는 시련으로 받아들이십시오. 당신이 멀리서 바라보며 하고 싶어 하는 것을, 때가 오면 실행에 옮길 힘이 있을지 알고자 애쓰지 마십시오. 그때가 되면 그때의 은총이 있을 것입니다. 하지만 당신이 이런 십자가들을 생각하는 순간의 은총은 하나님께서 실제로 십자가들을 주실 때에 달게 받아들이는 것입니다. 그런 내어 맡김의 기초가 놓이면, 조용히, 신뢰하는 마음으로 전진하십시오. 당신 의지의 방향성이 뭔가 하나님의 명을 거스르는 것에 의지적으로 집착하여 변질되지 않는 한, 그런 방향성은 항상 유지될 것입니다.

당신의 상상은 수천 가지 헛된 것들 위를 떠돌 테고, 당신이 처한 장소에 따라, 그리고 대상이 생생하냐 희미하냐에 따라 다소간에 요동칠 것입니다. 하지만 무슨 상관입니까? 상상이란, 성 테레사가 말했듯이, 집 안의 미친 여자입니다. 끊임없이 소란을 떨어 정신없게 만듭니다. 정신도 그에 끌려가는 터라 상상에 떠오르는 이미지들을 보지 않을 수 없습니다. 어쩔 수 없이 그런 이미지들에 주목하게 되고, 그러다 보면 정말로 주의가 분산됩니다. 하지만 그런 분심이 의지적인 것이 아닐 때는, 하나님으로부터 결코 멀어지지 않습니다. 해로운 것은 의지적으로 딴생각을 하는 것입니다.

결코 분심을 원치 않는다면, 결코 산만해지지 않을 테고, 당신의 기도도 실패한 것이 아니라는 말이 옳습니다. 분심이 드는 것을 알아차릴 때마다, 굳이 싸울 것도 없이 하나님 쪽으로 조용히 돌아서면 분심은 사라집니다. 분심을 알아차리지도 못한다면, 마음이 산만해진 것도 아니겠지요. 분심이 든다 싶으면 눈을 들어 하나님을 향하십시오. 자신의 상태를 알아차릴 때마다 하나님의 현존으로 돌아가는 꾸준함은 더욱 자주 그분의 현존을 누리는 은총을 가져다줄 것이며, 또한, 제 생각이 틀리지 않는다면, 그분의 현존에 친숙해지는 수단이기도 합니다.

분심이 들 때마다 그 대상들로부터 즉시 돌아서기를 꾸준히 계속하다보면, 좀 더 자주, 그리고 쉽게 묵상에 잠기게 됩니다. 하지만 자기 노력으로 그런 상태에 들어갈 수 있으리라고 생각해서는 안 됩니다. 그런 노력은 편안한 마음으로 임해야 할 일이나 대화에서 당신을 어색하고 신경질적이고 초조하게 만들 것입니다. 당신은 항상 하나님의 현존을 놓칠까봐 안달하고, 항상 그 현존을 되찾기에 급급하며, 상상의 온갖 환영들에 사로잡히게 될 것입니다. 그리하여 하나님의 현존은 그 빛과 감미로움으로 당신을 도와 하나님의 질서 안에서 고려해야 할 다른 모든 것에 쉽사리 전념할 수 있게 해주는 대신, 오히려 당신을 항상 불안하게 만들어 당신이 처한 위치에 따르는 외적 기능들조차 수행할 수 없게 할 것입니다.

이처럼 하나님의 현존에 대한 느낌을 놓칠까 불안해하지 말고, 특히 추론과 사색을 통해 하나님의 현존을 구하려 하지도 마십시오. 일상생활 속에서, 당신이 하는 자질구레한 일들 가운데서 하나님을 어렴풋이 바라보는 것으로 만족하십시오. 그러다 보면, 당신의 마음이 어디를 향해 있는가에 대해 질문을 받을 때, 그 당장은 뭔가 다른 것에 신경을 쓰고 있다 해도, 마음이 하나님을 향해 있다는 말이 진실이 될 것입니다. 제어할 수 없는 마음이 산만해지는 데 대해서 너무 낙심하지 마십시오. 우리는 종종 분심이 들까 두려워한 나머지 마음이 산만해지고, 분심이 들었다는 데 대한 후회로 또 산만해지지요.

여행을 하는 사람이 쉬지 않고 계속 걸어가는 대신 넘어질 만한 데를 찾느라, 또 간혹 넘어졌다고 해서 자기가 넘어졌던 곳을 줄곧 뒤돌아보느라 시간을 보낸다면, 당신은 뭐라고 하겠습니까? 그러지 말고 앞으로 걸어가라고 말하겠지요. 저도 당신에게 같은 말을 합니다. 뒤돌아보지 말고, 멈추지 말고, 계속 걸어가십시오. 사도가 말한 대로입니다. "너희가 항상 더욱 풍성하게 되도록 걸으라." 살전 4:1 [11] 하나님 사랑의 풍성함이 당신의 자기 자신에 대한 염려나 집착보다 더 확실히 당신을 고쳐 줄 것입니다.

이것은 단순한 규칙입니다. 하지만 매사를 자신의 느낌과 생각에 따라 행하는 데 익숙해진 본성은 그것을 지나치게 단순하다고 여기겠지요. 그래서 어떻게든 자신을 돕고 좀 더 행동하기를 원하겠지만, 바로 거기에 이 규칙의 장점이 있습니다. 이 규칙은 순수한 믿음의 상태, 자신을 내맡긴 하나님께만 의지하

---

11 "…곧 너희가 행하는 바라 더욱 많이 힘쓰라"(개역개정, 살전 4:1). 이 성구도 페 늘롱이 라틴어 불가타 성경을 직역하여 인용한 것으로 보인다. "…sic et ambuletis ut abundetis magis"(VUL, 1 Thess 4:1). ―편집자

는 상태, 자신에 속한 모든 것을 제거함으로써 자신에 대해 죽은 상태에서만 성립되니 말입니다. 그러므로 외적 행동을 많이 하는 대신-그랬다가는 아주 바쁜 사람에게는 짐이 될 수도 있고 건강을 해칠 수도 있을 것입니다-그 모든 행동을 그저 사랑하기로 바꾸고, 사랑이 시키는 일만 하면 됩니다. 그러면 자신이 사랑하는 것만을 짐 지게 될 테니, 지나치게 무거운 짐을 지는 일도 없을 것입니다. 이 규칙은 잘만 적용한다면 슬픔을 치유하기에도 충분합니다.

종종 슬픔은 하나님을 찾건만 만족할 만큼 충분히 느낄 수 없다는 데서 옵니다. 그분을 느끼기를 원하는 것은 소유하려는 것이 아닙니다. 그저 자기애를 위해, 자신이 위로받기 위해, 그분을 소유한다고 확신하기를 원하는 것입니다. 낙심하고 용기를 잃은 본성은 순수한 믿음 가운데서 자신을 보기를 애타게 원하며, 그런 상태에서 빠져나오려 무진 애를 씁니다. 그런 상태에는 의지될 만한 것이 전혀 없으며 허공에 뜬 것 같으므로, 자신의 진보를 느끼고 싶어 하는 것이지요. 자신의 잘못을 보게 되면 자존심에 상처를 받고, 이런 상처 입은 감정을 회개의 감정으로 여깁니다. 우리는 자기애 때문에 스스로 완전하다고 느끼는 기쁨을 원하고, 그렇지 못한 데 대해 자책합니다. 그래서 자신에 대해서나 다른 사람들에 대해서나 참을성 없고 거만하고 심기 불편한 사람이 되는 것이지요. 한심한 잘못입니다! 우리가 슬퍼하는 것으로 하나님의 일이 이루어질 수 있기나 하다는 말입니까! 우리 마음속의 평안을 잃음으로써 하나님의 평화에 연합할 수 있기나 하다는 말입니까! "마르다야, 마르다야, 네가 왜 그토록 많은 것으로 염려하느냐?"눅 10:41-42 예수 그리스도를 섬기는 데 필요한 것은 단 한 가지, 그분을 사랑하고 그분의 발치에 머무는 것뿐입니다.

하나님께 자신을 내맡긴 다음에는 많은 것을 하지 않더라도 하는 일이 다 잘됩니다. 장래 일을 믿고 맡기며, 하나님께서 원하시는 바를 나도 원하며, 앞일에 대해서는 아무 염려 없이 눈을 감습니다. 그러면서 지금 이 순간, 그분의 뜻을 수행하기에 전념하는 것이지요. 날마다 그날의 선과 악으로 충분합니다. 이처럼 나날이 하나님의 뜻을 수행하는 것이 우리 안에 그분의 나라가 임하는 것이고, 그 모든 것이 우리의 일용할 양식입니다. 하나님께서 우리에게 감추신 미래의 시간을 알려 한다면 신실치 못한 일이요 이교도와 같은 불신이 될 것입니다. 미래는 그분께 맡깁시다. 그것이 달든 쓰든, 길든 짧든, 그분 소관이니, 그분 보시기에 좋으신 대로 하실 것입니다. 미래가 어떠하든 간에, 미래에 대한 가장 완벽한 준비는 자신의 뜻에 대해 죽고 자신을 전적으로 하나님 뜻에 맡기는 것입니다. 만나에 온갖 맛이 들어 있듯이, 이런 전반적인 마음 자세에는 하나님께서 앞으로 우리를 두실 어떤 상태에도 적합한 모든 감정과 모든 은총이 들어 있습니다.

이렇게 모든 것에 준비가 되면, 마치 심연 속에서 발 디딜 곳이 느껴지기 시작하는 것과도 같습니다. 과거에 대해서나 미래에 대해서나 담담해집니다. 자신으로서는 생각할 수 있는 최악의 것이 생각나지만, 눈 딱 감고 하나님의 품으로 뛰어듭니다. 자신을 잊고, 자신을 잃는, 이런 자기 망각이야말로 가장 완벽한 회개입니다. 모든 회심은 결국 자신을 포기하고 하나님께 전념하는 데 있으니까요. 이 망각은 자기애의 죽음입니다. 자기를 망각한다는 것은 자신에게 반대하고 자신을 정죄하고 심신을 괴롭히는 것보다 백배는 더 어려운 일입니다. 이 망각은 자기애의 멸절이니, 자기애에 더 기댈 것이 없어집니다. 그러면 마음이 넓어지고, 지금껏 짓눌려온 자신의 모든 무게를 벗어버리고 편안해집니다. 그것이 얼마나 곧고 단순한 길인지 놀라게 됩니다. 끊임없는 다툼과 부단히 새로운 행동이 필요하리라고 생각했건만, 실제로는 거의 할 일이 없습니다. 미래에 대해서나 과거에 대해서나 별로 생각할 것 없이 지금 이 순간 마치 손잡아 인도하시는 아버지를 바라보듯 하나님을 신뢰하며 바라보는 것으로 족합니다. 설령 주의가 산만해져서 그분을 놓쳐버린다 하더라도, 그런 상태에 머물지 말고 하나님께로 돌아가면 그분께서 원하시는 바를 느끼게 하십니다. 만일 잘못을 저질렀다면 회개를 할 테고, 그것은 사랑으로 충만한 고통일 것입니다. 등졌던 그분께로 다시 돌아서면 됩니다. 죄는 추악해 보이지만, 죄에서 돌이키는 겸손함, 하나님께서 우리에게 죄를 허락하시는 목적인 겸손함은 좋은 것입니다. 우리 자신의 과오에 대해 교만이 쓰라리고 초조하고 괴로운 상념들을 안겨 주는 만큼, 잘못을 저지른 다음 하나님께로 돌이키는 영혼은 차분하고 믿음으로 든든합니다.

당신은 이처럼 단순하고 평화로운 돌이킴이 당신을 짓누르는 과오에 대한 온갖 회한보다 얼마나 더 쉽게 당신을 고치는지 경험으로 느끼게 될 것입니다. 단지 과오를 깨닫는 그 순간 하나님께로 돌아서기를 게을리하지 마십시오. 당신 자신과 시시비비 따져본들 소용없습니다. 당신이 기준 삼아야 할 것은 당신 자신이 아닙니다. 당신이 자신의 비참에 대해 한탄하는 한, 당신의 마음속에는 당신 자신과의 다툼밖에 없습니다. 하나님이 함께하시지 않는 불쌍한 다툼입니다!

누가 당신에게 손을 뻗쳐 진창에서 끌어내 주겠습니까? 당신입니까? 거기 빠진 것은 당신 자신이지만, 스스로 나올 힘은 없지요. 게다가, 그 진창이란 당신 자신이 아닙니까. 당신이 처한 상황에서 가장 나쁜 것은 당신 자신에게서 벗어날 수 없다는 것입니다. 계속 당신 자신과 입씨름을 하면서, 당신의 약점들을 봄으로써 감수성을 한껏 부풀려 벗어나려 해보십시오. 당신은 그렇듯 자신을 돌아볼 때마다 자기연민에 빠질 뿐이지요. 하지만 하나님께서 그저 한 번 돌아보시는 눈길이, 그렇게 당신 혼자 애쓰는 것보다 훨씬 더 당신의 괴로운 마음을 가라앉혀 줄 것입니다. 그분의 현존은 항상 우리를 자신으로부터 벗어나게 해줍니다. 당신에게 필요한 것은 바로 그것이지요. 그러니 당신 자신에게서 나오십시오, 그러면 평강을 누릴 것입니다. 하지만 어떻게 나오느냐고요? 그저 하나님 쪽으로 조용히 돌아서기만 하면 됩니다. 그리고 주의가 산만해진 것을 깨달을 때마다 다시 돌아서기를 꾸준히 버릇 들이면 됩니다.

우울질에서 비롯되는 자연스러운 슬픔에 대해 말하자면, 그것은 단순히 육신에서 비롯되는 것입니다. 그러니 약을 잘 쓰고 섭생에 힘쓰면 그런 슬픔은 줄어듭니다. 항상 되돌아오기는 하지만, 의지적으로 그러는 것은 아니지요. 하나님께서 그런 슬픔을 주실 때는, 신열이나 기타 신체적 질병처럼 담담히 견딜 일입니다. 우리의 상상력은 깊은 어둠에 잠겨 슬퍼하겠지만, 순수한 신앙에서 힘을 얻은 의지는 그 모든 인상들을 기꺼이 겪고자 합니다. 자기 자신과 화해하고 하나님께 순복하여 평안합니다. 무엇을 느끼는지가 아니라 무엇을 원하는지가 중요합니다. 자신이 가진 모든 것을 원하고, 갖지 못한 것은 무엇 하나 원치 않습니다. 자신이 겪는 상황에서 전혀 벗어나기를 원치 않으니, 십자가든 위로든 하나님께서 나눠 주시는 것이기 때문입니다. 사도의 말처럼 환란 가운데서도 기쁨을 누리는 것입니다.고후 7:4 그것은 감각의 기쁨이 아니라 순수한 의지의 기쁨입니다.

불신자들은 온갖 즐거움의 한복판에서도 결코 자신의 상태에 만족하지 못하므로 불편한 기쁨을 누립니다. 무엇인가 역겨운 것을 밀쳐내고 자신에게 없는 무엇인가 감미로운 것을 맛보고 싶어 합니다.

반대로, 신실한 영혼의 의지는 그 무엇에도 구속되지 않습니다. 그런 영혼은 하나님께서 자신에게 주시는 온갖 고통스러운 것을 기꺼이 받아들입니다. 원하고 사랑하고 끌어안습니다. 원하기만 하면 떨쳐버릴 수 있을 때에도 그러지 않습니다. 왜

나하면 그런 원함조차도 자기 욕망일 테고, 전적으로 하나님께 내맡긴 상태를 거스르는 것이 될 테니까요. 신실한 영혼은 결코 하나님의 뜻을 앞지르기를 원치 않습니다.

만일 무엇인가가 마음을 자유롭게 풀어놓을 수 있다고 한다면, 바로 이런 내맡김일 것입니다. 하나님께 맡겨진 마음속에는 강물보다 더한 평안이, 바다의 심연과도 같은 공의가 넘친다는 것이 이사야의 표현입니다.사 48:18 만일 무엇인가가 정신을 평온하게 만들고 그 염려와 두려움을 쫓으며 사랑의 유약으로 고통을 경감시킬 수 있다면, 그 모든 행동에 활기를 부여하고 얼굴과 말에까지 성령의 기쁨을 퍼져 나가게 할 수 있다면, 그것은 바로 하나님이 품 안에 거하는 이 단순하고 자유로운, 아이 같은 행동입니다. 하지만 사람들은 너무 많이 생각하고, 너무 생각한 나머지 망쳐버리지요. 이성적 사고의 유혹이라는 것이 있으니, 그것도 다른 유혹들처럼 경계해야 합니다. 또한 감각적이고 초조하고 도전적인 자기 몰입이 있는데, 그것은 전혀 유혹으로 보이지 않는 만큼 더욱 미묘한 유혹으로, 사람들은 그것을 복음서에서 추천하는 깨어 있음으로 여기고 한층 더 빠져듭니다. 예수 그리스도께서 명하시는 깨어 있음이란 항상 사랑하고 지금 이 순간 하나님의 뜻을 수행하며 그에 대해 주신 증거를 따르는 데 주의를 기울이라는 것입니다. 그것은 우리 자신으로부터 우리를 구원해 줄 하나님을 향해 눈을 들라는 것이지, 끊임없이 자기 자신에 몰두하여 노심초사하라는 것이 아닙니다.

깨어 있음을 구실 삼아, 하나님께서 우리가 이생에서 발견하기를 원하시지도 않는 일을 발견하려고 고집할 이유가 무엇이겠습니까? 왜 내적인 삶과 순수한 믿음의 열매를 잃겠습니까? 왜 하나님께서 부단히 우리에게 주고자 하시는 그분의 현존을 등지겠습니까? 그분은 '항상 너희 자신을 스스로 걸어가는 지향점으로 삼으라'고 말씀하시지 않았습니다. 그분은 "내 앞에서 걸으라. 그리고 완전하라"고 말씀하셨습니다.^{창 8:1} ¹²

다윗은 성령 충만하여 이렇게 말했습니다. "내가 항상 내 앞에서 여호와를 봅니다."^{시 16:8} 또 이렇게도 말했지요. "주님만이 내 발을 원수의 올무에서 건지는 분이시기에, 내 눈은 언제나 주님을 바라봅니다."^{시 25:15} 그의 발은 위험에 처해 있지만, 그의 눈은 항상 위를 향해 있습니다. 우리가 처한 위험보다는 하나님의 도우심을 바라보는 편이 더 안전합니다. 하나님을 바라보면 볼수록, 그분과 연합됩니다. 그분에게서 우리는 인간의 비참과 하나님의 선하심을 봅니다. 올곧고 순수한 영혼은, 비록 단순할지언정, 그 무한한 빛 속에 있는 모든 것을 한눈에 알아봅니다. 하지만 우리 자신의 어둠 안에서는 우리의 어둠 그 자체 말고는 무엇이 보이겠습니까?

오, 나의 하나님! 제가 당신을 바라보기를 그치지 않는 한, 저는 제 모든 비참함 가운데 저를 보기를 그치지 않을 것입니다. 저는 저 자신보다도 당신에게서 더욱 저를 볼 것입니다. 진

---

12 70쪽 제7장 주12 참조. 앞에서 페늘롱은 "너는 내 현존 가운데 행하라[걸으라]. 그러면 너희가 완전하리라"라고 인용했다. — 편집자

정한 깨어 있음이란 당신에게서 당신의 뜻을 보고 이루고자 하는 데 있지, 제 의지의 상태에 대해 끝없이 시비를 가리는 데 있지 않습니다. 외적인 관심 때문에 당신만을 볼 수 없을 때는, 기도 속에서 제 감각의 모든 통로를 막고, 만인 가운데서 모든 일을 행하시는 주님 당신만을 보기 원합니다. 저는 제 안팎 어디서나 당신의 의지가 이루어지는 것을 기쁘게 보며, 복된 자들과 같이 끊임없이 '아멘'이라고 말할 것입니다. 마음속으로 항상 거룩한 시온의 찬가를 노래할 것입니다. 악한 자들에게서도 당신을 송축하리니, 이들은 자신들의 잘못된 의지에도 불구하고 여전히 당신의 공의롭고 거룩하고 전능하신 뜻을 이루기 때문입니다. 당신이 당신 자녀들에게 허락하신 이 정결한 정신의 자유 가운데서, 저는 단순하게, 명랑하고 확신에 차서 행동하고 말하겠습니다. "내가 사망의 음침한 그늘을 지날 때에도 아무것도 두려워하지 않으리니, 당신께서 나와 항상 함께하시기 때문입니다."시 23:4 저는 어떤 위험도 자청하지 않을 것이며, 당신의 섭리의 징표들이 함께하지 않고는 어떤 약속도 하지 않을 것입니다. 그런 징표들이야말로 제 힘이고 위로입니다. 당신의 부르심이 저를 붙드는 상태에 이르게 되면, 저는 당신이 제게 주시는 자유로운 모든 시간, 모든 순간을 묵상과 기도와 피정에 바치겠습니다. 당신께서 친히 저를 부르셔서 외적인 소임들을 주시지 않는 한, 저는 이 복된 상태를 떠나지 않을 것입니다. 그러면 마치 당신에게서 떠나는 듯이 보이겠지만, 당신이 저와 함께 떠나시겠지요. 그리고 이런 겉보기만의 떠남에서, 당신은 저를 품에 안고 가시겠지요. 저는 피조물들 간의 교제에서 결코 저 자신을 찾지 못할 것입니다. 저는 묵상이 행여 그들과 함께하는 즐거움을 줄어들게 하거나 대화를 무미건조하게 만들까 염려하지 않을 것입니다. 왜냐하면 저는 당신을 즐겁게 하는 한에서만 사람들을 즐겁게 하기를 원하니까요.

만일 당신이 그들을 위한 당신의 사역에 저를 사용하시고자 한다면, 기꺼이 저를 내어드립니다. 그리고 저 자신에 대해서는 두 번 생각할 것도 없이, 저는 당신께서 제게 넘쳐나게 하신 모든 것을 그들에게 흘려보낼 것입니다. 저는 더듬거리다가 저 자신에게로 돌아오거나 하지 않을 것입니다. 그 소임이 아무리 위험하고 힘을 소진시키는 것이라도, 저는 올곧은 의지를 가지고서 당신 앞에서 단순하게 처신할 것입니다. 저를 지켜보시는 아버지의 선하심이 얼마나 크신지를 아니까요. 아버지께서는 자기 자녀들에게서 어떤 교묘함도 원치 않으십니다.

만일, 반대로, 당신이 다른 사람들을 위해 저를 쓰실 의향이 없으시다면, 저는 굳이 저를 드리지 않겠습니다. 저는 아무것도 앞지르지 않으며, 당신이 제게 주신 다른 일들을 해나갈 것입니다. 당신께 내어 맡기는 기쁨을 알려 주셨으므로, 저는 아무것도 원하지도 거절하지도 않으며, 모든 것에 대비하고 모든 것에 무용해지는 데 동의하기 때문입니다. 사람들이 저를 찾든 버리든, 제가 알려지든 무시당하든, 박수갈채를 받든 공격을 받든, 제게 무슨 상관이겠습니까? 제가 추구하는 것은 제가 아니라 당신이고, 당신과 당신의 사랑이라는 당신의 탁월한 선물이

아니라 당신 자신입니다. 온갖 좋다는 여건들이 제게는 무의미
합니다. 아멘.

15.

슬픔에 대처하는 법*

마음을 욱여싸고 무너뜨리는 슬픔에 대해, 두 가지 중요한 규칙을 지키면 좋을 것 같습니다. 그 첫 번째 규칙은, 하나님께서 우리에게 주신 수단들로 슬픔에 대처하는 것입니다. 가령, 버거운 짐에 깔려 쓰러지지 않도록 힘든 일을 너무 많이 짊어지지 않는 것, 육체의 힘뿐 아니라 정신의 힘도 적절히 안배하여 지나친 용기를 요구하는 일을 맡지 않는 것, 기도하고 말씀을 읽고 선한 대화를 통해 용기를 얻을 시간을 확보하는 것, 그리고 필요에 따라서는 몸과 마음이 함께 쉴 수 있도록 즐겁게 지내는 것 등입니다.

그리고 마음속에 있는 것을 다 털어놓을 수 있는-물론 다른 사람의 비밀은 제외하고요-확실하고 신중한 사람이 필요합니다. 그렇게 털어놓으면 짓눌렸던 마음이 위로를 얻고 활짝 트이니까요. 종종 고통을 너무 오래 혼자 속으로만 간직하다 보면 마음이 터져버릴 것만 같습니다. 하지만 그런 고통도 일단 털어놓고 보면 그렇게까지 괴로워할 필요는 없었다는 것을 알게 되지요. 하나님의 자녀들 간의 대화 속에서 체면을 버리고 낙심을 털어놓으며 빛과 용기를 구하는 단순함과 겸손함만큼 영혼을 깊은 암흑에서 끌어내 주는 것도 없습니다.

두 번째 규칙은 방금 설명한 조처들에도 불구하고 슬픔이 어쩔 수 없이 덮쳐올 경우 그저 담담히 견디는 것입니다. 내적인 좌절은 다른 어떤 것보다도 신앙의 길에 정진하게 해줍니다. 단, 그 좌절 때문에 걸음을 멈추거나, 영혼의 나약함으로 인해 슬픔에 온통 점령당하지 않는 한 말입니다. 이런 상태에서 내딛는 한 걸음은 아주 큰 걸음입니다. 좀 더 안정되고 편안한 기분일 때의 수천 걸음보다 더 값진 한 걸음이지요. 그러니 낙심될 때라도 그런 기분을 떨쳐버리고 꾸준히 전진하기만 한다면 그런 약한 상태를 더없이 영웅적인 용기와 힘의 상태보다 더 유익하게 만들 수 있습니다.

오, 겉으로 드러나는 용기, 모든 것을 손쉽게 해치우고 모든 것을 견디며 결코 주저하지 않는다고 자부하는 용기란 얼마나 기만적인지요! 그런 용기는 얼마나 자신감을 북돋우며 마음을 높아지게 하는지요! 그런 용기는 때로 남들에게 감탄할 만한 본보기가 되지만, 당사자의 마음속에 모종의 만족감과 자긍심을 안겨 주므로 미묘한 독이 되기도 합니다. 자신의 공덕에 맞을 들이게 되고, 흡족해하며, 공덕을 자기 것으로 만들려 하고, 자기 힘에 스스로 기꺼워하게 되니까요.

연약하고 겁비한 영혼, 더 이상 제 안에서 의지할 만한 것을 찾지 못해 두려워하며 불안해하는 영혼, 겟세마네 동산의 예수 그리스도처럼 죽기까지 슬퍼하며 십자가 위에서 "오 하나님, 오 나의 하나님, 어찌하여 나를 버리셨습니까?"라고 외치는 영혼이, 편안하게 자기 미덕의 열매를 즐기는 강한 영혼들보다 훨씬 더 순수하고 자기 집착에서 벗어나 자신의 모든 욕망으로부터 자유롭습니다.

하나님께서 쓰러뜨리시는 영혼, 하나님께서 부서뜨리시는 영혼은 복이 있습니다. 하나님께서는 그 영혼이 더는 자기 힘으로 설 수 없게 하시고자 그의 모든 힘을 앗아가십니다. 그리하여 그는 자신의 가난을 보며 만족하고, 겉으로 드러나는 십자가 외에 낙심이라는 내적인 십자가를, 그것 없이는 다른 모든 십자가가 전혀 무게가 나가지 않을 크나큰 십자가를 짊어집니다!

16.

죽음에 대한 생각[13]

　　　　　　죽음에 대해 생각하지 않으려 하는, 불가피한
것을 외면하려 하는 인간들의 맹목성보다 더 딱한 것은 없습니
다. 자주 생각하면 행복하게 만들 수도 있는 것인데 말입니다.
죽음에 당황하는 것은 육적인 자들뿐입니다. 완전한 사랑이 두
려움을 내어쫓지요.요일 4:18 두려움이 사라지는 것은 스스로 의
롭다고 생각할 때가 아니라 그저 사랑할 때, 또 사랑하는 이에
게 자신을 유보 없이 내맡길 때입니다. 그것이 바로 죽음을 감
미롭고 소중하게 만드는 비결입니다. 자기 자신에 대해 죽으면,
육신의 죽음은 은총이 시작한 일의 완성에 지나지 않게 됩니다.

---

13 이 글은 마담 드 맹트농이 필사하여 간직한 것이지만, 수신인은 알 수 없다.

사람들은 슬퍼하지 않으려고 죽음에 대한 생각을 피합니다. 하지만 죽음을 슬퍼하는 것은 죽음에 대해 생각해 보지 않은 사람들뿐입니다. 죽음은 결국 닥쳐, 살아 있는 동안 죽음에 대해 알려 하지 않았던 이들에게도 죽음을 알게 할 것입니다. 죽을 때 사람은 평생 해온 일과 했어야만 했던 일에 대해 전혀 다른 시각을 갖게 될 것입니다. 그동안 받은 은총, 재능, 재산, 건강, 시간, 그 밖에 살면서 누린 모든 혜택과 불행들을 가지고 어떻게 해야 했던가를 분명히 보게 될 것입니다.

죽음에 대한 생각은 우리가 모든 행동과 계획에 대해 가질 수 있는 최상의 잣대입니다. 우리는 죽음을 소망하되, 다른 모든 일에서 하나님의 뜻에 순복하듯 순복하는 마음으로 기다려야 합니다. 죽음은 우리 참회의 완성이요 지복의 입구이며 영원한 상급이니만큼, 소망하는 것이 마땅하지요.

참회하기 위해 살고 싶다고 말해서는 안 됩니다. 죽음은 우리가 할 수 있는 최상의 참회니까요. 우리의 죄는 다른 어떤 참회보다도 죽음에 의해 더 순수하게 정화되고 더 효과적으로 속죄될 것입니다. 죽음은 악한 사람들에게 쓰디쓴 만큼 선한 사람들에게는 감미로울 것입니다. 우리는 날마다 주기도문 가운데 죽음을 구하는 셈이지요. 모든 사람이 "하나님 나라가 임하시기를" 구하니까요. 그런데 이 나라는 우리의 죽음을 통해 오는 것이고 기도란 마음의 소원이므로, 우리는 마음으로 죽음을 소망해야 합니다. 사도 바울은 그리스도인들에게 죽음에 대해 생각하는 가운데 서로서로 위로하라고 권면합니다.^{살전 4:17-18}

I7.

하나님에 대한 앎의 필요 I :
이 앎은 견고한 신앙의 영혼이자 기초이다

인간에게 가장 부족한 것은 하나님에 대한 지식입니다. 사람들은 성경을 많이 읽음으로써[14] 역사적 사실들을 통해 드러난 일련의 기적과 섭리의 징표들을 알게 됩니다. 세상의 타락과 나약함에 대해 진지한 고찰도 해보았고, 구원과 관련하여 인간들의 행습을 고치는 데 도움이 될 원칙들을 신봉하기도 합니다. 하지만 이 모든 건물에 기초가 없으니, 이 그리

---

14 43쪽 제2장 주5에서도 설명했듯이, 여기서도 "독서를 많이 하면"이라는 말은 일반적인 독서가 아니라 성경을 비롯한 경건 서적의 독서를 의미할 것이다. 역사적 지식, 세상사 및 윤리적 원칙에 대한 고찰 등은 일반적인 독서에서도 어느 정도 얻어질 수 있는 것이니 일반적인 독서를 말하는 것이 아닌가 싶기도 하지만, 이 독서를 통해 얻어지는 것을 "이 모든 건물" "그리스도교 신앙이라는 몸뚱이"라고 하는 것을 보면 역시 영적인 독서라 보아야 할 것이다.

스도교 신앙이라는 몸뚱이에 영혼이 없는 것과도 같습니다. 참된 신자를 움직이는 힘이 되어야 하는 것은 만유이시며 만유를 지으시고 만유의 근원 되시는 하나님에 대한 앎입니다. 그분은 모든 면에서, 즉 지혜로나 권능으로나 사랑으로나 무한하십니다. 그러므로 그분으로부터 비롯되는 모든 것이 그 무한의 속성을 지니고 있으며 인간의 이성을 초월한다 하더라도 놀랄 일이 못 됩니다. 그분께서 무엇인가 준비하시고 안배하실 때, 그분의 계획과 그분의 길은 성경이 말하듯 하늘이 땅보다 높음 같이 우리의 계획, 우리의 길보다 무한히 더 높습니다.사 55:8-9 그분께서 뜻하신 바를 이루고자 하실 때, 그분의 권능은 노력이 필요하지 않습니다. 아무리 엄청난 일이라 해도 그분께는 극히 평범한 일이나 마찬가지입니다. 무에서 하늘과 땅을 끌어낸 것도 그분께는 강물이 자연스러운 경사를 따라 흐르게 하는 것이나 돌이 위에서 아래로 떨어지게 하는 것보다 더 어려울 것이 없습니다. 그분의 권능은 그분의 뜻 안에 온전히 들어 있으니, 그분께서 원하시기만 하면 사물이 생겨났습니다. 성경이 하나님께서 말씀으로 천지를 창조하셨다고 하는 것은, 지으시고자 하는 온 우주에 그분의 뜻이 전달되기 위해 그분으로부터 말씀이 나가야 했다는 뜻이 아닙니다. 이 말씀, 성경이 말하는 이 말씀이란 극히 단순하고 내적인 것입니다. 그분께서 사물을 지으시고자 하신 생각, 그리고 그분 안에서 했던 결심이 곧 그분의 말씀입니다.

이 생각은 풍요로웠고, 그분을 떠나지 않은 채 그분으로부터 우주를 구성하는 모든 것을 끌어냈으니, 그분은 존재하는 모든 것의 원천이십니다. 그분의 긍휼은 그분의 순수한 의지와 다른 것이 아닙니다. 그분은 세상을 창조하시기 전부터 우리를 사랑하셨습니다. 우리를 보셨고 아셨고[15] 우리를 위해 좋은 것들을 마련해 두셨습니다. 영원 전부터 우리를 사랑하시고 택정하셨습니다. 우리에게 뭔가 새로운 좋은 일이 일어날 때도, 그것은 그 옛적 원천에서 나오는 것입니다. 하나님께서는 우리에게 새삼스러운 뜻을 두지 않으십니다. 그분은 변치 않으시며, 단지 우리가 변할 뿐입니다. 우리가 의롭고 선할 때, 우리는 그분의 뜻에 맞는 기꺼운 존재가 됩니다. 우리가 의를 떠나 더 이상 선하지 않게 될 때, 우리는 그분의 뜻에 맞지 않으며 그분을 기쁘시게 할 수 없습니다. 이것은 불변의 잣대이며, 변하는 인간들이 그에 가까워졌다 멀어졌다 할 뿐입니다. 악인에 대한 그분의 공의와 선인에 대한 그분의 사랑은 실상 동일한 것입니다. 선한 모든 것과 연합하며 악한 모든 것과 양립할 수 없는, 동일한 선입니다. 긍휼로 말하자면, 그것은 우리의 악함을 보시고 우리를 선하게 만들고자 하시는 하나님의 선입니다. 시간 속에 살아가는 우리는 하나님의 긍휼을 시시때때로 느끼지만, 그 원천은 피조물에 대한 하나님의 영원한 사랑입니다. 그분만이 진정한 선을 주십니다. 자기 자신 안에서 선을 찾으려 하는 주제넘은 영혼에게 화가 있을 것입니다! 우리를 향한 하나님의 사

---

15 '아셨고'라는 말이 1826년판에는 있으나 1851년판에는 빠져 있다.

랑이 우리에게 모든 것을 베풀어 주십니다(우리는 하나님께서 우리를 사랑하셔서 주시는 것 말고는 아무것도 얻을 수 없습니다).

그러나 하나님께서 우리에게 주실 수 있는 가장 큰 선물은 우리가 그분께 가져 마땅한 사랑을 주시는 것입니다. 하나님께서 우리를 그토록 사랑하셔서 우리가 그분을 사랑하게 되면, 그분은 우리 안에서 다스리십니다. 그분은 우리의 생명이요 평안이요 복이 되시며, 우리는 그분 안에서 지복의 삶을 이미 살기 시작합니다. 우리를 향하신 그분의 사랑에는 그분의 무한한 성품이 들어 있습니다. 그분은 우리처럼 제한되고 옹색한 사랑으로 사랑하시지 않습니다. 그분이 사랑하실 때는, 그 사랑의 모든 행보가 무한합니다. 그분은 흙으로 빚으신 피조물을 사랑하사 하늘에서 땅으로 내려오시고, 스스로 인간이요 흙이 되셔서 피조물과 함께하십니다. 그에게 자신의 살을 주어 먹게 하십니다. 이런 사랑의 기적 속에서 그분의 무한한 사랑은 인간에게 가능한 모든 사랑을 초월합니다. 그분은 하나님으로서 사랑하시며, 이 사랑에는 불가해하지 않은 것이 없습니다. 이 무한한 사랑을 제한된 지혜로 재려 하는 것이야말로 어리석음의 극치입니다. 하나님께서는 이처럼 넘치는 사랑 속에서 그분의 위대함을 조금이라도 잃기는커녕, 무한한 사랑의 분출과 황홀로써 그 위대한 성품을 각인하십니다. 오, 그분은 그 모든 신비 가운데서 얼마나 위대하고 사랑스러우신지요! 하지만 우리는 그것들을 볼 눈이 없으며, 모든 것에서 하나님을 알아볼 지각이 없습니다.

18

하나님에 대한 앎의 필요 II :
하나님을 사랑하지 않는 것은 그분을 모르기 때문이다

　　　　　　　인간들이 하나님을 위해 하는 일이 그토록 적고 그나마도 아주 힘들어 한다는 것은 놀랄 일이 못 됩니다. 그들은 하나님을 전혀 알지 못하니까요. 그분이 계신다는 것도 잘 믿지 못합니다. 그분에 대한 그들의 믿음은 신성에 대한 분명하고 생생한 확신이라기보다 군중 심리에 대한 맹종입니다. 그렇게 막연한 생각에 그치는 것은 감히 제대로 따져볼 엄두를 내지 못하기 때문이고 또 한편으로는 무관심하기 때문인데, 이 무관심은 다른 온갖 정념들에 끌려다니는 데서 비롯되는 것입니다. 사람들은 하나님을 경이롭고 알 수 없고 동떨어진 존재, 막강하고 준엄한 존재, 우리에게 많은 것을 요구하고 우리의 타고난 본성을 불편하게 하며 크나큰 불행으로 우리를 위협

하는 존재, 그의 무시무시한 심판을 피하기 위해 조심해야 할 존재로만 여깁니다. 종교에 대해 진지한 고찰을 한다는 이들이 생각하는 것이 그 정도인데, 그런 이들도 소수입니다. 사람들은 흔히 "하나님을 두려워하는 사람"이라는 표현을 쓰지만, 실상 그것은 사랑 없는 두려움, 회초리를 든 교사에 대해 아이들이 느끼는 두려움, 진심으로 주인의 유익을 생각지 않고 그저 두려움으로 섬기는 악한 종이 주인의 매질에 대해 느끼는 두려움에 불과합니다. 아들로부터, 아니 하인으로부터라도, 사람들이 하나님을 대할 때와 같은 마지못한 대접을 원하는 사람이 있겠습니까? 그것은 사람들이 그분을 알지 못하기 때문이니, 만일 그분을 안다면 사랑할 것입니다. 하나님은 사랑이시라고 사도 요한은 말합니다.요일 4:8, 16 그분을 사랑하지 않는 자는 그분을 전혀 알지 못하는 것이니, 그분을 사랑하지 않고서야 어떻게 사랑을 알겠습니까? 그러므로 하나님을 두려워하기만 하는 자는 그분을 전혀 알지 못한다고 결론지어야 합니다.

하지만, 오 하나님, 당신을 알 자 누구겠습니까? 오로지 당신만을 알려는 자, 더 이상 자기 자신조차 알려 하지 않는 자, 당신 아닌 것은 존재하지도 않는 듯이 여기는 자 말입니다. 세상은 이런 말을 들으면 놀랄 것입니다. 세상은 자기 자신과 허영과 거짓으로 가득하고 하나님으로는 텅 비었으니 말입니다. 하지만 저는 하나님에 대해 굶주린 영혼들, 제가 말하려는 진리들을 맛볼 영혼들이 항상 있기를 바랍니다.

오 하나님! 당신이 천지를 만드시기 전에는 당신밖에 안 계셨습니다. 당신이 계셨던 것은, 당신은 어느 때부터 존재하기 시작한 분이 아니기 때문입니다. 하지만 당신 홀로 계셨습니다. 당신 말고는 아무것도 없었습니다. 당신은 그 복된 고독 가운데[16] 자신을 향유하고 계셨습니다. 당신 자신으로 족했고 그 어떤 것도 당신 밖에서 찾을 필요가 없었습니다. 당신은 당신 아닌 모든 것에서 무엇을 받는 분이 아니라 오히려 베푸시는 분이니까요. 당신의 전능하신 말씀, 곧 당신의 단순한 의지를 통해, 원하는 모든 것을 대번에 아무 외적인 노력 없이 그저 원함만으로 이루시는 의지를 통해, 당신은 전에 존재하지 않던 이 세계가 존재하기 시작하도록 만드셨습니다. 당신은 이 세상의 일꾼들처럼 재료를 구해 짜 맞추는 식으로 일하지 않으셨습니다. 그들의 일이라야 자신들이 만들지 않은 재료를 힘들게 조금씩 배열하는 것뿐이지요. 당신 앞에는 이미 만들어진 것이라고는 없었고 당신 스스로 작품의 모든 재료를 만드셨습니다. 당신은 무無를 가지고 일하셨습니다. 당신이 "세상이 있으라"고 하시니 그렇게 되었습니다. 당신이 말씀만 하시면, 모든 것이 그대로 이루어졌습니다.

하지만 당신은 왜 이 모든 것을 만드셨을까요? 그 모든 것은 인간을 위해 만들어졌고, 인간은 당신을 위해 만들어진 것입니다. 이것이 당신이 정하신 질서입니다. 그것을 뒤집으려 하는, 모든 것이 자신을 위해 지어졌기를 바라며 자기 안에 틀어박히

---

16 '그 복된 고독 가운데'라는 말이 1826년판에는 있으나 1851년판에는 빠져 있다.

는 자에게 화가 있을 것입니다! 그것은 창조의 근본적인 원리에 거역하는 것입니다. 아니요, 하나님, 당신은 창조주로서의 근본적인 권리를 넘겨 주실 수 없습니다. 그러면 당신 자신을 격하시키게 될 테니까요. 당신은 당신을 거역한 죄 지은 영혼을 용서하실 수 있으니, 그런 영혼을 당신의 순수한 사랑으로 채우실 수 있기 때문입니다. 하지만 당신의 선물을 자신을 위해 취하는 영혼, 창조주에게 진실하고 사심 없는 사랑으로 나아가기를 거부하는 영혼은 물리치실 수밖에 없습니다. 그저 당신을 두려워만 하는 것은 당신께 나아가는 것이 아니라, 반대로 자기 자신을 위해 당신을 생각하는 데 지나지 않습니다. 그저 당신 안에서 얻어지는 이익을 누리기 위해서만 당신을 사랑하는 것은 자신이 당신께 나아가는 대신 당신을 자신에게 끌어오려는 것이지요. 그렇다면 창조주 앞에 전심으로 나아가기 위해서는 어떻게 해야 할까요? 자기를 포기하고, 자기를 망각하고, 자기를 잃고, 자기 유익보다 당신의 유익을 앞세워야 합니다. 당신 것이 아닌 의지도 영광도 평안도 더 이상 구하지 말아야 합니다. 한마디로, 자신을 사랑하지 말고 당신을 사랑해야 합니다.

오, 얼마나 많은 영혼들이, 미덕과 선행으로 가득한 채 이생을 떠나면서도, 정작 당신을 뵈옵기에 없어서는 안 될 저 온전한 순수함을 갖추지 못하는지요! 창조주 앞에서 피조물이 처해야 할 단순하고 전적인 관계 속에 있지 못해, 저 질투하시는 불길로 정화되어야 하는지요! 내세에 이 불길은 영혼에게 자기 집착의 빌미가 되는 어떤 것도 남겨두지 않을 것입니다. 영혼들은 이처럼 혹독한 공의의 시련을 거쳐 완전히 자신으로부터 벗어난 다음에야 하나님 안으로 들어갈 수 있습니다. 아직 자신에게 속한 모든 것은 정화되어야 할 부분입니다.[17] 자신의 공덕을 의지하며 이처럼 유보 없는 포기에 대해 들으려 하지 않는 영혼들이 얼마나 많은지요! 이 말이 그들에게는 심하게 들리고 반발을 불러일으킬 것입니다. 하지만 이 말을 무시한 데 대해 얼마나 큰 대가를 치러야 할는지요! 끝내 떨쳐버릴 용기를 내지 못했던 자기 집착과 헛된 위안에 대해 백배로 값을 치르게 될 것입니다.

다시 말해 봅시다. 하나님은 워낙 위대하시므로 그분 자신과 자신의 영광을 위해서가 아니고는 아무것도 하실 수 없습니다. 이 양도할 수 없는 영광은 오로지 그분의 것이라야 하며, 그분의 말씀대로, 아무에게도 주실 수 없는 것입니다.사 42:8 반대로, 인간은 워낙 비천하고 의존적이므로, 스스로 가짜 신이 되지 않고는, 자신이 창조된 불변의 법칙을 훼손하지 않고는, 자기 자신이나 자신의 영광을 위해 아무것도 행하거나 말하거나 생각하거나 원할 수 없습니다.

오, 아무것도 아닌 자여, 너는 스스로 영광을 취하려 하는가! 네가 존재하는 것은 너 자신의 눈에도 아무것도 아닌 한에서다. 너는 너를 존재케 하신 분을 위해서만 존재한다. 그분은 스

---

17 직역하면 "연옥의 영역에 속합니다." 앞에 나오는 '정화하는 불길'도 연옥과 관련된 개념이다.

스로 계신 분이지만, 너는 전적으로 그분 덕분에 존재하는 자다. 그분은 결코 너를 놓아 주실 수 없으니, 만일 그분이 너를 조금이라도 너 자신에게 넘기신다면 그것은 그분의 지혜와 선하심이라는 불가침의 원리들에서 벗어나게 될 것이다. 네 삶의 단 한 순간, 단 한 숨결이라도 너 자신의 유익을 위해 쓰인다면, 창조주의 목적을 근본적으로 해치는 일이 될 것이다.

그분께는 아무것도 필요치 않지만, 그분께서 모든 것을 원하시는 것은 모든 것이 마땅히 그분의 것이며 그에게는 무용한 것이 없으시기 때문입니다. 그분께는 아무것도 필요치 않으니, 그분은 그토록 크신 분이십니다. 하지만 이 위대함으로 인해 그분은 전적으로 그분 자신을 위한 것이 아닌 것은 그 어떤 것도 만드실 수 없습니다. 그분이 자신의 피조물에게서 원하시는 것은 그분의 선하신 즐거움입니다. 그분은 나를 위해 천지를 지으셨지만, 내가 의지적으로 선택하여 단 한 걸음이라도 그분의 뜻을 이루는 것이 아닌 다른 목적으로 내딛는 것을 용인하실 수 없습니다. 그분이 피조물들을 지으시기 전에는 그분의 뜻 말고는 다른 의지가 없었습니다. 그분이 자신의 의지와 달리 원하게끔 이성적 존재들을 지으셨다고 생각해야 하겠습니까? 아니, 그렇지 않습니다. 그분의 주권적 이성이 피조물들을 조명하여 그들의 이성이 되어야 하고, 모든 선의 잣대이신 그분의 의지가 우리의 의지가 되어야 하며, 이 모든 의지가 그분의 의지에 의해 하나가 되어야 합니다. 그래서 우리는 그분께 "당신의 나라가 임하시오며, 당신의 뜻이 이루어지이다"라고 말하는 것입니다.

이 모든 것을 좀 더 잘 이해하려면, 무無로부터 우리를 창조하신 하나님께서 우리를 여전히, 말하자면 매 순간, 다시 창조하신다는 점을 생각해 보아야 합니다. 어제 우리가 존재했다고해서 오늘도 반드시 존재해야 한다는 법은 없습니다. 우리는존재하기를 그치고 다시금 무로 돌아갈 수도 있을 것입니다.무에서 우리를 끌어낸 전능하신 손이 우리가 도로 무로 빠져드는 것을 막지 않으신다면 말입니다. 우리는 우리 자신으로서는아무것도 아닙니다. 우리는 하나님께서 우리로 하여금 되게 하시는 바가 될 뿐이고, 그분께서 뜻하시는 동안만 그렇습니다.그분이 우리를 받쳐 들고 계신 손을 빼기만 하시면, 우리는 무의 심연 속으로 떨어집니다. 마치 공중에 받쳐 든 돌이, 더 이상받치는 것이 없으면 자기 무게로 인해 곧장 떨어지는 것처럼말입니다. 우리가 삶과 존재를 누리는 것은 오로지 하나님께서허락하신 덕분입니다.

더구나, 한층 더 순수하고 고상한 질서에 속하는 다른 재보들 역시 그분으로부터 오는 것입니다. 선한 삶은 그저 살아 있는 것보다, 미덕은 그저 건강한 것보다 더 가치가 있습니다. 올곧은 마음과 하나님에 대한 사랑은, 하늘이 땅보다 높은 이상으로, 이생의 복락들보다 더 높은 가치가 있습니다. 하나님의도우심 없이는 단 한 순간도 이생의 하찮은 복락조차 소유할수 없다고 할 때, 그분에 대한 사랑이라는 선물, 자기 망각과 온갖 덕목이라는 숭고한 선물은 얼마나 당연히 그분으로부터 오는 것이겠습니까.

그러므로 오 하나님, 당신이 우리 밖에 계시면서 자연 전체에 법칙을 부여하고 우리가 보는 모든 것을 지으신 전능한 존재라고만 생각하는 것은 당신을 전혀 알지 못하는 것입니다. 당신의 일부밖에는 모르는 것이고, 당신의 이성적인 피조물들에게 허락된 가장 경이롭고 감동적인 부분을 모르는 것입니다. 저를 감동하게 하고 황홀하게 하는 것은 당신이 제 마음의 하나님이시라는 것입니다. 당신은 제 마음 안에서 당신이 기뻐하시는 모든 일을 하십니다. 제가 선할 때는, 당신이 저를 선하게 만드시는 것입니다. 당신은 제 마음을 당신이 기뻐하시는 대로 돌려놓으실 뿐 아니라, 당신의 마음에 맞는 마음을 주십니다. 제 안에서 당신을 사랑하는 분은 당신 자신이십니다. 제 몸을 움직이는 것이 제 영혼이듯이, 제 영혼을 움직이는 분은 당신이십니다. 당신은 제게 저 자신보다도 훨씬 더 가까이 계시고 친밀하십니다. 제가 그토록 가까이 느끼고 사랑하는 존재인 '나'조차도 당신에 비하면 제게는 낯선 존재입니다. 당신이 제게 그를 주셨으니, 당신 없이는 그도 아무것도 아닙니다. 그러므로 당신은 제가 제 자아보다 당신을 더욱 사랑하기를 원하시는 것입니다.

오, 내 창조주의 불가해한 권능이여! 피조물로서는 결코 충분히 이해할 수 없는, 피조물에 대한 창조주의 권리여! 하나님만이 행하실 수 있는 사랑의 기적이여! 하나님은 말하자면 나와 나 사이에 계셔서 나를 나 자신과 떼어 놓으시고, 순수한 사랑으로 나보다 더 내 가까이 계시기를 원하십니다. 그분은 내가 '나'를 낯선 이를 보듯 바라보기를 원하십니다. '나'의 비좁은 한계에서 벗어나기를, 창조주에게서 받은 '나'를 아무 조건 없이 희생하여 그분께 바치기를 원하십니다. 내가 나라는 것은 나를 존재케 하신 이에 비하면 아주 사소한 일입니다. 그분이 나를 지으신 것은 나를 위해서가 아니라 그분을 위해, 다시 말해 내가 나 자신을 사랑하여 나 자신의 의지를 구하게 하시려는 것이 아니라 그분을 사랑하기 위해, 그분이 원하시는 것을 원하게 하시려는 것입니다. 우리를 지으신 분께 이렇듯 '나'를 완전히 바치는 것에 반발심을 느끼는 자가 있다면, 나는 그의 눈멂을 개탄하고 그가 자신의 노예인 것을 불쌍히 여기며, 하나님께서 부디 그에게 사심 없이 사랑하기를 가르치시어 그런 상태에서 건져 주시기를 기도하겠습니다.

오 하나님! 당신의 순수한 사랑에 반발하는 그런 자들에게서 저는 원죄로 인한 타락과 반역을 보게 됩니다. 당신은 인간의 마음이 그처럼 기괴한 자기 추구의 성향을 갖도록 지으시지 않았습니다. 성경이 우리에게 가르치는 바 당신이 지으신 인간 본래의 바른 태도는 자기 자신이 아니라 창조주에게 속하는 데 있었습니다. 오 아버지여! 당신의 자녀들은 훼손되어 더 이상 당신의 형상을 닮아 있지 않습니다. 당신이 당신 것이듯 그들 또한 당신 것이라는 말을 들으면 그들은 분노하고 낙심합니다. 그 공의로운 질서를 뒤엎고, 그들은 스스로 신이 되고자 하며, 자기가 자기 주인이 되어 모든 것을 자기를 위해 하고자 합니다. 당신께 드려진다 해도 자기들의 이익을 위해 조건을 붙이려 합니다.

오, 하나님의 권리를 무시하는 기괴한 이기심이여! 피조물의 배은망덕과 뻔뻔함이여! 가련하게도 아무것도 아닌 자여, 너는 대체 무엇을 네 몫으로 가지려 하는가? 대체 무엇이 네 것인가? 위로부터 와서 그리로 돌아가지 않을, 대체 무엇이 네게 있는가? 모든 것이 오직 스스로 계신 하나님의 선물이니, 하나님께서 주신 것을 그분께 다 내놓지 않고 흥정하려 드는 이 불의한 '나'까지도 그러하니, 네 안에 있는 모든 것이 네게 맞서 창조주의 편을 드는구나. 그러니 입 다물라, 창조주를 피해 달아나는 피조물이여, 그분께로 돌이키라.

오 하나님, 제 안에 있는 것이나 제 밖에 있는 것이나, 모든 것이 당신의 작품이라고 생각하면 얼마나 위로가 되는지요! 당신은 제가 잘못할 때도 항상 저와 함께 계셔서, 제가 저지르는 악을 꾸짖으시고 제가 포기한 선에 대한 후회를 불러일으키시며 제게 손 내미는 긍휼을 보여주십니다. 제가 선을 행할 때 그렇게 할 마음을 주신 것도 당신이시니, 당신이 제 안에서 저를 통해 선을 행하신 것입니다. 제 마음속에서 선을 사랑하시고 악을 미워하시는 분, 고통을 겪으시고 기도하시고 이웃을 격려하고 자선을 베푸시는 분은 모두 당신이십니다. 이런 일들을 하는 것은 저지만, 당신이 제게 그렇게 하게 하시는 것이지요. 당신이 제 안에 그럴 마음을 주시는 것입니다. 그런 선행들은 당신의 선물인데도 제 공로가 됩니다. 하지만 그것들은 어디까지나 당신의 선물이니, 제가 그것들을 제 것이라 생각하는 순간, 그 선행을 가능케 한 당신의 선물이 제 눈앞에서 사라지는 순간, 더 이상 선행이 아니게 됩니다.

그러므로 당신은, 저는 그것을 생각할 수 있다는 것만으로도 황홀합니다만, 제 안에서 끊임없이 일하고 계십니다. 마치 땅 속의 보이지 않는 광산에서 일하는 노동자와 같이 보이지 않게 일하십니다. 당신이 모든 것을 행하시는데, 세상은 당신을 보지 못하고, 아무것도 당신의 공으로 돌리지 않습니다. 저 역시 먼 데서 당신을 찾느라 헛된 노력을 하면서 헤매었습니다. 저는 자연의 모든 경이를 끌어모아 당신의 위대함을 그려 보려 했고, 당신의 모든 피조물에게서 당신을 찾아보려 했지만, 제 마음속에서 당신을 만날 생각은 하지 않았습니다. 당신은 늘 그곳에 계셨는데 말입니다. 아니요, 하나님, 당신을 만나기 위해서는 땅을 팔 필요도 없고 바다를 건널 필요도 없으며 시편 기자가 말하듯 하늘 끝까지 날아갈 필요도 없습니다.신 30:11-13, 롬 10:6: [시 139:7-10] 당신은 우리 자신보다도 우리에게 가까이 계십니다.

오, 그토록 위대하시면서도 그토록 친밀하신 하나님! 하늘보다 더 높으시면서도 비천한 피조물에 맞추어 스스로 낮추시는 분, 그토록 광대하시면서도 제 마음속에 은밀히 계시는 분, 너무나 두려우면서도 너무나 사랑스럽고, 너무나 엄격하시면서도 순수한 사랑으로 다가가는 자들에게는 너무나 친근하신 분, 당신의 자녀들이 당신을 모르기를 언제까지 하겠습니까? 온 세상의 눈멀을 꾸짖고 당신이 어떤 분이신지 당당히 선포할 수 있을 만큼 힘찬 목소리를 누가 제게 주겠습니까?

사람들에게 자기 마음속에서 당신을 찾으라고 하면, 그것은 미지의 땅보다 더 먼 곳에 가서 당신을 찾으라는 말처럼 들릴 것입니다. 허탄하고 산만한 대개의 사람들에게 자기 마음속보다 더 멀고 더 알 수 없는 것이 어디 있겠습니까? 도대체 자기 속을 들여다본다는 것이 무엇인지 알기나 할까요? 그런 일을 시도해 본 적이나 있을까요? 당신께서 영과 진리로 경배 받기 원하시는 이 내적인 성소, 영혼의 범접할 수 없는 깊은 곳이 대체 어떤 곳인지 상상이나 할 수 있을까요? 그들은 항상 자신의 바깥에, 야망이나 재미의 대상에 빠져 있습니다. 예수 그리스도의 말씀대로, 땅의 진리조차 깨닫지 못하니 어떻게 하늘의 진리를 알아들을까요?요 3:12 그들은 진지한 성찰을 통해 자기 자신을 들여다본다는 것이 무엇인지 알지 못합니다. 그런 사람들에게 자신을 벗어나 하나님 안에서 자신을 잃어버리라고 권한다면 도대체 뭐라고들 말할까요?

저 자신으로 말한다면, 오 창조주시여! 저는 다른 모든 외적인 대상들, 헛되고 정신을 어지럽힐 뿐인 것들전 1:14에 눈을 감고, 제 마음의 가장 은밀한 곳에서 당신의 아들 예수 그리스도를 통해 당신과 친밀함을 누리기를 원합니다. 당신의 지혜이시고 영원한 이성이신 예수 그리스도께서 그 연소함과 십자가의 어리석음을 통해 우리의 헛되고 어리석은 지혜를 낮추시기 위해 어린아이가 되셨으니, 저 또한 무슨 대가를 치르더라도 제 모든 선견지명과 심사숙고를 떨쳐버리고 작아지고 어리석어지기를 원합니다. 모든 거짓 선지자들의 눈보다 더욱 저 자신의 눈에 하찮은 자가 되기를 원합니다. 그리하여 사도들처럼 성령으로 취해서 기꺼이 그들처럼 세상의 조롱거리가 되기를 원합니다. 하지만 제가 누구이기에 이런 것을 생각하겠습니까? 제가 아니라, 악하고 약한 피조물, 진흙으로 빚어진 죄 많은 존재가 아니라, 오 하나님의 진리이신 예수여! 당신께서 제 안에서 이런 생각을 하시며 또 이루시어 당신의 은혜가 이 보잘것없는 도구를 통해 승리하게 하시려는 것입니다.

오 하나님! 사람들은 당신을 전혀 알지 못합니다. 당신이 어떤 분이신지 전혀 모릅니다. "그 빛이 어둠 속에서 비치니, 어둠이 그 빛을 깨닫지 못하였다."요 1:5 사람들이 살고 숨 쉬고 생각하고 즐거움을 누리는 것은 모두 당신 덕분인데, 이 모든 것을 가능케 하는 분을 잊고 있는 것입니다. 편만한 빛이시며 영혼의 태양이신, 육신의 빛보다 한층 더 밝게 빛나는 당신을 통해서가 아니면 인간은 아무것도 볼 수 없습니다. 당신을 통하지 않고는 아무것도 볼 수 없는데도, 당신을 전혀 알아보지 못합니다. 별들에게 빛을, 샘들에 물과 그 흐름을, 대지에 식물을, 과일들에 그 맛을, 꽃에 향기를, 모든 자연에 그 풍요로움과 아름다움을, 인간들에게 건강과 이성과 미덕을, 이 모든 것을 주시는 분은 당신입니다. 당신이 모든 것을 주시고 모든 것을 행하시고 모든 것을 다스리십니다. 저는 당신만을 봅니다. 당신을 한 번 본 자의 눈에 다른 모든 것은 그림자처럼 사라집니다. 그런데도 세상은 당신을 전혀 보지 못하니 통탄할 일입니다! 당신을 보지 못하는 자는 아무것도 보지 못한 자요 덧없는 꿈속에서 평생을 보낸 자입니다. 그는 존재하지 않는 것과 같고, 아니 더 불행합니다. 당신의 말씀이 가르치시는 바, 그는 태어나지 않는 편이 나았을 것이기 때문입니다.

오 나의 하나님, 저는 어디서나 당신을 봅니다. 제 안에서 제가 행하는 모든 선을 행하시는 분은 당신이십니다. 저로서는 제 기질을 극복할 수 없고, 제 습관을 깨뜨릴 수도 없으며, 제 교만을 누그러뜨릴 수도 제 이성을 따를 수도 없고, 제가 한때 원했던 선을 계속 원할 수도 없다는 것을 무수히 느껴왔습니다. 그렇게 하고자 하는 의지를 주시는 분은 당신이시며, 당신이 그 의지를 순수하게 지켜 주십니다. 당신 없이는 저는 가벼운 바람에도 흔들리는 갈대에 불과합니다. 당신이 제게 용기와 정직함을, 제게 있는 모든 선한 감정들을 주셨습니다. 당신의 의를 갈구하는 새로운 마음을 만들어 주시어 당신의 영원한 진리로 해갈하게 하셨습니다. 제게 그런 마음을 주시면서, 당신은 진흙과 타락으로 빚어진 옛사람의 마음을, 시기와 허영과 야심으로 가득한 불안하고 불의한 마음, 쾌락을 열망하는 마음을 뿌리째 뽑아내셨습니다. 설혹 제게 그 어떤 비참이 남아 있다 해도 당신의 힘이 아니고서야 제가 그렇듯 당신에게로 돌이켜 폭군 같은 정념들의 멍에를 떨쳐버리기를 바랄 수나 있었을까요?

다른 모든 경이를 무색케 하는 경이는 이것입니다. 당신 아닌 누가 저를 제게서 뽑아내시고 제 모든 증오와 경멸을 저 자신에게로 돌릴 수 있었겠습니까? 이 일을 해낸 것은 제가 아닙니다. 자기 자신에게서 벗어나는 것은 자신의 힘만으로 되지 않으며, 제 마음의 비참함을 저주하기 위해서는 제 마음 바깥의 어떤 힘에 의지해야만 했습니다. 이 도움은 외부로부터 와야만 했으니, 제가 맞싸워야 하는 저 자신 안에서는 그런 힘을 찾을 수 없었기 때문입니다. 하지만 그 힘은 또한 아주 내밀한 것이라야 했으니, 제 마음의 가장 깊은 곳에서 '나'를 뽑아야만 했기 때문입니다. 다른 누구도 뚫고 들어올 수 없는 제 영혼의 그 깊은 곳에 당신의 빛을 비추시어 제 모든 추악함을 보여주신 분은 당신입니다. 그 추악함을 보는 것만으로 바꿀 수 없다는 것을, 저는 당신 눈앞에 여전히 추하다는 것을 잘 압니다. 제 눈으로는 제 모든 추함을 찾아낼 수 없었다는 것도 압니다. 하지만 적어도 그 일부는 볼 수 있으며, 그 전부를 보고 싶습니다. 저는 제 끔찍한 모습을 보면서도 담담합니다. 자신의 악덕들을 용인하고 싶지도 않고 악덕들 때문에 좌절하고 싶지도 않기 때문입니다. 그러므로 제 악덕들을 보면서도 동요함 없이 그 수치를 지니고 다닙니다. 저는 당신을 위해 저 자신을 대적합니다, 오 나의 하나님! 이렇듯 저를 저 자신과 분리하실 수 있는 분은 당신뿐이십니다. 이것이 당신이 제 마음속에서 이루신 일이며, 당신은 날마다 그 일을 계속하심으로 제게서 아담의 악한 삶의 잔재를 제거하시고, 새 사람의 창조를 완수해 가십니다. 이것이 날마다 새로워지는 내적 인간의 두 번째 창조입니다.

오 나의 하나님, 저를 당신 손에 맡깁니다. 이 진흙을 빚고 또 빚으시어 형태를 만들어 주소서. 그런 다음 깨뜨리소서. 이것은 당신 것이오니, 아무 할 말이 없습니다. 당신의 뜻대로 사용되기만 한다면, 저를 만드신 당신의 선하신 즐거움을 거스르지만 않는다면 저로서는 족합니다. 요구하시고, 명령하시고, 금지하소서. 제가 무엇을 하기를 원하십니까? 제가 무엇을 하지 않기를 원하십니까? 당신께서 저를 높이셔도 낮추셔도, 위로하셔도 괴롭게 하셔도, 당신의 일에 쓰여도 아무짝에도 쓰이지 못하더라도, 저는 항상 당신을 경배하며, 제 모든 의지를 당신의 뜻에 굴복시킵니다. 저로서는 마리아와 같이 이렇게 말할 수 있을 뿐입니다. "당신의 말씀대로 나에게 이루어지기를 바랍니다!"눅
1:38

하지만 당신은 그렇게 제 안에서 일하시는 동안, 제 밖에서도 그 못지않게 일하십니다. 저는 도처에서, 가장 작은 원자들에서도, 하늘과 땅을 담으시고 온 우주를 운행하며 즐기시는 듯한 크나큰 손을 봅니다. 저를 당혹케 한 단 한 가지는 당신께서 어떻게 그토록 많은 악이 선과 뒤섞이도록 내버려 두시는가 하는 것이었습니다. 당신은 악을 행하실 수 없고, 당신이 행하시는 모든 것은 선합니다. 그렇다면 이 땅이 죄악과 비참으로 뒤덮여 있는 것은 무엇 때문입니까? 도처에서 악이 선을 능가하는 것만 같습니다. 당신께서는 오직 당신의 영광을 위해 이 세상을 지으셨는데, 세상은 당신께 불명예를 끼치기 위해 돌아

가는 것만 같습니다. 악인들이 선한 사람들보다 훨씬 더 많고, 심지어 당신의 교회 안에서도 그렇습니다. 모든 육체의 길이 타락했고, 선한 자들도 온전히 선하지 않으며, 악한 자들 못지않게 저를 신음하게 만듭니다. 만물이 고통하며 만물이 폭력의 상태에 있습니다. 타락한 만큼 비참합니다. 선인과 악인을 나누기를 왜 지체하십니까, 주님? 서두르십시오, 어서 당신의 이름에 영광을 돌리시고, 당신의 이름을 모독하는 자들에게 그 위대하심을 보여주십시오. 당신은 마땅히 만물의 질서를 되찾으셔야 합니다. 당신이 이 땅에서 일어나는 모든 일에 눈감고 계신다고 두런거리는 불경한 자들의 목소리도 들립니다.겔 8:12 일어나소서, 일어나소서, 주님, 원수들을 밟으소서!

하지만, 오 나의 하나님, 당신의 판단은 얼마나 심오하신지요! 하늘이 땅보다 높음 같이 당신의 길은 저희의 길보다 높습니다.사 55:9 저희는 참을성이 없으니, 저희의 평생이라야 한 순간에 지나지 않기 때문입니다. 반면, 당신의 길이 참으심은 당신의 영원하심 때문이니, 당신 앞에서는 천년도 방금 지나간 어제와 같습니다.벧후 3:8 당신은 권능으로 때를 정하시지만,행 1:7 인간들은 때를 알지 못하고 조바심을 내며 소란을 떨고 당신이 불의에 굴복하시기나 한 것처럼 당신을 바라봅니다. 당신은 그들의 눈멂과 거짓된 열심을 보고 웃으시지요.

당신이 제게 깨닫게 하시는 바, 두 종류의 악이 있습니다. 그 한 가지는 인간들이 당신의 법에 거역하여 당신 없이 자신들의 자유를 잘못 사용함으로 저지르는 것이고, 다른 한 가지는 당신이 행하시는 것으로*잠 3:6* 악인에 대한 징벌과 교정이라는 견지에서 보면 참다운 선이라 할 것입니다. 죄란 인간으로부터 오는 악이지만, 죽음, 질병, 고통, 수치, 그리고 그 밖의 모든 비참은 당신이 죄의 교정에 사용하시면 선이 됩니다. 주님, 죄로 말하자면, 당신은 인간이 자유롭고 성경의 표현을 빌리자면 "자기 지혜의 수중에" 있도록 그것을 허락하십니다.*집회 15:14* [18] 하지만 당신은 죄를 만드신 분이 아니시니, 죄를 가지고 얼마나 놀라운 일들을 행하시어 당신의 영광을 드러내시는지요! 당신은 악인들을 사용하셔서 선인들을 교정하시고, 이들을 겸손케 하심으로써 완전케 하십니다. 또한 악인들을 악인들에 대적하여 사용하심으로써 그들 서로가 서로에게 징벌이 되게 하십니다. 하지만 가장 감동적이고 사랑스러운 것은, 당신이 어떤 이들의 불의와 박해를 사용하여 다른 이들의 마음을 돌이키시는 것입니다. 당신의 은혜를 망각하고 당신의 법을 멸시하면서 살다가 자기들이 겪는 불의를 통해 세상을 버리고 당신에게로 돌아오게 되는 사람들이 얼마나 많은지요!

하지만, 오 나의 하나님, 저는 또 다른 경이로운 일을 봅니다. 그것은 당신이 당신께 가장 가까이 있는 자들의 마음속에서까지 선과 악이 섞인 것을 참으신다는 사실입니다. 이 선량한 영혼들 안에 남아 있는 이런 결함들은 그들을 겸손케 하고 자신으로부터 벗어나게 하고 자신의 무력함을 느끼고 더 열렬히 당

---

18 "한처음에 주님께서 인간을 만드셨을 때 인간에게 자유 의지를 갖도록 하셨다"(공동번역개정, 집회 15:14). - 편집자

신에게로 돌아오게 하며, 기도만이 참다운 미덕의 원천임을 깨닫게 합니다. 오, 당신은 허락하신 악에서 얼마나 풍성한 선을 이끌어 내시는지요! 그러므로 당신이 악을 허락하시는 것은 더 큰 선을 이끌어 내시기 위함이며, 당신이 그 악을 사용하시는 기술을 통해 전능하신 선함을 드러내시기 위함입니다. 당신은 악을 당신의 뜻대로 안배하십니다. 당신은 인간의 불의함을 만드시지 않으며 그러실 수도 없지만, 당신이 뜻에 따라 그 방향을 전환하심으로써 당신의 깊은 지혜와 정의와 긍휼을 이루십니다.

저는 인간의 이성이 당신과 함께 판단하려 하고 당신의 영원한 비밀을 알아내려 하면서 이렇게 말하는 것을 듣습니다. '하나님은 굳이 악에서 선을 끌어낼 필요가 없었다. 애초에 아무 악도 허용하시지 말고 모든 인간을 선하게 만드시면 될 일이었다. 그러실 수도 있었다. 단지 몇몇 사람을 위해 하신 일을 모든 인간을 위해 하셔서, 은총의 매력으로 그들을 자신에게서 벗어나게 하시면 될 일이었다. 왜 그렇게 하시지 않았는가?'

오 나의 하나님, 저는 당신의 말씀에서 그 답을 얻습니다. "당신은 지으신 어떤 것도 미워하지 않으시고,지혜 11:24 [19] 어떤 사람도 망하기를 원치 않으시며,벤후 3:9 만인의 구원자가 되기를 원하신다"딤전 4:10고 말입니다. 하지만 당신은 모든 사람에게 다 똑

---

19 "주님은 세상 모든 것을 사랑하시며 주님이 만드신 그 어느 것도 싫어하시지 않는다. 주님이 미워하시는 것을 만드셨을 리가 없다"(공동번역개정, 지혜 11:24).-편집자

같이 구원자가 되시지는 않습니다. 당신이 땅을 심판하실 때, 당신의 심판은 정당할 것입니다. 정죄당한 피조물도 자신이 당하는 정죄가 어디까지나 공평함을 보게 될 것입니다. 당신은 그라는 포도원을 가꾸기 위해 당신이 하셔야 할 모든 일을 하셨음을 분명히 보여주실 것입니다. 당신이 그를 저버린 것이 결코 아닙니다. 그가 오히려 스스로 망한 것이지요. 그런데 인간은 자신의 마음을 알지 못하므로 그렇게 자세한 데까지 보지 못하고, 자신에게 주어지는 은혜나 자신의 마음속에 일어나는 반항적인 감정도 스스로 깨닫지 못합니다. 당신은 심판하실 때 그 모든 것을 그의 눈앞에 펼쳐 보이실 것이고, 그는 자신을 보고 경악할 것이며 당신이 그를 위해 하신 일과 그가 스스로 멸망을 자초한 것을 보며 영원한 절망에 빠질 수밖에 없을 것입니다.

이런 것을 인간은 이생에서 전혀 이해하지 못합니다. 하지만, 오 나의 하나님, 인간은 당신을 알자마자 이 진리를 이해하지는 못해도 믿어야 합니다. 당신이 계신다는 것, 만물이 당신으로부터 말미암는다는 것을 의심할 수 없습니다. 당신이 지고의 선이심을 의심할 수 없습니다. 그러므로 그로서는 자신을 둘러싼 온갖 어둠에도 불구하고 당신이 어떤 이들에게 은혜를 베푸심으로써 만인에게 공의를 행하신다고 결론지을 수밖에 없습니다. 더구나 당신은 영원히 당신의 공의의 준엄함을 느끼게 될 자들에게까지 은혜를 베푸십니다. 당신이 그들에게 항상 다른 사람들에게 베푸시는 만큼의 똑같은 은혜를 베푸시지 않는 것은 사실이지만, 당신이 그들을 심판하실 때, 아니 그들 자신 안에 새겨진 진리가 스스로를 정죄하고 심판하게 될 때 변명할 수 없을 만큼의 은혜는 베푸십니다. 당신이 그들을 위해 좀 더 하실 수 있었으리라는 것도 사실이고, 그러기를 원치 않으셨다는 것도 사실입니다. 하지만 그들의 멸망에 대한 책임을 지지 않기 위해 필요한 만큼은 원하셨습니다. 당신은 그들의 멸망을 허락하기는 하셨지만, 결코 당신이 그들을 멸망케 하신 것은 아닙니다. 그들이 악했다면, 그것은 당신이 그들에게 선할 기회를 주지 않으셨기 때문이 아니라 그들이 그것을 원치 않았기 때문입니다. 당신은 그들을 자신의 자유 가운데 내버려 두셨습니다. 당신이 그들에게 넘치는 은혜를 주시지 않았다고 해서 누가 불평할 수 있겠습니까? 하인들에게 그들의 일에 대한 정당한 품삯을 주는 주인이 그중 어떤 자들에게 좀 더 너그러울 권리가 없겠습니까? 그가 그들에게 정도 이상으로 준다고 해서 다른 사람들에게 조금이라도 불평할 빌미를 주는 것입니까? 이로써 주님, 당신은 성경에서 말씀하셨듯이 "당신의 모든 길은 진실과 정의"임을 보이십니다.시 111:7 당신은 만인에게 선하시지만, 그 정도는 다양합니다. 당신이 어떤 이들에게 특별히 풍성하게 부어 주시는 긍휼이 다른 모든 사람에게 똑같은 너그러움을 베푸셔야 한다는 엄격한 법은 될 수 없습니다.

그러니 배은망덕하고 반역한 피조물이여, 입을 다물라! 지금 이 순간 하나님의 선물에 대해 생각하는 그대는 그 생각조차도 하나님의 선물임을 기억하라. 네가 은혜가 없다고 불평하고 싶어지는 순간에도, 하나님의 선물에 주의를 기울이게 하는 것 자체가 은혜임을 기억하라. 모든 선을 지으신 분에 대해 불평하지 말고, 그분이 네게 지금 베푸시는 선물들을 부지런히 누리라. 마음을 열고, 네 나약한 정신을 겸손케 하고, 네 헛되고 주제넘은 이성을 내려놓으라. 너는 질그릇이니 너를 만드신 분께서 너를 깨뜨리실 권리도 있는 것이다. 그리고 그분은 너를 깨뜨리시기는커녕 어쩔 수 없이 너를 깨뜨리셔야만 할까 저어하신다. 그분은 긍휼하시므로 너를 위협하시는 것이다.

그러므로 오 하나님, 저는 제 마음속에서 당신의 선하심을 의심하도록 유혹하는 이 모든 사변을 잠잠케 하기를 원합니다. 저는 당신이 선하실 수밖에 없음을 압니다. 당신이 당신의 작품을 당신과 비슷하게, 당신처럼 정직하고 의롭고 선하게 만드셨음을 압니다. 하지만 당신은 그에게서 선악 간의 선택을 빼앗기를 원치 않으셨지요. 당신은 그에게 선을 주셨으니 그것으로 족합니다. 그렇다고 확신합니다. 정확히 어떻게인지는 모르지만, 제가 당신에 대해 갖고 있는 불변의 무오한 관념이 그 점을 의심할 수 없게 합니다. 저는 다른 사람의 내면을 전혀 모르고 어쩌면 그 내면은 그 자신도 모르겠지만, 그럼에도 당신이 어떤 사람 안에 거하신다고 믿는 가장 큰 이유는 어떤 사람도 스스로 보기에도 변명할 여지가 없다 하기 전에는 당신이 그를 정죄하지 않으시리라고 굳게 믿기 때문입니다. 이렇게 믿는 것만으로도 제 마음은 평안합니다. 그렇다면 제가 멸망하는 것은 저 스스로 멸망을 택하기 때문이고, 일찍이 유대인들이 그랬듯이 내적 은혜이신 성령을 거역했기 때문일 것입니다.

오 자비하신 아버지여! 저는 더 이상 은혜에 대해 철학적 사변을 늘어놓는 대신 묵묵히 은혜에 저를 맡기기 원합니다. 은혜는 인간 안에서 모든 것을 행하지만, 인간과 함께, 인간을 통해 그렇게 합니다. 그러므로 제가 행동하고 절제하고 고통하고 기다리고 저항하고 믿고 소망하고 사랑하는 것은 은혜와 더불어, 은혜가 주는 모든 인상을 따라서이지요. 은혜가 제 안에서 모든 것을 행할 것이고, 저는 은혜를 통해 모든 것을 행할 것입니다. 은혜가 제 마음을 움직이지만, 결국 마음이 움직이는 것이니, 당신은 인간을 구원하시면 반드시 행동하게 하십니다. 그러므로 저는 끊임없이 저를 몰아세우는 은혜를 기다리게 하지 않고, 한순간도 잃지 않고 일합니다. 모든 선이 은혜에서 나오고, 모든 악이 저로부터 나옵니다. 제가 선을 행할 때, 저를 움직이는 것은 은혜입니다. 제가 악을 행하는 것은 은혜를 거역하기 때문입니다. 부디 제가 이 이상 더 알기를 원치 않게 해주시기를! 그 나머지는 전부 제 안에 주제넘은 호기심만 키울 뿐입니다. 오 나의 하나님, 당신은 세상의 지혜롭고 분별 있는 자들에게서는 당신의 비밀을 숨기시고 어린아이들에게는 그 비밀을 보여주시니,[마 11:25] 저로 하여금 항상 그 어린아이들의 무리에 들게 해주소서.

오 위대하신 하나님, 이제 저는 종종 제 정신을 어지럽히던 이 어려운 문제를 더 이상 생각하지 않겠습니다. 그토록 선하신 하나님께서 그토록 많은 인간들이 멸망하도록 내버려 두시는 까닭이 무엇일까요? 그분이 자기 아들을 세상에 태어나게 하시고 또 죽게 하시면서, 그 탄생과 죽음으로 유익을 누릴 인간이 그렇게 적은 수이게 하신 까닭은 무엇입니까? 오 전능하신 분이시여, 당신께서 행하시는 모든 것이 당신께는 전혀 힘들지 않은 일임을 이해합니다. 당신께는 저희가 감탄하는, 저희를 넘어서는 일들이 저희가 너무 익숙해진 나머지 별로 감탄하지 않는 일들만큼이나 쉽고 익숙한 일입니다. 당신은 당신 일의 열매를 당신께 필요한 일의 크기로 잴 필요가 없으시니, 당신께는 어떤 일도 수고가 들지 않으며 당신이 당신의 모든 일에서 이끌어 내는 유일한 열매는 당신의 선하신 즐거움의 완성이기 때문입니다. 당신께는 아무 부족함이 없으시니 새삼 무엇을 얻으실 필요도 없습니다. 당신은 모든 것을 이미 당신 안에 갖고 계십니다. 당신이 드러나게 행하시는 것이 당신의 행복이나 영광에 아무것도 더 보태지 못합니다. 그러므로 구주의 죽음의 결실을 어떤 인간도 누리지 못한다 하더라도 당신의 영광은 전혀 덜해지지 않을 것입니다. 당신은 선택된 단 한 사람을 위해서도 그분을 태어나게 하셨을 것입니다. 만일 당신이 단 한 사람만을 원하셨다면, 단 한 사람으로 족했을 것입니다. 당신께서 무엇인가를 행하시는 것은 당신께 무엇이 필요하다거나 당신께서 보시기에 그것에 무슨 장점이 있어서가 아니라, 전적으로 당신의 의지를 수행하기 위해서입니다. 당신의 의지는 대가를 바라지 않으며, 그 자체와 당신의 선하신 즐거움 말고는 아무 법칙도 따르지 않습니다. 그뿐 아니라, 그토록 많은 사람들이 당신 아들의 피로 씻겼음에도 멸망한다면, 그것은 다시 말하거니와 당신이 그들에게 자기 자유를 사용하도록 내버려 두시기 때문입니다. 당신은 그들에게서 당신의 공의를 통해 영광을 얻으시고, 선한 자들에게서는 당신의 긍휼을 통해 영광을 얻으십니다. 당신이 악인들을 벌하시는 것은 그들이 선할 기회를 가졌음에도 불구하고 당신을 거역하여 악해졌기 때문이며, 선인들에게 상 주시는 것은 그들이 당신의 은혜를 통해 선해졌기 때문입니다. 그렇듯 당신 안에서는 모든 것이 공의요 선임을 저는 깨닫습니다.

모든 외적인 악으로 말하자면, 오 영원한 지혜이시여, 저는 당신께서 왜 그것들을 감내하시는지 이미 보았습니다. 당신의 섭리는 악으로부터 가장 큰 선을 이끌어 내십니다. 연약하고 당신의 길을 알지 못하는 무지한 자들은 악을 보고 소동하며 당신의 공의가 무너지기나 한 것처럼 떠들어 댑니다. 여차하면 당신이 굴복하셨다고, 불경한 자들이 당신을 이겼다고 생각할 판입니다. 그들은 무슨 일이 일어나고 있는지 당신이 알지 못하신다고 또는 당신이 상관하지 않으신다고 믿고 싶어 합니다. 하지만 이 눈멀고 참을성 없는 자들은 조금 더 기다릴 일입니다. 불경한 자는 잠시 이기는 것 같지만 그렇지 않습니다. "그는 들판의 풀과 같이 시든다"는 말씀대로입니다.시 37:2 아침에 시들어 저녁이면 발에 밟히고, 죽음이 모든 것을 원상原狀대로 돌릴 것입니다. 당신은 원수들을 무찌르기 위해 서두르실 필요가 없습니다. 성 아우구스티누스의 말대로, 당신의 길이 참으심은 당신이 영원하시기 때문입니다. 당신은 그들을 확실히 내려치실 수 있습니다. 그런데도 오래 팔을 들고 계신 것은 당신이 아버지이시기 때문이요, 마지막에 가서야 마지못해 내리치시기 때문이요, 내려치시는 팔이 얼마나 막강한지 모르시지 않기 때문입니다. 그러니 참을성 없는 사람들은 떠들라고 두십시오. 저는 수백 년을 일 분처럼 바라봅니다. 당신 앞에서는 수백 년이 일 분에도 못 미친다는 것을 알기 때문입니다. 사람들이 세상의 지속이라 부르는 수 세기도 사라질 장식이요 지나가 없어질 형상에 지나지 않습니다. 조금만 있으면, 오 아무것도 보지 못하는 인간이여, 조금만 있으면, 그대는 하나님께서 준비하신 것을 보게 되리니, 그분이 몸소 모든 원수를 밟으시는 것을 보게 될 것입니다. 뭐라고요! 이 기다림이 너무 지루하고 길게 느껴진다고요! 수많은 불행한 이들에게는 너무나 짧은 기다림일 것입니다. 그때가 되면 선인들과 악인들이 영원히 나뉘고, 성경이 말하듯이 "만물의 때"가 될 것입니다.전 3:17

하지만 우리에게 일어나는 모든 일을 행하시는 분은 하나님이시며, 그분은 우리에게 유익이 되도록 행하십니다. 우리는 우리가 원하던 것이 우리에게 해가 되었을 것이며 우리가 피하고자 했던 것이 실은 우리 행복에 필요한 일이었음을, 영원 속에서 그분의 빛에 비추어 비로소 깨닫게 될 것입니다.

오 거짓된 복락들이여, 나는 너희를 결코 복이라 부르지 않으리니, 너희는 나를 악하고 불행하게 만들 뿐이었다! 오 하나님께서 내게 지워주신 십자가들이여, 나약한 본성이 너무 무겁다 여기고 눈먼 세상이 불행이라 부르던 것들이여, 너희는 내게 결코 불행이 아니었다! 이 세대 인간들의 저주받은 언어를 말하느니 차라리 아무 말 하지 않으리! 너희는 내 참된 복락이었으니, 나를 겸손케 하고, 나 자신에 대해 초연케 하고, 내 비참을, 내가 이 세상에서 사랑하고자 했던 모든 것의 헛됨을 느끼게 만든 것은 다 너희들이었다. 오 진리의 하나님이시여, 당신은 저를 당신의 아들과 함께 십자가에 못 박으시어 영원히 당신의 기꺼워하심을 받는 자가 되게 하셨으니, 영원히 송축하나이다!

하나님께서 인간사를 자세히 들여다보지 않으신다는 말은 하지 말라. 오 그렇게 말하는 눈먼 자들이여, 너희는 하나님이 어떤 분이신지 모르는구나! 존재하는 모든 것은 그분의 무한한 존재와 소통함으로써 존재하며, 지성을 가진 모든 것은 그분의 지고의 이성의 흘러넘침에 힘입어 지성을 가지며, 활동하는 모든 것은 그분의 지고의 활동에서 받은 인상으로 행동한다. 모든 것 가운데서 모든 것을 행하시는 이는 그분이시니, 그분이야말로 우리 삶의 매 순간 우리 심장의 고동이요, 팔다리의 움직임이요, 눈의 빛이요, 정신의 지성이시며, 우리 영혼의 영혼이시다. 우리 안에 있는 모든 것, 행동이나 사고, 의지 활동이 모두 이 권능과 이 삶, 이런 생각과 이 영원한 의지가 주는 인상에서 비롯되는 것이다.

그러니, 오 하나님, 어떻게 당신이 우리 안에서 당신이 행하시는 일을 모르실 수 있겠습니까? 어떻게 마음속으로 당신을 거역하여 행해지는 악이나 당신이 우리 안에서 행하기를 기뻐하시므로 우리가 행하게 되는 선에 대해 무관심하실 수 있겠습니까? 이런 일들에 관심을 가지시는 일이 당신께는 전혀 힘든 일이 아닙니다. 만일 당신이 관심을 거두신다면, 모든 것이 멸망할 것이고, 어떤 피조물도 더 이상 의지하고 사고하고 존재할 수 없을 것입니다. 오, 당신이 그렇게 많은 곳에 주목하여 역사하신다면 지치시리라고 상상하는 인간들은 도대체 어떻게 해야 자신들의 무능함과 헛됨을, 당신의 권능과 무한한 역사를 깨닫게 될까요! 불은 어디에 닿든 타오릅니다. 불은 본성상 사물에 작용하여 태우는 것이니, 불이 타지 않게 하려면 일부러 꺼야 합니다. 마찬가지로 하나님 안에서는 모든 것이 움직임이요 생명이요 운동입니다. 그분은 친히 말씀하신 대로 "소멸하시는 불"이십니다.히 12:29 그분은 어디에 계시든 모든 일을 주관하시며, 실제로 어디에나 계시므로 어디서나 모든 일을 하십니다. 이미 보았듯이, 그분은 모든 육체를 위하여 부단히 새로운 창조를 행하십니다. 매 순간 자유롭고 지성을 갖춘 피조물들을 만드시고, 그들에게 이성과 의지와 선한 의지를, 그리고 그분의 뜻에 부합되는 각기 다른 정도의 의지를 주십니다. 사도 바울이 말했듯이 그분은 "원함과 행함"을 모두 주십니다.빌 2:13

오 하나님, 당신은 이런 분이십니다. 또는 적어도 당신의 작품 안에서 이런 일을 행하십니다. 이 눈부신 영광의 원천에 다가가 당신이 어떤 분이신지 온전히 이해할 수 있는 사람은 아무도 없습니다. 하지만 제가 분명히 아는 것은 당신이 모든 일을 행하시며 피조물의 악과 불완전함까지 사용하셔서 당신이 정하신 선을 이루신다는 사실입니다. 때로 당신은 방해꾼의 모습으로 나타나셔서 참을성 없고 제멋대로 행하려 하는 자를 훼방하십니다. 그는 그렇게 훼방을 받아야 제 뜻대로 착착 선행을 이루어 가는 즐거움에 대해 죽을 수 있을 테니까요. 또 때로는 험담꾼의 혀를 사용하셔서 무죄한 자의 명성을 망가뜨리십니다. 그는 그렇게 해야 자신의 무죄함에 더하여 명성에 대한 초연함까지 얻을 수 있을 테니까요. 당신은 당신을 따른다면서 여전히 헛된 영화에 집착하는 종들의 번영을 뒤엎기 위해 시기심 많은 자들의 간교함과 악한 계획을 사용하시기도 합니다. 또한 생명이 끊임없는 위험에 처해 있어서 죽음이 오히려 그들을 안심시키는 은총이 될 자들은 서둘러 무덤으로 보내시고, 이런 사람들의 죽음이 이들과 친밀하고 다정한 우정을 나누던 이들에게 실로 쓰디쓰지만 유익한 약이 되게도 하십니다. 한 사람을 구원하기 위해 데려가시는 타격으로 다른 사람을 자기 삶에 대해 초연하게 하시고, 가장 소중했던 사람들의 죽음을 통해 자신의 죽음을 준비하게 하시는 것입니다. 당신은 이처럼 자비롭게도 당신 아닌 모든 것에 괴로움을 고루 안배하셔서, 당신을 사랑하고 당신의 사랑으로 살도록 창조된 우리 마음이 다른 어떤 것에도 의지할 수 없음을 깨닫고 당신에게로 돌아가지 않을 수 없게 만드십니다.

왜냐하면, 나의 하나님, 당신께서는 온통 사랑이시며 따라서 온통 질투이시기 때문입니다. 오 질투하시는 하나님! (당신 스스로 그렇게 부르셨으니 말입니다). 출 20:5, 34:14 당신은 나뉜 마음에 노여워하시고, 방황하는 마음을 불쌍히 여기십니다. 당신은 모든 것에 무한하시니, 지혜와 권능에 무한하시듯 사랑에서도 무한하십니다. 당신은 하나님으로서 사랑하시니, 당신이 사랑하시면 천지를 움직여서라도 사랑하시는 자를 구원하십니다. 당신은 인간 중에 가장 작은 아기가 되셨고, 오욕을 덮어쓰셨고, 십자가에서 치욕과 고통을 겪으며 죽으셨으니, 무한히 사랑하는 자에게는 지나친 일이 아니었지요. 제한된 사랑, 제한된 지혜로는 그런 사랑을 이해할 수 없습니다. 도대체 어떻게 유한한 자가 무한하신 분을 이해할 수 있겠습니까? 그에게는 무한을 볼 눈도, 무한을 느낄 만한 마음도 없습니다. 인간의 천하고 옹색한 마음과 허망한 지혜는 그런 사랑을 못 미더워하고, 그처럼 넘치는 사랑 가운데서 하나님을 몰라봅니다. 저는 이 무한의 성품에서 하나님을 알아봅니다. 이 사랑이 모든 것을, 우리가 겪는 불행까지도 포함하여 모든 것을 행하시는 것입니다. 하나님께서는 불행을 통해 우리의 참된 복락을 예비하십니다.

우리는 언제 이런 사랑에 사랑으로 보답할 수 있을까요? 우리를 찾으시는 분, 우리를 품에 안고 가시는 분을 언제 찾게 될까요? 우리는 다정한 아버지의 품 안에서 그분을 잊어버립니다. 그분이 주신 선물의 감미로움 가운데서 그분에 대해 생각하기를 잊어버립니다. 매 순간 그분이 우리에게 베풀어 주시는 것에 감동하는 대신 재미있어 합니다. 그분은 모든 즐거움의 원천이시며, 피조물들은 그 조잡한 통로밖에 되지 못합니다. 그런데도 우리는 이 통로 때문에 원천을 대수롭잖게 여깁니다.

그분의 광대한 사랑이 우리를 항상 뒤쫓건만, 우리는 그분에게서 달아나기를 그치지 않습니다. 그분은 도처에 계신데도 우리는 어디서도 그분을 보지 못합니다. 그분만이 우리와 함께 계실 때는 마치 우리 혼자 있는 것처럼 생각합니다. 그분이 모든 것을 하시는데도 우리는 도무지 그분을 의지하지 않고, 그분의 섭리밖에 달리 의지할 데가 없을 때면 절망에 빠집니다. 무한하고 전능하신 사랑이 아무 일도 하실 수 없기나 한 것처럼요! 오 얼마나 끔찍한 착각인지요! 온통 거꾸로 된 인간인지요! 아니, 더는 말하고 싶지 않습니다. 이처럼 어리석은 피조물은 우리에게 그나마 남은 이성을 성나게 합니다. 더는 참을 수 없습니다.

오 사랑이시여, 하지만 당신은 참으십니다. 당신은 무한한 인내심으로 기다려 주십니다. 당신은 인내심이 지나치셔서 그의 배은망덕을 부추기시는 것처럼 보일 정도입니다! 당신을 사랑하기를 원한다는 자들조차도 실은 자기 자신을 위해, 자신의 위안과 안전을 위해 사랑하는 것이지요. 진실로 당신만을 위해 당신을 사랑하는 자들은 어디 있습니까? 오로지 당신만을 사랑하도록 만들어졌기 때문에 당신을 사랑하는 자들은 어디 있습니까? 제게는 그런 사람들이 보이지 않습니다. 이 땅 위에 그런 사람들이 있기는 합니까? 만일 없다면, 만들어 주십시오. 만일 당신을 사랑하지 않는다면, 당신 안에서 자신을 잃어버릴 만큼 당신을 사랑하지 않는다면, 이 세상이 무슨 소용이겠습니까? 당신이 당신 바깥에 당신 아닌 것을 창조하시면서 원하신 것이 바로 그것이지요. 당신은 모든 것을 당신으로부터 받아 오로지 당신에게로 돌아가는 존재들을 원하셨던 것입니다.

오 나의 하나님! 오 사랑이시여! 제 안에서 당신 자신을 사랑하소서! 그럼으로써 당신은 사랑스러우신 만큼 사랑받으실 것입니다. 제단 앞에서 끊임없이 타는 등불처럼, 저는 당신 앞에서 타 없어지기 위해서만 존재하기를 원합니다. 저는 자신을 위해서는 아무것도 아니오니, 오직 당신만이 당신 자신을 위해 존재하는 분이십니다. 저는 아무것도 아니고 당신만이 모든 것 되시는 것이 지나친 일이 아닙니다. 저는 당신을 위해 저 자신에 대해 질투합니다. 당신을 향해야 할 사랑이 혹시라도 저를 향하기보다는 차라리 죽는 것이 낫습니다. 오 사랑이시여, 사랑하소서, 당신의 연약한 피조물 안에서 당신의 지고의 아름다움을 사랑하소서! 오 아름다움이시여! 무한한 선하심이여! 무한한 사랑이시여! 제 심장을 태우소서, 불살라 없애소서! 완전한 번제로 드려지게 하소서!

사람들이 당신을 알지 못하는 것이 놀랍지 않습니다. 당신을 알면 알수록 당신은 제게 알 수 없는 분이십니다. 당신의 무한한 본성 가운데 알려지시기에는 당신은 사람들의 경박한 사고와 너무나 동떨어진 분이십니다. 그들은 당신의 무한한 본성을 알 수가 없습니다. 인간들의 불완전함이 당신의 지고한 완전하심을 더욱 드러냅니다. 당신은 어떤 인간도 그에게 있는 선함 때문에 선택하지 않으십니다. 어떤 사물에도 당신께서 친히 두신 선함밖에는 없으니까요. 당신이 인간들을 택하시는 것은 그들이 선해서가 아니라, 당신이 택하심으로 선해지기 때문입니다. 당신은 광대하시므로 당신의 뜻을 정하기 위해 다른 이유를 필요로 하시지 않습니다. 당신의 선하신 즐거움이 지고의 이유입니다. 당신은 모든 것을 당신의 영광을 위해 행하시며, 모든 것을 오로지 당신에게로 돌이키십니다. 당신은 가차 없는 질투로 질투하시며, 온전히 당신 것으로 원하시는 자의 마음에 조금이라도 유보가 생기는 것을 허락하지 않으십니다. 당신은 보복을 금지하시고 친히 보복하시며 영원한 징계를 내리십니다. 당신은 당신과 세상 사이에서 마음이 나뉘어 살아가는 비겁한 영혼들에 대해서는 믿을 수 없을 만큼 인내하시고 양보하시지만, 스스로 아무것도 아니라고 여길 만큼 자신을 온전히 당신께 드린 자들은 끝까지 몰아세우십니다. 당신의 사랑은 폭군적입니다. 결코 "이만하면 됐다"고 말씀하시지 않습니다. 드리면 드릴수록 더 요구하십니다. 신실한 영혼에게 일종의 배반까지 행하십니다. 우선은 다정한 말로 이끄신 다음, 엄히 대하시고, 그에게서 숨으시며 그가 의지할 만한 것을 모두 앗아가심으로써 죽음의 일격을 가하시는 것이지요. 이해할 수 없는 하나님, 당신을 사랑하나이다! 당신은 저를 오로지 당신을 위해 만드셨으니, 저는 당신 것이며 전혀 제 것이 아닙니다.

19.

순수한 사랑,
그 가능성과 동기에 대하여[20]

하나님은 "만물을 그분 자신을 위해 창조하셨다"고 성경은 말합니다._{잠 16:4} 그분이 지으신 모든 것은 그분으로 말미암은 것이며, 이 점에서 그분은 결코 자기 권리를 양도하실 수 없습니다. 지성을 지닌 자유로운 피조물도 지성과 자유가 없는 피조물 못지않게 그분의 소유입니다. 그분은 지성 없는 피조물 안에 있는 모든 것을 근본적으로 또 전적으로 오직 그분께 귀속시키시며, 지성 있는 피조물 스스로가 전적으로 그리고 유보 없이 그분께 자신을 드리기를 원하십니다. 그분이 우리의 행복을 바라시는 것은 사실이지만, 우리 행복은 그분의

---

20 이 글은 1697년부터 보쉬에와의 논쟁 가운데 쓰인 것이다.

창조에서 주된 목적도 아니고 그분의 영광에 맞먹는 목적도 아닙니다. 그분이 우리의 행복을 바라시는 것은 그분의 영광을 위해서이며, 우리의 행복은 그분의 영광이라는 최종적이고 근본적인 목적에 귀속되는 부차적인 목적일 뿐입니다. 만물의 유일하고 근본적인 목적은 그분 자신이십니다.

우리가 창조된 이 근본적인 목적에 들어가기 위해서는 하나님을 우리 자신보다 더 사랑해야 하며, 우리의 행복을 원하는 것도 오직 그분의 영광을 위해서라야 합니다. 그러지 않는다면, 그분의 질서를 뒤엎는 일이 될 것입니다. 우리의 행복을 원해서 하나님의 영광을 열망하는 것이 아니라, 반대로 그분의 영광을 열망하기 때문에, 그분이 자기 영광의 일부로 삼기를 기뻐하신 존재로서, 우리 자신도 행복해지기를 원해야 하는 것입니다. 물론, 하나님께 의롭다 여기심을 받은 모든 이들이 그렇게 명시적으로 자기 자신보다 하나님을 더 사랑할 수 있는 것은 물론 아닙니다. 하지만 적어도 그것이 우리 신앙에 기본적으로 함축되어 있는 전제입니다. 명시적이고 완전한 방식으로 하나님을 자신보다 더 사랑하는 것은 하나님께서 그럴 만한 빛과 힘을 주신 이들에게나 어울리는 일입니다. 이들은 하나님을 너무나 사랑한 나머지, 자신의 행복도 그분의 영광의 일부로서만 원할 따름입니다.

인간들이 이 진리를 납득하기를 그토록 어려워하고 이 말을 좀처럼 받아들이지 못하는 것은, 그들이 자신을 사랑하되 자신을 위해 사랑하려 하기 때문입니다. 그들은 모든 피조물보다 하나님을 더 사랑해야 한다는 것을 일반적이고 피상적인 당위성으로만 이해할 뿐, 하나님을 자기 자신보다 더 사랑하고 오직 그분을 위해 자신을 사랑한다는 것이 무엇인지 전혀 이해하지 못합니다. 그들이 그런 말을 아무렇지 않게 입에 올리는 것은, 그것이 얼마나 엄청난 말인지 알지 못하기 때문입니다. 우리 자신이나 자신의 행복보다 하나님과 그분의 영광을 더 사랑하여 우리 자신의 행복보다 그분의 영광을 더 원해야 한다고, 부차적인 목적은 주된 목적에 종속되는 것이라고 설명해 주면 그들은 소스라칩니다.

인간들이 그처럼 분명하고 정당한 질서 안에 있는 피조물의 본분을 납득하는 데 그토록 어려움을 겪는다는 것은 놀라운 일이라 하겠습니다. 하지만 성 아우구스티누스의 말대로, 인간은 "자기 안에 갇혀" 있기 때문에, 자신을 가두고 있는 자기애의 옹색한 한계 너머를 보지 못합니다. 그는 자신이 피조물이며 스스로 지은 것이 아니니만큼 자신을 위해 존재하지 않는다는 사실을, 자신은 오로지 자신을 지으신 분의 선한 즐거움을 위해서만 존재한다는 사실을 늘 잊어버립니다. 그에게 이 압도적인 진리를 말해 보십시오. 그는 감히 부인하지는 못하겠지만, 좀처럼 납득하지 못하므로, 어느새 또 자신의 이익을 위해 하나님과 협상을 하려 들 것입니다.

어떤 이들은 하나님께서 우리에게 행복에 대한, 즉 완전한 행복이신 그분 자신에 대한 타고난 성향을 주셨다고 주장합니다. 그러니 그분은 우리가 그분과 하나 되는 것을 쉽게 만들어 주셨을 것이 생존을 위해 음식물을 필요로 하는 성향을 우리 안에 넣어 주셨듯이, 행복에 대한 성향도 넣어 주셨을 것이라고 말입니다. 하지만 우리의 지복이신 그분을 바라볼 때 그분이 우리 안에 허락하시는 기쁨과, 최초의 인간이 반역함으로 우리 안에 생겨난 강력한 성향, 즉 우리 자신을 중심으로 삼아 하나님에 대한 사랑조차도 그 사랑에서 얻어지는 우리 자신의 행복에 달려 있도록 만드는 성향은 잘 구별해야 합니다. 게다가 여기서 문제 되는 것은 필수적이고 비의지적인, 어떤 타고난 성향이 아닙니다. 인간들은 필수적이고 비의지적인 성향 없이는 망상에 빠지리라고 우려해야 할까요? 이 비의지적인 욕망들은 욕망이라기보다 필수적인 성향으로, 돌멩이에 무게가 없을 수 없듯 인간들에게 없을 수 없는 것입니다. 문제는 우리가 하거나 하지 않을 수 있는, 우리의 자발적이고 의지적인 행동뿐입니다. 이런 자유로운 행동에서 우리 자신의 행복이라는 동기가 금지되는 것은 아닙니다. 하나님께서는 우리가 그분과의 연합에서 우리 자신의 유익을 찾기를 원하셨습니다. 하지만 이 동기는 피조물이 원하는 가장 작은 동기라야 합니다. 우리는 우리 자신의 행복보다 하나님의 영광을 더욱 원해야 하며, 우리의 행복을 원하는 것도 그분께 영광을 돌리기 위해서라야 합니다. 작은 소원이 더 큰 소원 안에 포함되듯이 말입니다. 우리 자신의 유익은 그분의 영광에 감히 비교할 수 없을 만큼 작아야 합니다. 원죄 이후로 자신에게 집착하게 된 피조물이 좀처럼 이해하지 못하는 것이 바로 이 점입니다. 피조물의 본질 자체에 들어 있는, 모든 마음을 굴복시켜 마땅한, 그럼에도 깊이 설명하면 반발을 불러일으키는 진리가 바로 이것입니다. 그러나 우리 자신에게나 하나님에게나 공정하게 말해 봅시다. 우리가 우리 자신을 만들었습니까? 우리는 하나님의 것입니까, 우리 자신의 것입니까? 그분이 우리를 만드신 것이 우리를 위해서입니까, 그분을 위해서입니까? 우리는 누구 덕분에 존재하는 것입니까? 하나님께서 우리를 창조하신 것이 우리의 행복을 위해서입니까, 아니면 그분의 영광을 위해서입니까? 그분의 영광을 위해서라면, 우리는 우리가 창조된 근본 질서에 순응해야 합니다. 즉 우리의 행복보다 그분의 영광을 원해야 하며, 우리의 모든 행복으로 그분께 영광을 돌려야 합니다.

그러므로 행복은 인간의 타고난 비의지적인 성향의 문제가 아닙니다. 인간 안에는 마음대로 파괴하거나 축소시킬 수 없는, 하지만 그렇다고 항상 따르지도 않는, 얼마나 많은 타고난 성향이며 경향이 있는 것일까요! 가령, 목숨을 부지하려는 성향은 인간이 타고난 가장 강한 성향이며, 행복해지려는 성향이 존재하려는 성향보다 더 강할 수는 없습니다. 행복은 성 아우구스티누스의 말대로 "더 나은 삶"입니다. 그러니까 행복해지려는 성향은 존재와 삶을 유지하려는 성향의 연장인 셈이지요. 하지만 의지적인 행동에서는 이런 성향을 따르지 않을 수도 있습니다. 얼마나 많은 그리스인들과 로마인들이 자유 의지로 확실한 죽음을 향해 나아갔던가요! 가장 깊은 천성이라 할 강력한 성향에도 불구하고 스스로 죽음을 택한 이들이 얼마나 많았던가요!

　다시 말하지만, 중요한 것은 하나님에 대한 사랑이라는 우리의 자유로운 행위와 그 사랑 안에 들어갈 수 있는 행복에의 동기들뿐입니다. 앞서 우리는 행복을 위해 자신의 유익을 구하는 동기란 가장 덜 추구될 때, 즉 하나님의 영광이라는 주된 동기로 수렴되는 한에서 추구될 때에만 허용된다는 것을 살펴보았습니다. 이제 문제는 그렇듯 하나님을 우리 자신보다 더 사랑하는 두 가지 방식을 비교해 보는 것입니다. 그 첫 번째 방식은 그분을 스스로 온전하고 완전한 분인 동시에 우리에게 복을 베푸시는 분으로 사랑하는 것입니다. 그럴 때 우리 행복에의 동기는 설령 덜 강하다 해도 하나님의 완전하심에 대한 우리의 사랑의 기반이 되고, 따라서 하나님이 우리에게 복을 베푸시지 않는다면 그분을 덜 사랑하게 될 것입니다. 두 번째 방식은 하나님이 우리에게 복을 베푸시는 분임을 알고 그분이 그렇게 약속하셨으므로 그분으로부터 복을 받기를 원하지만, 그 복락으로부터 자신의 유익을 얻고자 하는 동기에서가 아니라 오로지 그분의 완전하심 때문에 그분을 사랑하는 것입니다. 그럴 때 우리는 설령 (물론 불가능한 가정이지만) 그분이 우리에게 결코 복을 베푸시지 않는다 해도 똑같이 사랑할 수 있습니다. 이 두 가지 사랑 중에서 나중 것이 정말로 사심 없는 사랑이며 피조물이 그의 근원에 대해 갖는 전적이고 유일한 관계를 좀 더 완벽하게 실현하는 것입니다. 그런 사랑은 피조물에 아무것도 남기지 않고 오직 하나님께 전부를 드리며, 따라서 우리의 유익에 대한 사랑과 하나님에 대한 사랑이 혼합된 앞의 사랑보다 더 완전합니다.

그렇다고 해서 사심 없이 사랑하는 인간이 상을 바라지 않는 다는 말은 아닙니다. 그 상이 자신의 유익이 아니라 하나님 자신인 한에서 그는 상을 원합니다. 왜냐하면 하나님도 그가 그 상을 원하기를 원하시니까요. 그가 그 상에서 바라는 것은 자신의 이익이 아니라 질서입니다. 그는 자신을 사랑하되, 오직 하나님에 대한 사랑을 위해 자신을 사랑하는 것입니다. 하나님께서 만드신 것을 사랑하기 위해, 마치 다른 사람을 사랑하듯 말입니다.

명백한 것은 스스로 무한히 완전하신 하나님만으로는 그분 안에서 자기 행복을 얻으려는 동기로 움직여질 필요가 있는, 첫 번째 부류에 속하는 자의 사랑을 지탱하기에 충분치 않다는 것입니다. 하지만 두 번째 부류에 속하는 자에게는 그런 동기가 필요치 않습니다. 그는 스스로 완전하신 분을 사랑하기 위해 그분의 완전하심을 아는 것으로 족합니다. 행복이라는 동기를 필요로 하는 자가 그 동기에 집착하는 것은 만일 그런 버팀목을 빼앗긴다면 자신의 사랑이 줄어들 것을 느끼기 때문입니다. 목발 없이 걷지 못하는 사람은 목발을 빼앗기려 하지 않습니다. 자신의 연약함을 느끼고 넘어질 것을 두려워하니까요. 하지만 그가 그런 버팀목을 필요로 하지 않는 사지 멀쩡하고 건강한 사람을 보고 트집을 잡는다면 잘못이지요. 건강한 사람은 목발 없이 더 자유롭게 걷지만, 그렇다고 목발 없이 걷지 못는 사람을 경멸해서도 안 되고요. 하나님을 사랑하기 위해 그분의 더없는 완전성이라는 동기 외에 자신의 행복이라는 동기를 필요로 하는 사람은 하나님의 은혜의 보고에는 자신이 아는 이상의 은혜도 있다는 것을 겸손하게 인정해야 합니다. 그리고 다른 사람에게 주신 선물에 대해 질투하지 말고 하나님께 영광을 돌려야 한다는 것을 말입니다. 반면, 자기 유익을 바라지 않고 하나님만을 사랑하도록 이끄심을 받은 자는 그 이끄심을 따르되, 자기 자신도 다른 사람도 판단하지 말고, 아무것도 자기 공으로 돌리지 말아야 합니다. 자신이 처한 것처럼 보이는 상태가 실제 자신의 상태가 아닐 수도 있음을 기꺼이 인정하려는 마음으로, 온유하고 겸손하게, 자기를 의지하지 말고, 하나님을 사랑함에 여전히 자기 유익을 추구하는 동기가 섞여 있는 타인에게서도 덕스러운 점을 보고 배워야 합니다. 하지만 실로 자기 유익의 동기가 없는 사랑이 그런 동기가 섞인 사랑보다 더 완전하다는 것은 분명합니다.

이처럼 완전한 사랑은 불가능하고 꿈같은 것이라고, 허탄한 이야기로 망상을 불러일으킬 뿐이라고 생각하는 이가 있다면, 제가 대답할 말은 단 두 마디뿐입니다. 즉 하나님께는 불가능한 일이 없다는 것과, 그분께서 친히 자신을 가리켜 질투하는 하나님이라 하셨다는 것입니다. 그분이 우리로 하여금 이생의 순례 길을 걷게 하심은 오직 우리를 완전으로 이끄시기 위해서입니다. 이런 사랑을 허탄한 이야기로 취급하는 것은 모든 세기의 가장 위대한 성인들, 이런 사랑을 인정하고 영적인 삶의 가장 높은 단계로 여겼던 이들을 감히 망상가로 모는 것입니다.

만일 이 글을 읽는 독자 중에 누군가가 이 사랑의 완전성을 인정하기를 거부한다면, 저는 그에게 다음과 같은 질문들에 정확히 대답해 보라고 하겠습니다. 영생이란 순전한 은혜요 모든 은혜 중 최고가 아닙니까? 하늘나라는 어디까지나 무상의 약속에 근거하여, 즉 예수 그리스도의 공로를 무상으로 적용하여 우리에게 주어진다는 것이 우리가 믿는 바가 아닙니까? 그리스도의 공로의 혜택은 그것이 근거해 있는 약속 못지않게 무상이며, 이것이 바로 우리가 오류에 빠진 형제들에게 날마다 끊임없이 말하는 것입니다. 그들을 향해 우리는 교회가 사용하는 '공로'라는 말로 우리 자신을 정당화합니다. 우리의 모든 공로는 엄격한 율법이 아니라 순전한 긍휼에 의해 주어진 약속에 근거한다고 말입니다. 그러니까 하나님 뜻의 궁극인 영생은 가장 무상의 것입니다. 다른 모든 은혜가 영생의 은혜와 관련하여 주어집니다. 다른 모든 은혜를 포함하는 이 은혜는 순전히 무상의 약속에 근거하며, 이는 예수 그리스도 공로의 무상 적용으로 이어집니다. 모든 것의 기초인 약속 그 자체는 하나님의 순전한 긍휼과 그분의 선하신 즐거움, 그리고 그분의 선하신 뜻에 근거합니다. 이런 은혜의 질서 안에서, 모든 것은 분명 최고로 자유로운 무상의 의지로 귀결됩니다.

이런 의심할 수 없는 원칙들을 제시했으니, 이제 한 가지 가정을 해보겠습니다. 제 영혼이 육신에서 분리되는 순간 하나님께서 제 영혼을 무로 돌리고자 하신다면 어떻게 될까요. 이런 가정을 불가능하게 만드는 것은 순전히 무상으로 주어진 약속뿐입니다. 그러니까 하나님께서는 다른 모든 영혼에 대한 일반적인 약속에서 제 영혼만을 제외하셨을 수도 있을 것입니다. 제 가정대로 하나님께서 제 영혼을 멸절시키기로 하셨을 리 없다고 누가 감히 부인할 수 있겠습니까? 피조물은 스스로 짓지 않은 만큼 창조주께서 그를 존재하게 하시는 한에서만 존재합니다. 그가 무로 돌아가지 않으려면, 창조주께서는 끊임없이 창조의 혜택을 새롭게 하시고 그를 창조하셨던 것과 동일한 권능으로 그를 보존하셔야만 합니다. 그러니까 저는 전적으로 그분의 뜻에 달려 있는 무상의 법칙에 대한 예외를 가정할 뿐이므로, 아주 가능한 일을 가정하는 것입니다. 즉 다른 모든 영혼을 불멸로 만드시는 하나님께서 제가 죽는 순간 제 영혼의 수명을 끝내시리라고, 또한 하나님께서 제게 그분의 의도를 미리 보여 주셨다고 가정해 보겠습니다. 아무도 하나님께서 그러실 수 없다고는 감히 말할 수 없겠지요.

이처럼 가능한 가정들이 인정된다면, 제게는 더 이상 약속도 보상도 복락도 내세의 삶에 대한 소망도 없습니다. 저는 하나님을 소유하는 것도, 그분의 얼굴을 보는 것도, 영원히 그분을 사랑하는 것도, 이생 너머에서 그분의 사랑을 받는 것도 바랄 수 없게 됩니다. 제가 곧 죽는다고 가정해 봅시다. 제게는 목숨이 단 한 순간밖에 남지 않았으며 이후로는 영원하고도 전적인 절멸이 온다고 말입니다. 그 한 순간을 저는 무엇에 쓸까요? 독자 여러분께 아주 구체적인 답변을 구하는 바입니다. 이 마지막 순간, 저는 더 이상 하나님을 상급으로 바라볼 수 없으니 그분을 사랑하기를 그만둘까요? 그분이 제게 더 이상 영생의 복을 주시지 않게 되었으니 그분을 단념할까요? 제가 창조된 근본 목적을 포기할까요? 하나님께서는 저를 영원한 복락에서 제외시키셨다고 해서—물론 그분은 제게 영생을 주셔야 할 의무는 없습니다—그분 자신에 대한 근본적인 의무를 저버리신 것인가요? 그렇다 하더라도 그분은 자신의 순전한 영광을 위해 자기 작품을 만드신 것이 아닌가요? 그분이 저를 창조하신 창조주의 권리를 잃어버리셨나요? 그분이 제게 피조물의 의무, 즉 자신의 전 존재를 자신의 근원인 단 한 분께 빚진 자의 의무를 면제하셨나요? 이처럼 아주 가능한 가정에서 보듯, 저는 제 사랑에 대한 어떤 상급도 바라지 말고, 모든 복락에서 확실히 제외될 때에도 하나님을 오직 그분을 위해 사랑해야 하며, 그리하여 영원한 절멸이 뒤따라올 제 삶의 마지막 순간도 순수하고 전적으로 사심 없는 사랑의 행위로 채워져야만 한다는 것이 명백하지 않나요?

하나님께서 영원히 아무것도 주시지 않은 자도 하나님께 그토록 빚지고 있다면, 하나님께서 자신을 송두리째 내어 주신 자는 대체 얼마나 큰 빚을 진 것입니까? 저는 이제 곧 무로 돌아가 결코 다시 하나님을 볼 수 없을 것이고, 그분이 다른 사람들에게 주신 하늘나라를 제게는 거절하신다고 합시다. 그분은 영원히 저를 사랑하는 것도 제게 사랑받는 것도 원치 않으십니다. 그렇다 하더라도 저는 숨지는 순간까지 제 마음과 힘을 다하여 그분을 사랑해야만 합니다. 만일 그러지 않는다면 저는 괴물이요 타락한 피조물이 될 것입니다. 독자여, 하나님께서는 꼭 그래야 할 의무가 없음에도 당신에게 그분 자신을 영원한 소유로 내어 주셨는데, 당신은 제가 당신에게 제시한[21] 이 사랑을 꿈같은 헛소리로 꺼리겠습니까? 그분이 당신을 저보다 더 사랑하시기 때문에, 당신은 하나님 사랑하기를 저보다 덜 하시겠습니까? 상급은 당신의 사랑에 사심을 더할 뿐입니까? 만일 하나님께서 지금 당신을 사랑하는 것보다 덜 사랑하신다 해도, 당신은 아무 이익을 바라지 않고 그분을 사랑해야 할 것입니다. 인간들을 하나님에 대한 사심 없는 사랑에서 멀어지게 하는 것이 예수 그리스도의 보혈과 약속의 열매란 말입니까? 그분이 당신에게 그분 안에 있는 완전한 복락을 주시기 때문에, 당신은 이 무한한 유익에 의지하는 한에서만 그분을 사랑한다는 말입니까? 당신에게 주어진 하늘나라─제가 거기서 제외되는 동안─가 당신 자신의 영광과 복락을 구하지 않고는 하나님을 사랑하지 않기에 좋은 구실입니까?

당신이 구하는 그 복락이 하나님 자신이라고 말하지 마십시오. 하나님께서는 원하신다면 당신에게도 영생의 복을 주시지 않을 수 있습니다. 그분이 제게 전혀 복을 주시지 않는다 해도

---

21 원문은 "제가 당신에게 그 본보기를 제시해야 할 이 사랑(cet amour dont je dois vous donner l'exemple)"으로, 뒤이어 나오는 『이교도들의 증언』을 가리키는데, 고대인들의 우정을 빌려 순수한 사랑의 본보기를 제시하려 한 이 부분은 너무 길어 영역본에서처럼 생략한다. 본보기는 아니더라도 이미 충분히 설명된 내용이라 "제시한"으로 옮겨도 무방할 것이다.

저는 그분을 사랑해야 합니다. 왜 당신은 그분이 당신에게 복을 주셔야 한다는 동기의 뒷받침 없이 그분을 사랑하면 안 됩니까? 왜 자기 유익이 보장되지 않는 사랑이라는 것을 듣기만 하고도 겁을 냅니까?

만일 영원한 복락이 우리에게 권리로 주어진다면, 그리고 하나님이 인간들을 창조하실 때 영생을 주셔야만 하는 의무를 지셨다면, 제 가정을 부정할 수도 있을 것입니다. 하지만 확연한 불신앙 없이는 부정할 수 없겠지요. 영생이라는, 모든 은혜 중에 가장 큰 은혜도 더 이상 은혜가 아니게 될 것입니다. 그 상급은 약속과는 무관하게 우리에게 마땅히 주어져야 하게 될 것입니다. 하나님은 자신의 피조물에게 영생과 복락을 주셔야만 하고, 피조물이 그분께 없어서는 안 될 존재가 될 것입니다. 이런 교리는 기괴합니다. 한편, 제 가정은 하나님의 권리를 명백히 하고, 사심 없는 사랑이 필요해질, 가능한 경우들을 보여줍니다. 무상의 약속으로 수립된 질서의 경우가 그렇지 않다면, 그것은 하나님께서 우리가 그런 큰 시련을 당할 만하지 않다고 판단하시기 때문입니다. 그분은 우리와 우리의 복락보다 자신과 자신의 영광을 암묵적으로 선호하시는 것으로 만족하시기 때문입니다. 그것은 모든 의인의 마음속에 있는 순수한 사랑의 싹과도 같은 것입니다. 하지만 결국 제 가정은 멸절되는 것을 받아들일 태세가 된 자와 영생의 약속을 받은 자를 비교함으로써, 자기 이익을 구하는 사랑이 사심 없는 사랑에 비해 얼마나 못한가를 깨닫게 합니다.

20.

자기 망각은 하나님의 은택에 대한
감사를 방해하지 않는다*

        사람들이 종종 말하는 자기 망각이란, 전심으로 하나님을 찾고자 하는 이들이 그분의 은택을 깨닫고 감사하는 것조차 하지 말아야 한다는 뜻이 아닙니다. 그 이유는 이렇습니다. 이 망각이란 자신 안에서 도무지 아무것도 보지 않는 것이 아니라 단지 자기 안에 틀어박혀 소유나 이해의 관점에서 자신의 유익이나 손해에 몰두하지 않는 것이기 때문입니다. 이런 자기 몰두가 우리를 순수하고 단순한 사랑에서 멀어지게 하고 우리 마음을 위축시키는 것입니다. 그럴 때 우리는 자기 사랑 때문에 너무나 열심히 불안하고 초조한 마음으로 완전함을 추구한 나머지 참다운 완전함에서 멀어지게 되지요.

  하지만 자신을 잊는다 해도, 다시 말해 더 이상 자신의 이익을 의지적으로 추구하지 않는다 해도, 많은 경우에 자신이 보이는 것을 어쩔 수 없습니다. 자기 사랑 때문에 자신을 바라보지는 않지만, 그래도 하나님을 바라보노라면 종종 반작용처럼 우리 자신의 어떤 모습이 눈에 들어오는 것입니다. 마치 커다란 거울 앞에 있는 사람을 바라볼 때 굳이 보려 하지 않아도 거울에 비친 자기 모습까지 보이는 것과 같습니다. 우리가 자신의 모습을 분명히 보게 되는 것은 그렇듯 하나님의 순수한 빛 가운데서입니다. 영혼의 참된 신실함과 우리 자신에 대한 엄중한 경계심 가운데 순수하고 단순하게 유지되는 하나님의 현존은 꼭 그런 거울과도 같아서, 우리 영혼의 가장 작은 오점까지도 비추어 줍니다.

자기 마을을 벗어나지 못하는 농부는 그 초라함을 막연히 짐작할 따름이지만, 그에게 웅장한 대궐과 화려한 궁정을 보여주면 그는 비로소 자기 마을의 가난함을 깨닫고 그처럼 장려한 광경 앞에서 자신의 남루함을 견딜 수 없어집니다. 마찬가지로, 하나님의 아름다우심과 무한한 위대하심 가운데서 인간은 자신의 추함과 허무함을 보게 되는 것입니다.

피조물의 헛됨과 아무것도 아님을 그의 한계들을 통해 얼마든지 제시해 보십시오. 인생의 짧음과 불확실성을, 운명의 변덕스러움을, 친구들의 신의 없음을, 화려한 장소들의 덧없음을, 그런 곳에서 피할 수 없는 환멸을, 가장 아름다운 희망이 가져오는 실망을, 모든 소유의 허망함과 겪어야 하는 고통의 절실함을 지적해 보십시오. 이 모든 훈계는 제아무리 참되고 이치에 맞는다 해도 마음을 스쳐 지나갈 뿐 피상적인 데 그치며 마음속에는 아무런 변화도 일으키지 못합니다. 기껏해야 자신이 허무함의 노예라는 데 한숨지을 뿐 그런 예속에서 벗어나지는 못하지요. 하지만 하나님의 빛이 그의 마음속을 비추면 하나님이신 선의 심연 가운데서 타락한 피조물인 자신의 허무와 악의 심연을 보게 됩니다. 그래서 자신을 경멸하고 증오하고, 자신에게서 떠나 달아나며, 자신을 두려워하고 버리고 하나님께 내맡기며 하나님 안에서 자신을 잃고자 하게 됩니다. 얼마나 복된 상실인지요! 그럴 때 비로소 그는 자신을 추구함 없이 자신을 발견하게 되니까요. 그는 더 이상 자신의 유익을 구하지 않으며, 그럴 때 모든 것이 그에게 유익이 됩니다. 하나님을 사랑하는 자에게는 모든 것이 선이 되니까요.[롬 8:28] 그는 이 연약함과 허무와 죄의 심연 속에 찾아오는 긍휼을 보며, 그 보는 것으로 만족합니다.

아직 자기 포기에서 많이 나아가지 못한 이들은 여전히 자신에게 다소간 집착하는 정도에 따라, 하나님의 긍휼을 자신의 영적 유익과 관련하여 본다는 점에 유의하십시오. 그런데 이생에서는 자기 의지에서 완전히 벗어난다는 것이 드문 일이므로, 자신이 받은 긍휼을 그 긍휼에서 자신의 구원을 위해 얻어지는 열매와 관련하여 보지 않는 이들도 드뭅니다. 그래서 이들은 더 이상 자신의 유익을 구하지 않음에도 불구하고 여전히 그 유익에 민감할 수밖에 없습니다. 그들은 전능하신 손길이 자신을 자신으로부터 끌어내는 것을, 자신의 욕망으로부터 건져 올리는 것을 보며 기뻐합니다. 그 손길은 그들이 점점 더 깊이 빠져드는 것만 같은 예속으로부터 풀어 주고, 말하자면 그들 자신의 뜻에 거슬러 그들을 구원하며, 그들이 자신에게 악을 행한 만큼이나 그들에게 선을 베풀기를 기뻐하십니다.

하늘에 있는 성도들처럼 전적으로 순수하고 사심 없는 이들은 자신들이 받은 긍휼만큼이나 다른 사람들에게 부어지는 긍휼을 반기며 사랑하는 마음으로 바라봅니다. 이제 자신을 아무것도 아니게 여기는 그들은 하나님의 선하신 즐거움과 그분의 풍성하신 은혜를, 자신의 성화 못지않게 다른 사람들의 성화에서 그분이 얻으시는 영광을 사랑하기 때문입니다. 그러면 모든 것이 대등해집니다. 자아가 사라졌기 때문에, '내'가 '남'보다 더 '나'라고 할 만한 것이 없게 된 것입니다. 하나님만이 모든 사람 가운데 모든 것 되십니다. 그분만을 사랑하고 찬미하게 되며, 이 사심 없는 천상의 사랑에서는 그분만이 모든 기쁨 되십니다. 자기 사랑이 아니라 그분에 대한 사랑 때문에 그분의 긍휼에 기뻐합니다. 그분이 그분의 뜻을 이루신 것, 그분이 영광 받으신 것에 감사하게 됩니다. 주기도문에서 그분의 뜻이 이루어지고 그분의 이름이 높임 받으시기를 구한 대로입니다. 이런 상태에서는, 우리의 간구가 더 이상 우리 자신을 위해서가 아니며, 우리의 감사도 더 이상 우리 자신 때문이 아닙니다. 하지만 이 복된 상태가 오기까지, 여전히 자신에게 집착하는 영혼은 얼마간 더 자신을 돌아보며 감동하기 마련입니다. 아직다 떨쳐버리지 못한 이런 돌아봄은 생생한 감사를 불러일으킵니다. 이 감사는 여전히 자기애가 다소 섞인 사랑이지요. 반면, 하나님 안에서 자신을 잃어버린 성도들의 감사는 자기 유익을 돌아보지 않는 광대한 사랑, 자신을 향한 긍휼만큼이나 다른 사람들을 향한 긍휼에서 우러나는 사랑, 하나님의 선물을 찬미하고 받되 오로지 그분의 영광만을 바라는 순수한 마음으로 그렇게 하는 사랑입니다.

하지만 자신의 영적 수준 이상으로 행하려는 것보다 더 위험한 일은 없습니다. 아직 감사의 감정으로 지탱되어야 할 영혼이 자신에게 걸맞은 이 양식을 박차고 자신에게 맞지 않는 더 높은 완전함의 이상을 추구한다면 아주 해로운 일이 될 것입니다.

하나님께서 자신을 위해 해주신 모든 것을 기억하며 감동하는 것은 그런 추억이 필요하다는 확실한 증거입니다. 비록 그 추억 속에서 얼마간 자신의 행복에 대한 자기중심적인 기쁨을 누린다 하더라도 말입니다. 이런 기쁨은 얼마든지 자유롭게 풀어놓아야 합니다. 사랑이란 설령 얼마간 자기중심적인 데가 있다 하더라도 영혼을 성화시키는 것이니까요. 하나님께서 친히 영혼을 정화해 주시기를 참을성 있게 기다려야 합니다. 인간에게서 자신을 위하는 마음과 하나님을 위하는 마음이 섞인 모든 동기를 제거하려 하는 것은 그분을 앞질러 그분만이 하실 일을 하려 드는 일이 될 것입니다. 인간 자신이 그 점에 대해 자기 마음을 괴롭히거나 자신의 연약함 때문에 필요한 버팀목을 미리부터 포기하거나 해서는 안 됩니다. 마음대로 걷도록 놓아주

기 전부터 혼자 걸으려 하는 아이는 곧 넘어질 것입니다. 유모
가 그에게 매어 놓은 걸음마 줄을 떼어 내는 것은 그가 할 일이
아닙니다.

그러니 감사로 살아갑시다. 비록 자기애에서 우러나는 감사
라 해도 우리 마음의 자양이 되어 줄 것입니다. 하나님의 긍휼
하심을 사랑하되 그분과 그분의 영광을 사랑해서뿐 아니라 우
리와 우리의 영원한 복락을 사랑해서도 그렇게 합시다. 이런
시각은 우리에게 각자 처한 상태에 알맞은 힘이 되어 줄 것입
니다. 이후에 하나님께서 좀 더 순수하고 더 사심 없는 사랑에,
그분 안에서 완전히 자신을 잊고 그분의 영광만을 보는 사랑에
우리 마음을 열어 주실 때가 되면, 그 완전한 사랑으로 주저 없
이 이끌려갑시다.

그러니 우리가 하나님의 긍휼하심을 사랑한다면, 그토록 선
하시고 위대하신 하나님을 바라보는 즐거움만으로 우리 마음
이 기쁨과 찬미로 넘치게 된다면, 그분의 뜻이 실현되는 것에
만, 그분이 자신의 방식대로 받으시는 영광에만, 그리고 천한
질그릇을 영예로운 그릇으로 만드시는 위대하심에만 감동하게
된다면, 그분께 한층 더 기꺼이 감사를 드립시다. 그 은택이 훨
씬 더 크고, 하나님의 모든 선물 중에 가장 순수한 것은 그분의
선물을, 자기를 추구함 없이, 오직 그분을 위해 사랑하는 데 있
으니 말입니다.

_____

21

순수한 사랑의 실제:
자기를 버린 사랑도 자기 안에 머무는 사랑도
각기 때가 있다

　　　　　자신에게 집착해서가 아니라면, 왜 하나님의
은사들을 다른 사람들보다 자신에게서 발견하고 싶어 하겠습
니까? 다른 사람들보다 자신에게서 은사들을 보고자 하는 사
람은 자신보다 다른 사람들에게서 더 완전한 은사들을 볼 때면
마음이 상할 것입니다. 그래서 질투하게 되지요. 그렇다면 어떻
게 해야 할까요? 하나님께서 우리 안에서 그분의 뜻을 행하시
며 다스리시는 것이 우리의 행복이나 완전을 위해서가 아니라
하나님의 선하신 즐거움과 순수한 영광을 위해서라는 사실에
기뻐해야 합니다.

　이와 관련하여 두 가지에 주목해 봅시다. 우선, 이 모든 것은
괜히 복잡하게 하는 이야기가 아니라는 점입니다. 하나님께서

는 영혼을 완전하게 하기 위해 허물을 벗겨내고 가장 순수한 사랑에 이르기까지 쉼 없이 몰고 가기를 원하시므로, 그에게 이런 시련들을 실제로 겪게 하시며 그의 사랑에서 일체의 자기애나 자기 의를 제거하시기까지 결코 내버려 두시지 않습니다. 이처럼 순수한 사랑의 원칙보다 더 독점적이고 엄격하고 섬세한 것은 없습니다. 보통 상태에서는 느껴지지도 않을 수많은 것들을 참을 수 없게 됩니다. 보통의 경건한 사람들이 지엽적이라고 여기는 것이 하나님께서 자아를 제거하고자 하시는 영혼에게는 본질적인 것으로 보입니다. 마치 도가니에서 금을 정련하는 것과도 같습니다. 순수한 금이 아닌 것은 불에 타 없어지지요. 하나님의 사랑을 정화하기 위해서는 마음 전체가 용광로가 되어야만 합니다.

다음으로 주목할 점은 하나님께서는 모든 사람을 이런 식으로 몰아세우지는 않으신다는 것입니다. 수많은 아주 경건한 사람들에게 그분은 다소간의 자기애를 허락하십니다. 이런 자기애가 덕을 실천하는 데 도움이 되고 어느 정도까지는 그들을 정화하는 역할도 합니다. 그들에게서 자신의 완성과 관련하여 하나님의 은혜가 주는 이 위로를 제거하는 것보다 더 무분별하고 위험한 일은 없습니다. 앞에서 본 사람들에게는 사심 없는 감사가 있습니다. 그들은 자신 안에서 하나님께서 그분의 순수한 영광을 위해 하신 일에 대해 하나님께 영광을 돌립니다. 반면, 지금 이 사람들은 그런 일 가운데서 자기 자신도 보며, 하나님의 영광에 자신의 유익을 결부시킵니다. 전자들이 후자들에게서 이런 순수치 못한 것이나 은혜에 대해 자신을 의지하는 것을 제거하고자 한다면, 마치 아직 단단한 것을 먹지 못하는 아이에게서 억지로 젖을 떼려 하는 것과 같은 실수를 저지르게 될 것입니다. 젖먹이에게서 젖을 떼는 것은 그를 죽이는 것입니다. 영혼에게서 그가 아직 양식 삼고 있는 것, 하나님께서 그의 연약함을 붙들어 주시기 위해 남겨두신 것을 제거하려 해서는 안 됩니다. 은총을 앞지르려 하는 것은 은총을 파괴하는 것입니다. 반면, 후자의 사람들도 전자의 사람들이 은혜를 누리면서도 자신의 완성에 전혀 관심이 없다고 해서 정죄해서는 안 됩니다. 하나님께서는 각 사람에게서 그분이 기뻐하시는 바를 이루십니다. 성령은 "원하시는 곳으로" 또 "원하시는 대로" 부는 것입니다.요 3:8 오직 하나님만을 바라보는 가운데 자기를 잊어버리는 것은 하나님께서 한 영혼 안에서 그분의 뜻을 가장 흡족하게 이루실 수 있는 상태입니다. 중요한 것은 후자의 사람들이 전자들의 상태에 호기심을 갖지도 말고, 전자들이 후자들에게 하나님이 주시지 않은 시련들을 겪게 하지도 말아야 한다는 것입니다.

22

성령의 내적 말씀에 귀 기울이기:
전면적인 박탈로 이끄시는 영감을 따르기*

성경에 따르면, 하나님의 영은 우리 안에 거하시고롬 8:9: [롬 8:26]. 역사하시며 쉬지 않고 기도하시고 신음하시며 소원하시고 우리가 구할 줄 모르는 것을 구하신다는 것이 확실합니다. 그분은 우리를 강권하시고 살아 움직이게 하시며 침묵 속에서 말씀하시고 모든 진리를 생각나게 하시며요 14:26 그분과 연합되어 "하나님과 한 영이" 되게 하십니다.고전 6:17 이것이 우리가 믿는 바이며, 내적인 삶에서 가장 동떨어진 박사들도 인정하지 않을 수 없는 것입니다. 하지만 그렇다고 알기는 해도 실제에 있어 그들은 외적인 율법이나 기껏해야 교리와 추론의 빛이 우리의 내면을 밝혀 준다고, 그리고 우리의 이성이 그 가르침에 따라 행하는 것이라고 생각하는 경향이 있습니다. 우리 안에 거하시며 모든 것을 행하시는 박사 곧 성령에 대해서는 전혀 고려하지 않습니다. 실은 성령이야말로 우리 영혼의 영혼이신데도 말입니다! 우리는 그분께 의지하지 않고는 바른 생각도 욕망도 가질 수 없습니다. 그런데도 우리는 얼마나 눈이 어두운지요! 우리는 자기 내면이라는 성역에서 자기 혼자인 듯이 여기지만, 실은 하나님께서 우리 자신보다도 더 내밀하게 함께 계신 것입니다.

어쩌면 당신은 "그렇다면 우리가 영감을 받는다는 말인가요?"라고 물을 것입니다. 분명 그렇습니다. 선지자나 사도들처럼은 아니라 해도요. 은혜의 영께서 실제로 영감을 주시지 않는다면, 우리는 어떤 선한 것도 행하거나 원하거나 믿을 수 없습니다. 그러니 우리는 항상 영감을 받고 있지만, 다른 한편으로는 이 영감을 끊임없이 질식시키고 있지요. 하나님께서는 결코 말씀하시기를 그만두시지 않는데도, 밖으로는 피조물들의 소음, 안으로는 우리 자신의 정념들 때문에 시끄러워서 들리지 않는 것입니다. 영혼 전체의 깊은 고요 속에서 신랑 되신 주님의 형언할 수 없는 음성을 듣기 위해서는, 모든 피조물을 침묵시키고, 우리 자신을 침묵시키고, 귀를 기울여야 합니다. 왜냐하면 그것은 부드럽고 섬세한 음성, 다른 어떤 소리도 듣지 않는 자들에게만 들리는 음성이기 때문입니다. 오, 하나님께서 말씀하시도록 침묵하는 영혼은 얼마나 드문지요! 우리의 헛된 욕망들이나 자기애가 조금만 부스럭거려도 성령의 말씀을 듣는데 혼선이 생깁니다. 그분이 말씀하시고 무엇인가 요구하신다는 것은 알아도, 정확히 뭐라고 하시는지 알아들을 수가 없으므로, 차라리 알려 하지도 않는 것이 편하다고 느끼는 것이지요. 조금만 머뭇거리고 조금만 자신에게로 돌아가도, 행여 내가 드리려는 것보다 하나님께서 더 많이 요구하시는 음성이 들려올까봐 조금만 염려해도, 이 내적인 말씀은 흐려집니다. 그러니 그렇게 많은 사람들이, 심지어 경건하다는 사람들까지도, 여전히 오락과 헛된 욕망과 거짓 지혜와 자기 의로 가득 차서 하나님의 음성을 듣지 못하며, 광신자들이 지어낸 헛소리쯤으로 치부하는 것도 놀랄 일이 못 됩니다. 그들의 오만한 추리로 말하고자 하는 바가 대체 무엇인가요? 사목司牧들이 하는 말이나 심지어 성경의 말씀이라도, 우리 마음속에서 그 말씀을 살아 움직이게 하는 성령의 내적인 말씀이 없다면 무슨 소용인가요? 이 내적인 말씀이 없다면 외적인 말씀은, 복음서의 말씀이라 하더라도 공허한 소리에 지나지 않게 됩니다. 의문儀文은 죽이는 것이요 영만이 우리를 살립니다.고후 3:6 오 말씀이시여, 성부하나님의 영원하고 전능하신 말씀이시여, 저희 영혼 깊은 곳에서 말씀하시는 분은 바로 당신이십니다! 이 땅에서 필멸의 삶을 사시는 동안 주님의 입에서 나온 말씀이 그토록 권능을 갖고서 그토록 많은 열매를 맺은 것은 그 안에 말씀 그 자체이신 이 생명의 말씀이 불어넣어졌기 때문입니다. 그래서 사도 베드로는 이렇게 말했던 것입니다. "당신이 생명의 말씀이시니, 저희가 어디로 가겠습니까?"요 6:68 그러므로 우리 안에서 역사하고 우리를 살아 움직이게 하고 감동시키는 것은 하나님께서 이성과 신앙의 빛으로 우리 마음속에 계시하시는 복음서의 외적인 법만이 아니라 그분의 영이십니다. 이 영이 말씀하시고 우리를 감동시키시며 우리 안에서 역사하시고 우리를 살아 움직이게 하셔서, 우리 안에서 우리와 함께 우리가 행하는 모든 선을 이루시는 것입니다. 우리 몸을 살아 움직이게 하고 그 동작들을 다스리는 것이 우리 영혼이듯이 말입니다.

그러므로 실로 우리는 끊임없이 영감을 받고 있으며 이 내적 영감을 받는 한에서만 은혜의 삶을 살 수 있습니다. 그러나 그것을 느끼는 그리스도인은 드뭅니다. 의식적인 산만함 때문이든 저항 때문이든 영감을 무효화시키지 않는 이가 드물기 때문입니다. 이 영감은 결코 우리에게 선지자들과 비슷해질 것을 요구하지 않습니다. 선지자들의 영감은 하나님께서 그들에게 보여주시거나 명령하신 것들에 대한 확신으로 충만했습니다. 그것은 장래의 일을 계시하시거나 기적을 행하시거나 신적인 권위를 가지고 행하시기 위한 특별한 감동이었습니다. 반면 보통 성도들에게 주어지는 영감은 그런 계시나 확신을 수반하지 않으며 단지 우리에게 순종과 인내, 온유와 겸손, 그 밖에 모든 그리스도인에게 필요한 덕들을 고취할 뿐입니다. 그것은 결코 예언을 하고 자연의 법칙들을 바꾸고 사람들에게 하나님의 명령을 전달하기 위한 신적인 감동이 아니라, 영혼 깊은 곳에서 순종하고 하나님의 사랑의 의도에 따라 자신을 깨뜨리고 낮추기 위한 초청입니다. 그렇듯 주어진 한계 내에서 단순하게 받아들인 영감에는 온 교회의 공통된 교리 이상의 것이 없습니다. 인간들의 상상이 거기에 뭔가를 덧붙이지 않는 한, 그 영감은 자만하거나 망상을 품을 만한 위험한 요소를 내포하지 않습니다. 오히려 그것은 우리를 교회의 지도 아래 하나님의 손안에 붙들어 주고, 우리의 자유를 침해하지 않고도 모든 것을 은혜에 맡기며, 자만이나 상상의 여지를 남기지 않는 것입니다.

이런 원칙들을 명백히 하되, 하나님께서 "우리 안에서 끊임없이 말씀하신다"[22]는 사실을 인정해야 합니다. 그분은 회개치 않는 죄인들 안에서도 말씀하시지만, 이들은 세상의 소음과 자신의 정념들 때문에 귀가 어두워져서 그분의 음성을 듣지 못하고, 그분의 말씀을 헛소리로 흘려버립니다. 그분은 마음을 돌이키는 죄인들 안에서도 말씀하시며, 그럴 때 이들은 양심의 가책을 느끼게 되는데, 이 가책이야말로 그들에게 잘못을 꾸짖으시는 하나님의 음성인 것입니다. 그렇게 감동받은 죄인들은 이 은밀한 음성을 이해하는 데 어려움을 겪지 않습니다. 그 음성은 너무나 생생히 마음을 파고드니까요. 그들에게 그 음성은 사도 바울이 말하는 "좌우에 날선 검"과도 같아서, "영혼을 찔러 쪼개기"까지 합니다.히 4:12 그리하여 영혼은 하나님을 느끼고 맛보고 따르게 됩니다. 마음 깊숙이까지 자애로운 견책을 전하는 이 부드러운 음성을 들으면, 마음이 찢어져 참되고 순수한 회개가 일어납니다. 또한 하나님께서는 명철하고 박식한 사람들, 외적인 삶이 어느 모로 보나 자리 잡혀서 온갖 미덕들을 지

22 토마스 아 켐피스, 『그리스도를 본받아』 제3권 1장 1절; 3장 3절. ─원주

닌 듯이 보이는 사람들에게도 말씀하십니다. 하지만 이런 사람들은 흔히 자기 자신과 자기 지혜로 가득 차서 너무나 자기 소리만 듣기 때문에 하나님의 음성을 듣지 못합니다. 이들은 모든 것을 이성의 판단에 맡기고 인간적인 지혜와 분별력 있는 방법들을 원칙으로 삼지만, 이 모든 것은 성령에 순복하는 단순한 마음을 통해 훨씬 더 잘 얻어집니다. 이런 사람들은 선해 보이고 때로는 다른 사람들보다 더 그런 것 같지만, 어느 한계까지일 뿐이고 그것도 순수한 선은 아닙니다. 늘 스스로 주인 노릇 하며 자기 삶을 항상 자기 이성대로 다스리고 자기 판단을 따르기를 원하니, 자신의 눈에는 잘나고 강해 보이겠지만요. 오 하나님, 예수께서 말씀하셨듯이, 이런 위대하고 현명한 자들에게는 당신의 말할 수 없는 비밀을 숨기시고 연약하고 보잘 것없는 자들에게 보이기를 기뻐하시니 감사드립니다!마 11:25 당신이 유보 없이 친밀하게 대하시는 것은 아이들뿐이지요. 그렇지 않은 사람들은 또 그들 나름의 방식대로 대하십니다. 그들은 지식과 고매한 덕을 원하므로 당신도 그들에게 특별한 지혜를 허락하셔서 영웅 같은 존재로 만들어 주시지만, 그것이 제일 좋은 몫은 아니지요. 당신이 더 아끼시는 작은 자들, 사도 요한처럼 당신의 품에 기대는 이들에게는 남들이 모르는 더 좋은 것을 주십니다. 자신을 굽히고 작아지기를 두려워하는 큰 자들은 그들의 위대함 가운데 내버려 두시고, 그들의 무게 잡는 태도를 그대로 돌려주시고요. 그들은 결코 당신의 다정한 손길이나 친밀함을 알지 못할 것입니다. 당신 무릎에 앉아 그런 손길을 누리려면 어린아이가 되어야 하니까요. 저는 무지하고 거친 죄인, 이제 막 회심하여 하나님의 사랑을 생생히 느끼기 시작한 죄인이 어떤 현명하고 박식한, 자기 지혜 가운데 나이든 이들보다도 마음속에서 이 은혜의 영이 하시는 말씀을 훨씬 더 잘 이해하는 것을 종종 보았습니다. 하나님께서는 우리와 소통하기만을 원하시지만, 너무나 자신으로 가득 차고 자기 지혜와 미덕으로 살찐 영혼 안에서는 발 디딜 곳을 찾지 못하시는 것입니다. "그분의 친밀하심은 마음이 단순한 자들에게 있다"는 성경 말씀대로입니다.잠 3:32 [23]

그런 단순한 자들이 어디 있느냐고요? 제게는 좀처럼 보이지 않습니다. 하지만 하나님께서는 그들을 보시고 그들 안에 거하기를 기뻐하시지요. 예수 그리스도께서도 "내 아버지와 내가 그에게 가서 거처를 그와 함께 하리라"고 하셨습니다.요 14:23 오, 온전히 은혜에 사로잡혀 자신을 전혀 돌아보지 않고 순수한 사랑만을 안내자 삼아 끝없이 나아가는 영혼은 현명한 자들이 알지도 이해하지도 못하는 얼마나 많은 것들을 알게 되는지요! 감히 말하지만 저도 한때는 누구 못지않게 지혜롭다고 자처했지만, 모든 것을 본다고 생각하면서 실은 아무것도 보지 못했습니다. 저는 일련의 추론을 따라 더듬거리며 나아갔을 뿐,

---

23 "…정직한 자에게는 그의 교통하심이 있으며"(개역개정, 잠 3:32). 페늘롱은 라틴어 불가타 성경의 "simplicibus"를 직역했다. "quia abominatio Domini est omnis inlusor et cum simplicibus[단순한 자들] sermocinatio eius"(VUL, Prov 3:32).—편집자

제 어둠 속에 빛은 전혀 비쳐 들지 않았습니다. 그런데도 그저 제 추론에 만족하고 있었지요. 하지만 우리 안에 있는 모든 것을 침묵시키고 하나님의 음성에 귀 기울여 보면, 아무것도 모르면서도 모든 것을 알게 되고, 그때까지 안다고 상상했던 것을 실은 몰랐던 것임을 의심할 수 없게 됩니다. 붙들고 있던 모든 것이 빠져나가는데도 더 이상 개의치 않게 됩니다. 더 이상 아무것도 남지 않고 모든 것을 잃어버리며 자기 자신마저 잃어버리게 됩니다. 그럴 때 마음속에서 알지 못할 누군가가, 마치 아가서의 신랑과도 같은 이가 말씀하십니다. "내게 네 음성을 듣게 하라. 네 음성이 내 귀에 울리게 하라"고요.아 2:14 오, 얼마나 감미로운 음성인지요! 그 음성은 제 오장육부를 전율케 합니다. 말씀하소서, 오 신랑이시여, 당신 아닌 이는 감히 말하지 못하게 하소서! 내 영혼이여 침묵하라, 오 사랑이시여 말씀하소서!

그럴 때 아무것도 모르면서도 모든 것을 알게 된다, 고 저는 말했습니다. 이는 감히 모든 진리를 소유했다고 믿는다는 말이 아닙니다. 아니, 전혀 그렇지 않습니다. 정반대입니다. 아무것도 보이지 않고 아무것도 할 수 없고 아무것도 아님을 느끼는 것입니다. 그렇다는 것을 느끼며 황홀해집니다. 하지만 이처럼 유보 없는 자기 포기가 일어날 때, 우리는 매 순간 하나님의 무한하심 가운데서 그분 섭리의 흐름에 따라 필요한 모든 것을 발견하게 됩니다. 다른 모든 양식처럼 진리의 일용할 양식을 얻되 쌓아 두지 않게 되는 것입니다. 그럴 때 기름 부으심이 우리에게서 모든 지혜와 영광과 관심과 의지를 앗아가시면서 우리에게 모든 진리를 가르쳐 주십니다. 우리는 무력함 가운데 만족하며 모든 피조물보다, 땅의 가장 비천한 벌레보다도 기꺼이 낮아져서, 모든 인간의 면전에서 우리의 가장 은밀한 비참함까지 기꺼이 고백할 태세가 됩니다. 무슨 잘못을 하든 하나님께 신실치 못했다는 것 말고는 징계도 형벌도 두려워하지 않게 됩니다. 이런 상태에서 성령께서는 우리에게 모든 진리를 가르치십니다. 왜냐하면 모든 진리는 이런 사랑의 희생 속에서, 영혼이 자신을 온전히 하나님께 드리기 위해 모든 것을 떨쳐버릴 때 비로소 이해되는 것이니 말입니다. 이것이 만나입니다. 어떤 특정한 음식이 아니라 모든 음식의 맛이 나는 하늘 양식입니다.

처음에는 하나님께서 우리를 외부로부터 공격하셨습니다. 우리가 그분의 뜻을 거스를 정도로 지나치게 사랑하던 피조물들을 차츰 앗아가셨습니다. 하지만 이런 외부로부터의 작업은 건물 전체의 기초를 놓기 위해 필수적이기는 하지만 아주 작은 부분일 뿐입니다. 오, 비록 눈에 보이지 않더라도 내부의 작업이 얼마나 비할 데 없이 더 크고 더 어렵고 더 경이로운지요! 하나님께서 우리를 충분히 헐벗기시고 우리가 집착하던 피조물들을 통해 외적으로 충분히 고통을 겪게 하신 다음에는 안에서부터 우리를 공격하여 우리 자신으로부터 떼어놓으시는 시기가 옵니다. 이제 그분은 더 이상 우리 바깥의 무엇을 앗아가시는 것이 아니라 우리 사랑의 중심이었던 자아를 빼앗으시는 것입니다. 우리가 다른 모든 것을 사랑했던 것은 바로 이 자아 때문인데, 하나님께서는 이 자아를 가차 없이 몰아내십니다. 사람에게서 강제로 옷을 벗기는 것도 큰 타격이지만, 그를 껍질 벗겨 뼈 위에 살이라고는 남지 않게 하는 것과는 비교할 바가 못 됩니다. 나무는 가지들을 잘라내면 말라죽기는커녕 수액이 풍부해져서 사방에서 새 가지가 돋아나지요. 하지만 둥치를 공격하거나 뿌리를 말려 버리면, 나무는 잎이 시들어 떨어지고 죽어 버립니다. 그렇듯 하나님께서는 우리를 죽이시기를 기뻐하십니다.

감각을 외적으로 죽이는 일로 말하자면, 하나님께서는 우리 스스로 자신에 맞서 그 싸움을 감행하게 하십니다. 영혼은 용기를 내어 감각을 죽일수록 더욱 강해지고 그 싸움을 통해 버틸 힘을 얻습니다. 하지만 그런 다음에는 하나님께서 직접 그 영혼의 깊은 곳을 공격하셔서 생명의 마지막 숨결까지 앗아 가십니다. 더 이상 영혼의 힘을 통해 외부의 대상들과 싸우시는 대신, 영혼의 연약함을 통해 영혼이 자신에게 맞서게 하시는 것이지요. 영혼은 자기 모습을 보고 그 보이는 것에 경악합니다. 여전히 신실하지만, 자신의 신실함을 보지 못합니다. 그때까지 지녀온 모든 결점이 들고일어나 영혼을 공격하며, 때로는 전혀 생각지도 않았던 새로운 결점들이 눈에 들어오기도 합니다. 전에 그를 붙들어 주던 열심과 용기를 더는 발견할 수 없습니다. 영혼은 낙심하여 쓰러지며, 이 땅에서 예수 그리스도께서 그러셨던 것처럼 "슬퍼하여 죽을 지경"이 됩니다. 그에게 남은 것이라고는 아무것도 의지하지 않고 온전히 하나님께 맡기겠다는 의지뿐인데, 자신 안에 그런 의지가 있음을 깨닫는 위안조차 주어지지 않습니다. 그것은 더 이상 우리가 느낄 수 있는 의지가 아니라 영혼의 가장 깊고 내밀한 곳에 숨겨져 있는 단순한 의지, 자신에게로 돌아가지 않으려는 의지입니다. 이런 상태에서 하나님은 이 사람을 그 자신에게서 떼어놓는 데 필요한 모든 일을 하십니다. 그가 걸치고 있던 모든 옷을 하나씩 제거하심으로써 조금씩 헐벗기십니다. 마지막으로 벗겨지는 것은 항상 가장 큰 것은 아닐지라도 가장 벗기 힘든 것이지요. 그 자체로는 겉옷이 속옷보다 더 값이 나갈지라도, 속옷이 벗겨질 때 더 타격을 입게 되니까요. 처음 벗겨지기 시작할 때는 그래도 남은 것이 잃은 것에 대한 위로가 되어 주지만, 마지막 옷마저 벗겨지면 쓸쓸함과 헐벗음과 수치밖에는 남지 않습니다.

대체 이 헐벗김이, 이 박탈이 어떻게 이루어지느냐고 물을지도 모르겠습니다만, 저도 대답할 수가 없습니다. 사람들이 제각기 다른 것처럼 그 과정도 사람마다 다르기 때문입니다. 각자 자신의 필요와 하나님의 뜻에 따라 자기 나름대로의 고통을 겪습니다. 무엇을 입고 있는지 모르는터에, 무엇이 벗겨져야 하는지 어떻게 알 수 있겠습니까? 각 사람은 그 자신이 생각지도 못했을 수만 가지 것에 집착하고 있습니다. 사람은 무엇을 빼앗기고서야 비로소 자신이 그것에 집착하고 있었음을 알게 되기 마련입니다. 머리에서 머리카락이 뽑히기 전에는 머리카락을 느끼지도 못하는 것이지요. 하나님께서는 조금씩 우리 자신도 알지 못했던 밑바닥을 조금씩 드러내시며, 우리는 자신의 미덕들 안에서도 결코 자신에게 없으리라 여겼던 악덕을 발견하고 경악하게 됩니다. 사방이 말라 있던 동굴에서, 전혀 생각지도 않았던 여러 곳으로부터 갑자기 물이 솟구치는 것과도 같습니다.

하나님께서 우리에게 요구하시는 이 박탈은 대개 상상할 만한 것과 전혀 다릅니다. 예기되는 타격들에 대해서는 우리가 이미 준비되어 있기 때문에, 그런 것은 우리를 죽이는 데 별 소용이 못 됩니다. 하나님께서는 전혀 예측하지 못했던 것들로 우리를 기습하십니다. 정말 사소하지만, 우리를 낙심케 하고 자기애를 고문하는 사소한 것들로 말입니다. 대단하고 잘난 점들은 더 이상 문제가 아닙니다. 그것들은 교만을 부추길 뿐이고, 우리로 하여금 발판을 잃게 만드려는 하나님의 뜻에 거슬러, 모종의 힘과 내적인 확신을 줄 테니까요. 그러니까 문제되는 것은 단순하고 평범한 것들입니다. 다른 사람들은 대단한 것이라고는 보지 못하며, 당사자도 자신 안에서 자연스럽고 연약하고 예사로운 것밖에는 보지 못합니다. 하지만 마음속에서 일어나는 모든 것을 겪으니 평생 빵과 물만으로 금식을 하고 가장 엄격한 고행을 하는 편이 백번 더 나을 것입니다. 이는 엄격한 고행에 열정을 가졌다는 말이 아닙니다. 이런 열정은 사라졌지요. 하지만 하나님께서 무수히 작은 것들에서 요구하시는 순종에서는 위대한 희생에서보다 더 큰 자기 포기와 자기 죽음이 발견됩니다. 하나님께서는 영혼을 사방에서 압박하여 완전히 부드럽고 고분고분해지기까지 결코 가만히 두시지 않습니다.

너무 솔직하리만치 말해야 하는가 하면 입을 다물어야 합니다. 칭찬을 받아야 하는가 하면, 비난을 받아야 하고, 잊혀야 하고, 또 다시 심사대에 올라야 합니다. 낮아져야 하고 높아져야 합니다. 변명 한마디 없이 정죄당해야 하는가 하면, 또 어떤 때는 자기변호를 해야 합니다. 자신이 연약하고 불안하고 작은 일에도 우유부단하다고 느껴지는 것을 받아들여야 하고, 그 밖에도 많은 것을—어린아이처럼 성을 내고, 냉담함으로 친구들을 실망시키고, 이유 없이 질투에 빠지고, 의심하고, 심지어 더없이 어리석은 질투를 그 질투하는 대상에게 말하고, 어떤 사람들에게는 그들에게나 자신에게나 거슬리는 말을 참을성 있게 소득 없이 계속하고, 가식적이고 불성실해 보이고, 마침내 자신이 무미건조하고 지쳐서 하나님을 미워하며 모든 은총에서 멀어진 듯이 느껴진 나머지 절망에 빠지기도 한다는 것을—받아들여야 합니다. 이런 것들이 지금 제게 떠오르는 내적인 박탈의 본보기들입니다. 하지만 하나님께서 그분의 뜻에 따라 각 사람에게 맞춰주시는 박탈의 예는 끝이 없겠지요.

다 공허한 상상이라고는 말하지 마십시오. 하나님께서 영혼들에 직접 역사하심을 의심할 수 있겠습니까? 그 목적이 영혼들로 하여금 자신에 대해 죽게 하려는 것임을 의심할 수 있겠습니까? 하나님께서 조잡한 정념들을 제거하신 후 마음속에서 은밀히 자신에게로 돌아가려는 온갖 자기애의 발로들을 공격하심을, 특히 은혜의 영에 유보 없이 자신을 바친 영혼들 안에서 일어나는 그런 마음의 움직임을 공격하신다는 것을 의심할 수 있습니까? 하나님께서는 영혼들을 정화하기를 원하시는 만큼 더욱 내적인 시련을 겪게 하십니다. 세상은 이런 시련들을 알아볼 눈도 없고 알아들을 귀도 없습니다. 세상은 눈이 멀었고 그의 지혜는 다 죽어서 진리의 영과 공감하지 못합니다. 사도가 말하듯 "하나님 자신의 깊은 속을 아시는 분은 하나님의 영뿐"인 것입니다.고전 2:10-11

처음에는 이처럼 우리를 밑바닥까지 헐벗기시는 마음속의 인도하심에 익숙하지 못합니다. 강물의 흐름에 내맡겨진 사람처럼 잠잠히 입 다물고 모든 것을 견디며 섭리의 흐름에 실려 가는 데는 동의할 수 있지만, 아직 하나님께서 예비하신 희생들을 위해 내적인 음성에 귀 기울일 엄두는 나지 않는 것입니다. 마치 어린 사무엘과도 같습니다. 그는 아직 주님의 음성을 듣는 데 익숙지 못해서, 주님께서 부르시는데 스승 엘리가 부르는 줄로 여겼고, 엘리는 "얘야, 네가 꿈을 꾸었구나, 아무도 네게 말하지 않았단다"라고 말했다고 합니다.삼상 3:4 그래도 뭔가 지나친 상상인지도 모른다고요? 종종 대제사장 엘리, 그러니까 스승들은 우리에게 꿈을 꾸었으니 도로 가서 자라고 말하지요. 하지만 하나님께서는 우리를 그대로 잠들게 두시지 않고, 다시금 깨우셔서 마침내 그분이 하시려는 말씀에 귀 기울이게 만드십니다. 그것이 환시나 환영, 계시, 특별한 조명, 기적, 교회의 정서에 위배되는 행동이라면, 주의하지 않아도 될 것입니다. 하지만 하나님께서 우리를 이끌어 어느 정도 자기를 포기하게 하신 후에 우리가 몇 가지 무해해 보이는 것들을 더 내려놓음으로써 더 단순해지고 더 깊이 자신에 대해 죽기를 원하신다는 내적인 확신이 들면, 그런 인도하심을 따르는 것이 망상이겠습니까? 물론 선한 조언 없이는 따르기 어려우리라 여겨집니다. 하지만 우리의 인간적 지혜와 자기애가 저항한다는 것은 그 인도하심이 은혜에 속하는 일임을 보여줍니다. 반발이 일어나는 것은 무엇인가 자신에 대한 집착 때문이지요. 그런 일 하기를 두려워하는 만큼, 실은 할 필요가 있는 것입니다. 그것은 그저 까다로움과 뻣뻣함, 자기 취향이나 시각에 대한 집착에서 오는 두려움에 지나지 않으니까요. 바로 이런 모든 인간적인 감정들에 대해 죽어야 하는 것입니다. 그렇듯 뒤로 물러서기 위한 모든 구실은 그것들이 우리가 죽는 것을 도와 주리라는, 마음속 깊은 곳에 있는 확신에 의해 제거됩니다.

이런 인도하심을 따르기 위한 마음의 유연성과 순발력이야말로 영혼을 전진케 하는 힘입니다. 결코 주저하지 않을 만큼 순순히 따르는 이들은 곧 놀라운 진보를 보이게 됩니다. 그렇지 못한 이들은 추론을 거듭하고 마음이 원하는 바를 하지 않기 위해 온갖 이유를 생각해내지요. 원하기도 원하지 않기도 하는 것입니다. 그래서 확신을 구하고, 자신들이 하기 두려운 일들을 면제해 주는 온갖 조언들을 동원하며, 한 걸음 전진할 때마다 멈춰 서서 뒤돌아봅니다. 이런 우유부단함 가운데 지치고 자기도 모르게 성령과 멀어지게 됩니다. 처음에는 그 주저함으로 성령을 슬프시게 하다가, 나중에는 거듭된 저항으로 성나시게 하는 것이지요.

그렇게 저항할 때면 자신의 저항을 덮고 정당화하기 위한 구실들을 찾게 됩니다. 하지만 그러면서 자기도 모르게 마음이 메말라지지요. 단순성을 잃게 되고, 스스로 속이기 위해 아무리 노력해도 마음에 평안이 없습니다. 항상 양심 밑바닥에서 하나님을 저버렸다고 비난하는 소리가 올라옵니다. 그렇게 자기 쪽에서 하나님을 멀리하여 하나님이 멀어지시게 되면, 영혼은 갈수록 딱딱해집니다. 더 이상 평안을 누리지 못하면서도 참된 평안을 찾기는커녕 평안이 없는 곳에서 평안을 찾으면서 점점 더 평안으로부터 멀어지는 것입니다. 마치 탈구되어 계속 통증을 일으키는 뼈와도 같아서, 제자리를 벗어나 아픈 상태에 있으면서도 제자리로 돌아가려 하지 않습니다. 오히려 어긋난 채로 정착되어 버리는 경향이 있지요. 오, 모든 것에 대해 죽기를 요구하시는 하나님의 은밀한 초청을 거부할 때, 영혼은 얼마나 가련한지요! 처음에 그 저항은 그저 씨알에 지나지 않지만, 이 씨알이 산더미가 되고, 곧 하나님과 영혼 사이에 도저히 뚫고 지나갈 수 없는 일종의 혼돈으로 자라나게 됩니다. 하나님께서 아주 적은 단순성을 요구하실 때 못 들은 척하고, 하나님 음성이 들릴까봐 두려워하며 듣지 못했다고 우기고 싶어 하지만, 그렇지 않다는 것은 자신이 누구보다 잘 알지요. 그래서 자신과 다투고 자신이 겪는 모든 일을 의심하며 하나님 손에 서라면 우리를 단순하고 작아지게 만드는 데 쓰였을 은총들이 망상처럼 보이기 시작합니다. 마음속의 혼란을 가라앉히기 위해 바깥에서 인도자들의 권위를 찾는 것이지요. 물론 얼마든지 찾을 수 있습니다. 경험은 별로 없지만 학식과 경건을 갖춘 인도자들은 아주 많으니까요! 이런 상태로는 치유되기를 바랄수록 더욱 병이 깊어질 뿐입니다. 마치 상처 입은 사슴과도 같습니다. 옆구리에 화살이 박힌 채로 화살을 떨쳐버리려고 온 숲을 헤매면 헤맬수록 화살은 더 깊이 박히는 것이지요. "하나님을 거역하고 평안을 누릴 사람이 있겠느냐?"는 말씀대로입니다.욥 9:4 참된 평안이신 단 한 분 하나님께서 그분의 뜻에 저항하는 마음에 평안을 주실 수 있겠습니까? 그리하여 알 수 없는 병이 든 사람처럼 됩니다. 모든 의사가 그 병을 고치려 의술을 발휘하지만 그 무엇도 도움이 되지 않습니다. 그리하여 그들의 슬프고 낙심하고 지친 모습을 보게 됩니다. 그들에게는 유익이 될 만한 음식도 처방도 없습니다. 참된 길에서 벗어나면 길 없는 곳에서 헤매며 갈수록 더 방황하게 된다는 사실은 놀랄 것도 못 되지요.

하지만 이 모든 불행의 시작은 아무것도 아니라고 말할 것입니다. 그 다음이 더 치명적입니다. 우리는 하나님께 자신을 드리면서 아무것도 유보하지 않으려 했습니다. 아직 닥치지 않은 일을 멀리서 막연하게 생각할 때는 그럴 마음이 있었던 것이지요. 하지만 하나님께서 우리의 헌신을 액면 그대로 받아들이셔서 우리가 드린 것을 세세히 청구하시게 되면, 우리 마음속에는 미처 생각지도 못했던 강한 저항들이 무수히 일어납니다. 용기는 사라지고 헛된 핑계들이 약하고 흔들리는 마음을 부추깁니다. 처음에는 꾸물대다가, 과연 계속해야 하는지 의심하고,

하나님께서 요구하신 것의 반밖에 행하지 않습니다. 하나님께서 하시는 일에 우리의 인간적 방식에 속하는 것들을 섞어 넣어, 결코 죽지 않으려는 타락한 본성에 약간의 여지를 두려 하는 것입니다. 그러면 질투하시는 하나님은 냉정해지십니다. 영혼은 자신이 더 이상 행할 용기가 없음을 보지 않으려고 차라리 눈을 감아 버리려 합니다. 하나님께서 그 영혼을 연약함과 비겁함 가운데 내버려 두시는 것은 그가 그렇게 머물기를 원하기 때문입니다. 하지만 그의 잘못이 얼마나 큰지 보십시오. 그가 하나님으로부터 받은 것이 많을수록, 하나님께 더욱 돌려드려야 합니다. 하나님으로부터 자상한 사랑과 남다른 은총들을 받았고, 많은 영혼들이 제아무리 경건하다 해도 맛보지 못하는 순수하고 사심 없는 사랑의 선물들도 맛보았습니다. 하나님께서는 그 영혼을 온전히 사로잡기 위해 아무것도 아끼지 않으셨습니다. 그분은 우리의 내적인 신랑 되시어 신부 안에서 모든 것을 살펴 행하셨습니다. 하지만 그분은 무한히 질투하시는 분이니, 그분의 질투가 얼마나 엄한지 놀라지 마십시오. 대체 무엇에 대해 그렇게 질투하시느냐고요? 외적인 재능이나 조명이나 어김없이 행하는 미덕들에 대해서요? 아니지요. 그분은 그 모든 것에 대해 너그러우십니다. 사랑은 오직 사랑에 대해서만 질투합니다. 그분은 오직 의지의 순수성에 대해서만 까다로우십니다. 그분은 신부의 마음이 나뉘는 것을 결코 용인하시지 않으며, 신부가 자기 마음이 나뉘는 것에 대해 스스로 속이고자 하는 온갖 변명들은 더더욱 용인하시지 않습니다. 이것이 그분의 불타는 질투를 불러일으키는 것입니다. 순수하고 순박한 사랑에 인도되는 한, 오 신부여, 신랑은 그대가 실수나 연약함으로 인해 어떤 잘못을 하더라도 마음의 올곧음만 간직한다면 끝없는 인내로 참으십니다. 하지만 그대의 사랑이 하나님께 무엇인가를 내놓기를 거부하는 순간부터, 그렇게 거부하면서 자신을 속이고자 하는 순간부터, 신랑은 그대를 부정을 감추려 하는 부정한 신부를 보듯 할 것입니다.

얼마나 많은 영혼들이, 크나큰 희생 뒤에, 이런 저항에 빠지는지요! 이 모든 불행의 원인은 대개 거짓된 지혜입니다. 용기가 없어서라기보다 너무 많은 인간적 지혜에 의지하다가 이런 난관에 봉착하게 되지요. 하나님께서는 영혼들을 이처럼 유보 없는 희생 상태로 부르신 후, 그들에게 부어 주신 이루 다 헤아리지 못할 만큼 말할 수 없는 축복의 정도에 따라 그들을 대접하시는 것입니다. 그분은 우리의 죽음과 상실과 포기에 만족하시지 않고, 그분이 주신 선물들에 대해서까지 질투하십니다. 그분의 선물이 너무나 훌륭하여 우리로 하여금 은밀한 자부심을 갖게 하는 탓입니다. 모든 것이 파괴되고 모든 것이 소멸해야 합니다. 우리가 모든 것을 드렸으니, 하나님께서는 우리에게서 모든 것을 가져가시기를 원하시며, 사실 우리에게 아무것도 남겨두지 않으십니다. 우리가 여전히 집착하는 것이 조금이라도 있다면, 아무리 좋아 보이는 것이라도, 그분은 검을 들고 오셔서 우리 마음속 마지막 미련까지 도려내십니다. 여전히 두려워하는 마음이 조금이라도 있다면, 바로 그 부분을 치십니다.

그분은 항상 우리가 가장 약한 부분을 치시며 우리를 숨도 쉬지 못하게 몰아가십니다. 그렇다는 것에 놀라야 할까요? 아직도 숨을 쉬면서 죽을 수 있습니까? 우리는 하나님께서 우리를 죽여 주시기를 원하면서도 고통은 없이 죽어지기를 바라지요. 우리의 모든 의지에 대해 죽기를 바라면서 우리 자신의 의지로 선택하기를 바라고, 모든 것을 잃고자 하면서 모든 것을 붙들려 하는 것입니다. 하나님께서 우리를 힘이 부치도록 몰고 가실 때는 얼마나 고민되고 얼마나 고통이 심한지요! 우리는 고통스러운 수술을 행하는 외과의사의 수중에 놓인 것처럼 하나님의 수중에 놓여 기절합니다. 하지만 이런 비유도 실제에 비하면 아무것도 아닙니다. 외과의사의 수술은 우리를 살리려는 것이지만, 하나님의 수술은 우리를 정말로 죽게 하려는 것이니까요.

가련한 영혼들이여! 연약한 영혼들이여! 이 마지막 타격은 그대들에게 얼마나 가혹한지요! 예상하는 것만으로도 몸이 떨려 뒤로 물러서게 됩니다. 이 끔찍한 사막을 미처 다 건너지 못하는 영혼들이 얼마나 많은지요! 약속된 땅을 볼 자는 고작 두엇뿐입니다. 하나님께서 모든 것을 요구하시는데, 자신들이 받은 은혜에 온전히 부응하지 못하는 자들에게 화가 있을 것입니다! 성령을 거슬러 짓는 죄란 얼마나 기이한 죄인지요! 이 세상과 다음 세상에서 용서받지 못할 이 죄란 내적 초청에 저항하는 죄가 아니겠습니까? 회심을 요구하는 초청에 저항하는 자는 이 세상에서 고난으로 벌 받고, 저세상에서는 지옥의 고통으로 벌 받을 것입니다. 자신에 대해 유보 없이 죽고 순수한 사랑의 은혜에 내맡겨지는 데 저항하는 자는 이 세상에서 회한에 시달리고, 저세상에서는 연옥의 불길을 겪게 될 것입니다. 이 세상에서든 다음 세상에서든, 순수한 사랑의 내적 순교에 의해서든 죽은 후에 하나님의 공의의 심판에 의해서든, 영혼의 정화를 거쳐야만 하는 것입니다. 주저하지 않는 자, 더 신속히 따르지 못하는 것밖에는 두려워하지 않는 자, 자신을 덜 죽이기보다 더 죽이기를 택하는 자는 복이 있습니다! 견본을 조금 달라고 하실 때 하나님께서 뜻대로 재단하시도록 피륙 전체를 드리는 자는 복이 있습니다! 자신을 아무것도 아니게 여겨 하나님께서 쓰시는 데 아무런 제한을 두지 않는 자는 복이 있습니다! 이 모든 것에 전혀 두려움을 느끼지 않는 자는 복이 있습니다!

그런 상태는 끔찍하다고 여기는 이들도 있을 것입니다. 하지만 틀렸습니다. 잘못 생각하는 것입니다. 바로 그런 상태에 평화와 자유가 있고, 모든 것에서 풀려난 마음이 한없이 넓어지는 것입니다. 그렇게 넓어진 마음은 그 무엇에도 움츠러들지 않으며, 하나님께서 약속하신 대로 그는 하나님 그분과 하나가 됩니다.

오 하나님, 그런 상태에서 누리는 평안은 당신만이 주실 수 있는 것이지요. 영혼은 아낌없이 자신을 희생할수록 자유로워집니다. 모든 것을 잃고 자신을 망각하기를 주저하지 않을 때, 모든 것을 소유한 것입니다. 그것은 의식적인 소유가 전혀 아니므로, 자신을 향해 "그래, 나는 평화로워, 나는 행복해"라고 말하지 않는 것이 사실입니다. 그렇게 의식한다는 것은 이미 버린 자신을 도로 찾는 일이 될 테니까요. 하지만 그처럼 드넓은 마음, 하나님과 하나 된 마음이야말로 영원히 하나님 안에서 자신을 잊고 단 한 순간도 자신이나 자기 행복을 생각하지 않는 복된 자들의 상태를 나타내는 이미지입니다. 그들은 그 황홀경 가운데 너무나 행복하므로 자신들이 그런 행복을 누리고 있다고도 생각지 않는 채 영원히 행복할 것입니다.

오 영혼들의 신랑이신 하나님, 당신은 당신께 저항하지 않는 영혼들에게는 이생에서부터 그런 지복을 미리 맛보게 하십니다. 아무것도 원치 않으면서 모든 것을 원하지요. 마음을 제한하는 것은 피조물 자신밖에 없으므로, 다른 피조물들에 대해서나 자기 자신에 대해서나 집착의 굴레를 벗어난 마음은 당신의 광대함 속에 들어가게 됩니다. 아무것도 그를 멈추지 못하며, 그는 당신 안에서 점점 더 자신을 잃어갑니다. 그의 마음의 용량이 아무리 늘어나도, 당신이 그를 가득 채우십니다. 그는 항상 충만하지만, 결코 나는 행복하다고 말하지 않습니다. 그는 도대체 행복해지려 하지 않으니까요. 그가 행복에 마음을 쓰는 순간, 그는 더 이상 행복하지 않을 테고, 자신에 대한 사랑에 사로잡히게 될 것입니다. 그가 행복을 소유한 것이 아니라, 행복이 그를 소유한 것입니다. 언제든 그를 붙들고 물어보십시오. "당신이 겪고 있는 것을 겪기를 원합니까? 당신이 갖지 못한 것을 갖기를 원합니까?" 그러면 그는 주저 없이, 두 번 생각하지도 않고 대답할 것입니다. "나는 내가 겪는 것을 겪기 원하며, 갖지 못한 것을 갖기를 원치 않습니다. 나는 모든 것을 원하며 아무것도 원치 않습니다"라고요.

오 하나님, 이것이 영과 진리로 드리는 참되고 순수한 예배입니다. 당신은 그런 예배자들을 찾으시지만, 좀처럼 찾지 못하시지요. 거의 모든 사람이 십자가와 헐벗음 가운데서 당신만을 찾는 대신, 당신의 선물 가운데서 자기 자신을 추구하지요. 당신의 인도하심을 받는 대신, 당신을 인도하려 듭니다. 위대해지기 위해서는 당신께 헌신하지만, 작아지게 하시려는 순간 헌신하기를 거부합니다. 아무것에도 집착하지 않는다고 말하지만, 실은 아주 하찮은 상실에도 겁을 먹습니다. 당신을 소유하기를 원하지만 당신에게 소유되도록 자신을 잃어버리고 싶어 하지는 않습니다. 그것은 당신을 사랑하는 것이 아니라 당신에게 사랑받기를 원하는 것이지요. 오 하나님, 피조물은 당신이 왜 자기를 만드셨는지 전혀 알지 못합니다. 그에게 그것을 가르쳐 주십시오. 그의 마음속 깊이 새겨 주십시오. 진흙은 토기장이가 뜻하는 온갖 형태에 저항 없이 내맡겨져야 한다는 것을 말입니다.

23.

고통과 내적인 버림받음의 효용:
하나님 안에서와 하나님을 위해서만
친구들을 사랑하기*

　　　　하나님은 영혼들에게 매우 엄격해 보이시지
만, 결코 괴롭히는 것이 좋아서 괴롭게 하시는 것이 아닙니다.
그분이 고난을 주시는 것은 단지 우리를 정화하기 위해서입
니다. 수술이 혹독해지는 것은 제거해야 할 병이 그만큼 중하
기 때문이지요. 모든 것이 건강하다면 전혀 잘라낼 필요가 없
을 것입니다. 헐고 죽은 부위만을 잘라내면 되니까요. 그러니까
우리에게 고통을 주는 것은 부패한 자기애이며, 하나님의 손은
우리에게서 그 최소한을 제거하시는 것입니다. 하나님께서 우
리를 그토록 아끼시면서도 그토록 고통스럽게 하시다니, 우리
의 상처가 얼마나 깊이 문드러져 있는지 생각해 보십시오.
　그분이 우리에게 고통을 주시는 것이 오로지 우리의 치유를

위해서이듯, 그분이 우리에게 주셨던 선물 중에서 무엇인가를 앗아가시는 것은 그것을 백배로 돌려주시기 위해서입니다. 그분은 우리를 사랑하시므로, 그분이 주신 더없이 순수한 선물이라 하더라도 우리가 불순하게 주인 노릇하는 것은 빼앗아 가십니다. 선물이 순수하면 할수록, 그분은 더욱 질투하시지요. 우리가 결코 그것들을 제 것으로 만들거나 영원히 제 앞으로 돌리거나 하지 않고서도 잘 간직하도록 말입니다. 가장 고상한 은혜들도 우리가 그런 것에 의지하거나 자만한다면 가장 위험한 독이 됩니다. 그것이 바로 악한 천사들이 저지른 죄입니다. 그들은 자신들의 복된 상태를 돌아보고 자만했지요. 바로 그 순간 그들은 하늘에서 내던져져 하나님의 영원한 원수가 되었던 것입니다.

이 본보기는 인간들이 얼마나 죄에 대해 무지한가를 보여줍니다. 천사들의 죄는 모든 죄 가운데 가장 큰 죄입니다. 그렇지만 하나님의 선물을 제 것으로 만들지 않고 순수하게 소유할 만큼 순수한 영혼을 만나는 것은 아주 드문 일이지요. 우리는 하나님의 은혜를 생각할 때도 항상 자신과 관련하여 생각하며, 은혜에 대해 민감한 것도 거의 항상 자기애 때문입니다. 자신이 약하다고 여겨지면 슬퍼하고, 자신이 강하다고 여겨지면 신이 납니다. 자신의 완전함을 바라볼 때는 다른 사람들의 완전함을 바라볼 때처럼 영광 받으실 분은 오직 하나님이라고 여기지 않습니다. 은혜의 감각적 체험들이 사라질 때면 슬퍼하고 낙심합니다. 한마디로, 항상 하나님이 아니라 자기 자신이 중요한 것이지요.

그러므로 모든 체험적인 덕들은 정화될 필요가 있습니다. 그것들은 우리 안에 인간적 본성을 살찌우기 때문이지요. 부패한 본성은 본성과 가장 거리가 먼 은총들까지도 교묘하게 자기 양식으로 삼습니다. 자기애는 엄격함과 겸손뿐 아니라, 열렬한 기도와 자기 포기뿐 아니라, 가장 순수한 헌신과 가장 극단적인 희생에서도 자라나는 법이지요. 더는 아무것에도 의지하지 않는다고, 이 가혹한 시련 속에서도 신실하게 유보 없이 자기를 포기하기를 그치지 않는다고, 스스로 그렇게 생각하는 것이야말로 무한한 의지가 되니 말입니다. 우리 안에서 하나님의 선물들을 정화하는 희생 제사를 온전히 드리기 위해서는 번제 자체를 파괴하는 데까지 가야 합니다. 자신이 완전히 잃어졌다는 포기의 의식마저도 잃어버려야 합니다.

하나님의 모든 선물을 이처럼 명백히 잃을 때에만, 모든 내적 자원을 잃어버리고 자신을 온전히 희생제물로 드릴 때에만, 우리는 비로소 순수하게 하나님을 찾을 수 있습니다. 하나님의 무한한 질투는 우리를 거기까지 몰고 가시니, 말하자면 우리의 자기애가 그분으로 하여금 그렇게 하실 수밖에 없게 만드는 것입니다. 왜냐하면 우리는 하나님 이외의 모든 것을 잃을 때에만 하나님 안에서 자신을 완전히 잃어버릴 수 있으니까요. 마치 깊은 구덩이로 떨어지는 사람과도 같습니다. 구덩이 가장자리에 붙들 만한 모든 것을 붙들려 하다가 다 놓치고서야 마침내 포기하고 떨어집니다. 우리의 오죽잖은 자기애도, 하나님께서 밀쳐내시면, 절망 속에서 은혜의 온갖 그림자들에 매달리려 발버둥 칩니다. 물에 빠지면서 가시덤불이라도 잡으려 애쓰는 사람처럼 말이지요.

그러므로 우리 안에서 하나님의 모든 선물이 조금씩 거두어져야만 한다는 이 필요성을 잘 이해해야 합니다. 아무리 좋은 선물이라 해도, 일단 전진의 수단으로 쓰인 후에는 함정이 되어 영혼을 더럽히는 소유욕을 일으키지 않는 것이 단 하나도 없습니다. 그러므로 하나님께서는 주셨던 것을 거둬 가시는 것입니다. 하지만 완전히 빼앗으려고 그러시는 것은 아닙니다. 하나님께서 앗아가시는 것은 더 잘 주시기 위해, 자기도 모르게 발동하는 소유욕에 물들지 않은 순수한 것으로 돌려주시기 위해서입니다. 선물을 앗아가시는 것은 그것에 대한 소유욕을 없애기 위해서이며, 그렇게 소유욕이 제거되고 나면 선물을 백배로 돌려주십니다. 그럴 때 영혼에 주어지는 것은 더 이상 하나님의 선물이 아니라 하나님 자신이지요. 그것은 더 이상 하나님의 선물이 아니니, 이제 영혼이 바라보는 것은 더 이상 하나님과 구별되는 무엇, 영혼이 소유할 수 있는 무엇이 아니라 오직 하나님 그분이니, 그분은 영혼에 의해 소유되기는커녕 그분의 선하시고 기뻐하시는 뜻대로 영혼을 소유하십니다.

하나님께서 영혼들을 인도하시는 가장 일반적인 방법은 우선 영혼들에게 가장 열정적인 모든 미덕과 명상의 감미로움을 맛보게 하심으로써 그들을 세상과 조잡한 정념들로부터 분리하여 자신에게로 이끄시는 것입니다. 이 첫 번째 단계에서 매

혹된 영혼은 자신을 죽이고 기도에 힘쓰게 됩니다. 모든 일에서 끊임없이 자신을 거스르며 모든 외적인 위로를 떨쳐버리고 우정의 위로마저 끊어냅니다. 우정에서조차 친구들을 자신에게 결부시키는 자기애의 불순함을 느끼기 때문입니다. 이제 감정의 일치로 이어진 친구들 아니면 박애심이나 의무로 돌보아야 하는 이들만이 남고, 그 밖의 친구들은 짐이 됩니다. 자연스러운 호감마저 사라지지는 않았다 해도, 그들이 우리와 같은 신앙을 추구하지 않을 때는 오히려 그들의 우정을 경계하게 됩니다.

이런 열정과 영적인 풍요로움의 상태에서 더 나아가지 못하는 영혼들도 많습니다. 하지만 어떤 영혼들은 하나님의 인도하심으로 더 멀리 나아갑니다. 그분은 그들을 입히시고 치장해주신 후에 질투하심으로 그들을 헐벗기십니다. 그러면 영혼들은 메마르고 지친 상태에 떨어져, 모든 것을 짐으로만 느끼게 됩니다. 우정에 민감하기는커녕, 전에는 가장 즐거워하던 사람들과의 우정마저 성가셔집니다. 이런 상태에 처한 영혼은 하나님과 그분의 모든 선물이 자신을 떠나가는 듯이 느낍니다. 고뇌와 절망의 상태 속에서, 자신을 견딜 수 없어지고, 모든 것이 역겨워집니다. 하나님께서 모든 것을 앗아가시니, 우정의 기쁨도 남아나지 않습니다. 놀랄 일도 못 되지요. 심지어 그분과 그분의 율법에 대한 사랑마저 앗아 가시니까요. 더 이상 자신이 어디에 와 있는지도 알 수 없고, 마음은 시들고 다 식어 버렸습니다. 더는 아무것도 사랑할 수 없을 것만 같습니다. 신앙의 열정

속에서는 그처럼 감미롭게 느껴지던 하나님이건만, 이제 그분을 잃어버렸다는 쓸쓸함이 피조물 가운데 사랑했던 모든 것으로 퍼져 나가는 쓴 쑥이 됩니다.[렘 9:15, 23:15; 애 3:15, 19] 영양실조로 쇠약함을 느끼면서도 산해진미에 혐오감을 느끼는 환자와도 같습니다. 그러니 우정에 대해서는 말하지 마십시오. 듣는 것만으로도 고통스러워 눈물이 솟구칠 것입니다. 모든 것이 압도해 오며, 무엇을 원하는지도 알 수 없습니다. 마치 어린아이처럼 우정과 동시에 이유를 말할 수 없는 고통을 느끼며, 그 모든 것은 말하려는 순간 꿈처럼 사라집니다. 자신의 기분에 대해 말하는 것이 다 거짓말처럼 느껴지는 것이, 말하는 순간 이미 사실이 아니게 되어 버리기 때문입니다. 당신 안에는 아무것도 남지 않으며, 아무것도 약속하거나 책임질 수 없으며, 자신이 어떠하다고 말할 수조차 없습니다. 당신의 내적 감정은 마치 성모방문회 수녀들이 자신들의 골방과 가구에 대해 느끼는 것과도 비슷해집니다. 모든 것이 바뀌고 아무것도 당신 것이 아니며 당신의 마음조차 그렇게 되는 것입니다. 현명하고 확고하고 고상한 덕을 지닌 영혼도 이런 유치하고 변덕스러운 상태 속에서 얼마나 낮아지고 부서지는지 모릅니다. 그렇듯 병들고 괴로워하는 영혼에게 타고난 선함, 다정함, 너그러움, 한결같음, 친구들에 대한 감사 등을 말하는 것은 죽어가는 사람에게 춤과 음악에 대해 말하는 것이나 마찬가지입니다. 마음은 뿌리까지 말라버린 나무와도 같습니다.

하지만 겨울이 지나기를 기다립시다. 하나님께서 죽어야 할 모든 것을 죽게 하신 다음에는 봄이 모든 것을 소생케 합니다. 하나님께서는 다른 모든 것과 함께 우정도 백배로 돌려주십니다. 마음속에서 진정한 벗들에 대한 오랜 애정이 되살아나는 것이 느껴집니다. 하지만 그들을 더 이상 자신 안에서 자신을 위해 사랑하는 대신, 하나님 안에서 하나님을 위해 사랑하게 되지요. 더 생생하고 부드러운, 더 깊이 음미할 만한 사랑으로요. 하나님께서 우리의 감수성을 순수하게 만들어 주시니까요. 우리의 우정을 변질시키는 것은 감수성이 아니라 자기애입니다. 이제 우리는 이 순결한 우정에 거리낌 없이 자신을 맡깁니다. 우리 마음에 그런 우정을 새겨 주시는 분은 하나님이며, 우리는 그분을 통해 그 우정에서 빗나감 없이 사랑하게 됩니다. 그리고 그렇듯 그분께서 사랑하게 하시는 것 안에서 결국 우리가 사랑하는 것은 그분 자신입니다.

우리를 어떤 사람들과 맺어 주시는 섭리의 질서 안에서, 우리에게 그들에 대한 애정을 주시는 분은 하나님입니다. 우리는 이 사람들로부터 사랑받고자 하는 마음을 두려워하지 않으니, 하나님께서 주시는 마음은 극히 순수하고 어떤 소유욕도 수반하지 않기 때문입니다. 우리는 다른 사람이 사랑받기를 원하듯 자신도 사랑받기를 원합니다. 그것이 하나님의 명령이라면 말입니다. 우리는 자기만족이나 자기 이익을 구하지 않고 하나님을 위해 서로를 찾습니다. 이런 우정의 부활에는 사심이나 자기 본위가 전혀 없기 때문에, 설령 친구와 그의 우정에서 온갖 결함이 보인다 하더라도 서로 돌아서지 않게 됩니다.

하나님께서 그렇듯 우정을 정화해 주시기 전에는, 가장 경건하다는 이들이 그들의 벗들에게는 까다롭고 질투심 많고 비위 맞추기 어려운 사람들입니다. 자기애는 더없이 너그럽고 사심 없어 보이는 관계에서조차 항상 잃을 것을 두려워하며 얻기를 원하기 때문입니다. 친구에게서 부나 명예를 발견하지 못한다면, 적어도 교제의 유쾌함이나 신뢰에서 오는 위로, 삶의 가장 큰 유약인 마음의 안식, 그리고 너그럽게 사심 없이 사랑하는 즐거움이라도 얻으려 합니다. 이런 위로를 제거하여 그토록 순수해 보이는 우정을 흔들어 놓으면, 자기애는 낙망하여 탄식하며 동정을 구하고 원통해 하며 노여워합니다. 노여워하는 것은 자신을 위해서이니, 친구에게서 사랑했던 것이 자기 자신이었다는 증거지요. 하지만 친구에게서 사랑하는 것이 하나님일 때는 아무 유보 없이 강한 우정을 견지합니다. 만일 하나님의 명령으로 우정이 깨진다 해도, 영혼 깊이 평안이 있습니다. 아무것도 잃지 않았으니, 이미 자신을 다 버린 다음이라 더는 잃을 것이 없기 때문입니다. 슬퍼한다면 그것은 그 결별이 사랑하던 벗에게 타격이 될까봐 그를 위해 슬퍼하는 것이지요. 우정이란 극히 민감한 것이므로 고통은 생생하고 쓰라릴 수 있지만, 그것은 자기중심적인 사랑의 혹독한 아픔이 없는 평온한 고통입니다.

은혜로 인해 변화된 우정에는 주목할 만한 두 번째 차이점이 있습니다. 아직 자기에 매여 있을 때는 모든 것을 자기를 위해 사랑할 뿐이지요. 자기 안에 갇힌 사람은 자기 잣대를 따라

제한된 우정밖에 가질 수 없고, 모든 애정 관계에서 선을 긋습니다. 세상적인 너그러움은 아무리 크다 해도 어디선가는 옹색한 한계를 갖기 마련이지요. 자신이 잘 사랑하고 있다는 자만심으로 꽤 멀리까지 나아간다 해도, 그 자만심이 상처를 입게되는, 또는 입을 수 있다고 상상하는 순간 딱 멈춰 서게 됩니다. 반면 자기를 벗어난, 진정으로 하나님 안에서 자신을 망각한 영혼들에게는, 그들의 우정이 그 우정을 가능케 하시는 분만큼이나 큽니다. 우리 마음을 제한하고 가두는 것은 다시금 자신에게 집착하기 때문이지요. 하지만 하나님께서는 그분을 향하는 마음에 알지 못할 무한함을 주십니다. 그러므로 더 이상 자신에게 매이지 않고 모든 일에서 자신을 아무것도 아니게 여기는 영혼은 그 아무것도 아님 가운데서 하나님 그분의 광대하심을 발견하게 됩니다. 그리하여 측량하지 않고, 무한정, 인간적인 동기 없이 사랑하게 됩니다. 그 영혼 안에서 무한한 사랑이신 하나님께서 사랑하시기 때문입니다.

사도들이 그러했습니다. 그들이 어떠했던가는 사도 바울이 잘 말해 줍니다. 그는 모든 것을 무한히 순수하고 생생하게 느꼈습니다. 모든 교회를 마음으로 끌어안았습니다. 그런 마음에는 온 우주라 할지라도 너무 크지 않습니다. 그는 즐거워하고 괴로워하고 노여워하고 다정해집니다. 그의 마음속에는 더없이 강렬한 정념들이 자리합니다. 그는 작아지고 또 위대해집니다. 아버지의 권위와 어머니의 다정함을 지닙니다. 그는 질투할 정도로 사랑하고 자기 자녀들을 위해서라면 저주받기를 불사

합니다. 이 모든 감정이 그에게 새겨져 있었으니, 하나님께서는 더 이상 자기 자신을 사랑하지 않는 자에게 그렇듯 다른 사람을 사랑하게 하시는 것입니다.

24

박탈과 헐벗음에 대한
자연스러운 두려움을 경계함

하나님을 섬기고자 생각하는 거의 모든 사람
이 실은 자신을 위하는 것밖에 생각지 않습니다. 그들은 얻으
려고만 하지 잃으려 하지 않습니다. 위로받으려 하지 고통당하
려 하지 않고, 소유하려 하지 박탈당하려 하지 않으며, 늘어나
려 하지 줄어들려 하지 않습니다. 하지만 실제로 모든 내적인
역사는 잃어버리고 희생하고 줄어들고 작아지고 하나님의 선
물들마저 빼앗겨 오직 그분만을 붙들게 되는 데 있습니다. 마
치 건강에 집착하는 환자들과도 같습니다. 하루에 서른 번은
맥박을 재고, 의사가 자주 처방을 내리며 잘 낫고 있다고 안심
시켜 주기를 바라는 것이지요. 영성 지도자로부터 기대하는 바
도 거의 그대로입니다. 고만고만한 덕목들의 작은 원 안에서

맴돌 뿐, 그 바깥으로는 결코 선선히 나가 보려 하지 않습니다. 영성 지도자는 의사와 마찬가지로 비위를 맞춰주고 위로하고 격려하며 섬세하고 민감한 자기 사랑을 붙들어 줍니다. 사소하고 순한 처방만을 내리며, 이것이 습관이 되지요.

감각적으로 체험되는 은총이란 어린아이들이 먹는 젖에 불과한데, 그런 은총을 빼앗기면 다 잃었다고 생각합니다. 이는 목적이 아닌 수단에 너무 집착한다는, 그리고 항상 모든 것을 자기 본위로 생각한다는 증거입니다. 박탈은 강자들의 양식입니다. 그것이 영혼을 강건하게 하고, 그 자신으로부터 떼어내, 오직 하나님께 드려지게 하는 것입니다. 하지만 우리는 박탈이 시작되면 대번에 낙심에 빠지지요. 모든 것이 견고하게 자리 잡고 정화되기 시작하는데, 우리는 세상이 뒤집힌 듯이 여기는 것입니다. 하나님께서 우리를 뜻대로 하시기를 원한다고 하면서도, 실은 항상 무엇인가 위대하고 완벽한 것으로 만들어 주시기를 바라지요. 하지만 자기가 부서져 없어지는 것을 원하지 않는다면, 결코 희생제물이 될 수 없습니다. 희생제물은 하나님의 불에 다 타서 아무것도 남지 말아야 하는 것입니다. 순수한 신앙 속으로 들어가기를 원한다고 하면서도 항상 자신의 지혜는 간직하려 한다면, 자기 눈에만 어른인 어린아이지요. 얼마나 허깨비 같은 영성입니까!

25.

영적 계시와 체험에 대한
집착을 경계함

하나님께서 주시는 기쁨과 위로를 맛볼 때에
만 그분께 충성하는 이들은 마치 예수 그리스도의 가르침 때문
이 아니라 그분이 기적적으로 불어나게 하신 빵 때문에 그분을
따랐던 군중과도 같습니다.요 6:26 그들은 사도 베드로처럼 이렇
게 말하지요. "주님, 우리가 여기에 있는 것이 좋겠습니다. 우리
가 초막 셋을 짓겠습니다."막 9:4-5 하지만 성경은 뒤이어 이렇게
전합니다. "자기가 하는 말을 자기도 알지 못했다." 변화산의 영
광에 취한 나머지 그들은 하나님의 아들을 알아보지 못했고 갈
보리까지 그분을 따르지도 못했습니다. 그들은 체험에 맛을 들
였을 뿐 아니라 더 많은 계시를 원했습니다. 다시 말해, 마음은
감미롭고 흐뭇한 느낌으로 채워지기를 원하고 정신은 더 보고

알기를 원하는 것입니다. 이것이 자신에 대해 죽는 것인가요? 이것이 사도 바울이 말하는 의인처럼 믿음을 생명이요 양식으로 삼는 것인가요?히 10:38

우리는 초자연적인 은사나 하나님과의 친밀한 소통을 확인시켜 주는 특별한 계시를 원합니다. 그보다 더 자기애를 만족시키는 것도 없지요. 세상의 모든 위대함을 다 합친다 해도 그보다 더 마음을 고양시켜 주지는 못할 것입니다. 우리는 초자연적 은사를 통해 인간적 본성에 은밀한 생명을 더합니다. 그것은 전적으로 영적인 만큼 한층 더 고상한 야망입니다. 즉 하나님과 그분의 선물을 느끼고 맛보고 소유하고 계시를 얻고 사람들의 마음을 꿰뚫어 보고 장래 일을 아는, 한마디로 아주 비범한 영혼이 되려는 것이지요. 계시와 체험에 대한 갈망은 영혼을 이 모든 것에 대한 은밀하고 교묘한 욕망으로 조금씩 끌어가는 것입니다.

사도 바울은 우리에게 "더 좋은 길"을 보여주며,고전 12:31 우리에게 거룩한 경쟁을 고취합니다. 그것은 사랑의 길입니다. 사랑은 "자기 것을 구하지" 않으니,고전 13:5 사도 식으로 말하자면 겉치장을 원치 않고 오히려 그런 것들을 벗어버리기를 원합니다. 그런 영혼은 기쁨이 아니라 하나님을 사랑하며, 오직 그분의 뜻을 행하기를 원합니다. 기도에서 기쁨을 얻는다면 그 지나가는 기쁨에 머물지 않고 그것을 사용하여 자신의 연약함을 고칩니다. 마치 병석에서 일어나는 환자가 걷기 위해 지팡이를 의지하는 것처럼요. 하지만 회복이 다 이루어지면 완쾌한 자는 혼자서 걷는 법이지요. 마찬가지로, 아직 연약하고 어린 영혼은 처음에는 하나님께서 젖을 먹여 주시지만, 하나님께서 장성한 자의 단단한 음식을 먹이고자 하실 때는 젖을 떼게 됩니다.

만일 언제까지나 어린 아이로 머물러 하늘 위로라는 젖에 매달려 있다면 어떻게 될까요? 사도 바울이 말하듯이 "어린 아이의 일을 버려야" 합니다.고전 13:11 처음의 단맛은 우리가 세상의 조잡한 즐거움에서 벗어나 더 순수한 즐거움을 향하도록 이끌어 주고 기도와 명상의 삶에 익숙해지도록 도와 주지만, 그 감미로움에 취해 십자가의 감정을 잊어버리고 특별한 은혜를 누리며 마치 열린 낙원이라도 보는 양 살려 하는 것은 결코 십자가에서 죽고 자기를 버리는 태도가 될 수 없습니다.

계시와 체험의 삶에 집착하여 거기에만 몰두하는 것은 아주 위험한 함정입니다.

1. 달리 의지할 만한 것을 갖지 못한 사람은 그런 기쁨의 근원이 마르는 즉시 기도를 그만두고, 그러면서 하나님을 떠나게 됩니다. 테레사 성녀는 기도가 진짜 기도가 되려 할 때 기도를 그만두는 사람이 많다고 했습니다. 얼마나 많은 영혼들이, 예수 그리스도 안에서 감미로운 젖에 의지하여 연약하고 섬세한 어린아이로 있다가 하나님께서 젖을 떼려 하시자마자 뒤로 물러나 내적인 삶을 포기해버리는지요! 놀랄 일도 못 되지요. 그런 영혼들은 성전의 현관에 지나지 않는 것을 성소로 삼는 셈입니다. 조잡한 감각들의 외적인 죽음만을 원하고 자신의 내면에서 감미로운 삶을 살아가려는 것이지요. 가장 열렬하고 사심

없는 것처럼 보이던 영혼들 가운데서 그처럼 많은 실망과 불신앙이 나타나는 것은 그 때문입니다. 사심을 버리고 자신에 대해 죽을 것을, 영혼이 헐벗겨지는 신앙의 어두운 밤을 말하던 사람들 자신이 때로 시련이 닥치고 위로가 사라지자마자 가장 놀라고 용기를 잃는 것을 종종 봅니다. 오, 보지 못하는 데서 믿고 느끼지 않으며 사랑하기를 권하는, 십자가의 요한[24]이 제시한 길을 따르는 것은 얼마나 복된지요!

2. 체험에 대한 집착에서 온갖 망상이 생겨납니다. 영혼들은 확신을 얻기 위해 감각적인 것을 추구한다는 점에서 미련함을 드러냅니다. 실은 정반대입니다. 감각적인 것은 우리를 속이고, 자기애를 부추기는 미끼가 됩니다. 우리는 기쁨이 지속되는 한 하나님에게서 멀어질 것을 염려하지 않습니다. "내가 편히 지낼 때에는 '이제는 영원히 흔들리지 않겠지' 하였다"라는 시편 기자의 말처럼요.시 30:6 그러다 도취가 지나가고 나면 다 잃었다고 생각합니다. 그런 식으로 자신의 기쁨과 상상을 하나님의 자리에 놓게 되는 것이지요. 그런 망상에서 우리를 지켜주는 것은 순수한 믿음뿐입니다. 상상하고 느끼고 맛본 찬란하고 특별한 것에 더 이상 의지하지 않을 때, 복음서의 단순성 가운데 순수하고 군더더기 없는 믿음으로 오직 하나님만을 붙들 때, 주시는 대로의 위로만을 받으며 그 어느 하나에 집착하지 않을 때, 자신이 틀릴 수도 있고 다른 사람들이 우리를 일깨워 줄 수도

---

24 십자가의 요한(San Juan de la Cruz, 1542-1591)은 1675년 시복되어 1726년 시성되었다.

있다고 생각하여 결코 판단하지 않으며 항상 순종할 때, 매 순간 지금 주신 믿음의 빛을 따르며 단순하고 선한 의도로 행동할 때, 그럴 때 우리는 망상과 가장 반대되는 길을 걷게 됩니다.

이 길이 특별한 체험과 계시의 길보다 얼마나 더 확실한지는 무엇보다도 실천을 통해 알 수 있습니다. 이 길을 따르고자 하는 자는 누구나 곧 이 순수한 믿음의 길을 철저히 따르는 것이야말로 자신에 대해 가장 깊이 가장 완전히 죽는 것임을 깨닫게 됩니다. 내적인 체험과 확신은 외적으로 희생할 수 있는 모든 것에 대한 자만심을 보상해 준다는 점에서, 은밀하고 고상한 삶을 살게 하는 미묘한 자기 집착이 됩니다. 반면 외적으로는 섭리에 의해, 내적으로는 영혼의 어두운 밤을 거치며 군더더기가 떨어져 나간 신앙에 의해, 외적으로나 내적으로나 철저히 헐벗겨지는 것은 전면적인 순교이며 따라서 망상에서 가장 멀어진 상태입니다. 사람이 착각에 빠지고 방황하는 것은 자기 비위에 맞추어 고통을 피하고 무엇인가 은밀한 삶으로 자기애를 만족시키며 무엇인가 위장된 것을 하나님의 자리에 두려 할 때입니다. 특별한 계시와 달콤한 체험을 내려놓을 때, 하나님을 느끼는 데 집착하지 않고 사랑하기만을 원하며 신앙의 진리를 보는 데 집착하지 않고 믿을 때, 이 헐벗겨진 영혼은 더 이상 망상의 원천인 자기 의지나 감각에 의지하지 않게 됩니다.

그렇듯 망상을 피하기 위해 확신을 갖고자 체험을 추구하는 이들은 바로 그 때문에 망상에 노출되는 반면, 의지할 만한 체험이나 계시를 구하지 않고 자신을 헐벗기는 사랑과 순수한 신앙을 따라가는 이들은 망상과 방황을 초래할 소지를 피하게 됩니다. 『그리스도를 본받아』의 저자는 말했습니다.[25] 하나님께서 내적인 감미로움을 앗아가시면 일체의 즐거움을 빼앗긴 대로 있는 것이 기쁨이 되어야 한다고요. 그렇듯 십자가에 못 박힌 영혼이 십자가에서 벗어나기를 전혀 구하지 않고 십자가에서 예수 그리스도와 함께 죽기를 택할 때, 하나님께서는 얼마나 기쁘게 보시겠습니까! 더 이상 하나님이 느껴지지 않으면 하나님을 잃어버린 것만 같아 두렵다고 핑계를 댈 수도 있겠지요. 하지만 사실 그것은 시련 가운데 인내하지 못하는 것이고 연약하고 자기중심적인 본성 때문에 조바심 내는 것이며 자기애를 위해 무엇인가 의지할 데를 찾는 것입니다. 은총을 맛보고 자신을 내어드렸건만 싫증을 내고 다시금 은밀히 자기에게로 돌아가는 것입니다. 오 하나님, 자아의 죽음의 길에서 결코 멈춰 서지 않는 영혼들은 어디 있습니까? 끝까지 인내한 자들은 면류관을 얻을 것입니다.

---

25 제3권. - 원주

26

기도 가운데 만나는 메마름과
산만함에 대하여*

기도에서 기쁨을 더 이상 맛보지 못하게 되
면 더는 하나님께 기도하는 게 아니라고 생각하기 쉽습니다.
그런 착각에서 벗어나려면, 완벽한 기도와 하나님의 사랑은 동
일한 것임을 상기해야 합니다. 기도는 감미로운 느낌도, 열띤
상상력의 고양도, 하나님 안에서 숭고한 진리들을 쉽게 깨닫는
영적인 계명啓明도, 하나님을 바라보는 데서 얻어지는 위로도
아닙니다. 이 모든 것은 외적인 선물이요, 사랑은 그런 것들 없
이 훨씬 더 순수하게 유지될 수 있습니다. 하나님께서 주셨던
선물들을 거두어 가시면, 즉각적으로 그리고 오로지 그분께만
매달리게 되니까요. 이것이 인간 본성에서 아무런 힘을 얻지
못하는, 순수한 믿음에서 우러나는 사랑입니다. 모든 것을 잃었

다고 생각하지만 바로 그럼으로써 모든 것을 얻은 것이지요.

순수한 사랑이란 오직 의지 속에 들어 있으므로, 느낌으로 하는 사랑이 아닙니다. 거기에는 상상력이 작용할 여지가 없습니다. 순수한 믿음이 보지 않고 믿는 것이듯, 순수한 사랑은 느끼지 않고 사랑하는 것입니다. 이런 사랑이 혹시나 상상에 지나지 않는 것일까 염려할 필요는 없습니다. 일체의 상상력을 떨쳐버린 의지만큼 상상과 거리가 먼 것은 없기 때문입니다. 그 정동情動이 순수하게 지적이고 영적일수록, 현실성뿐 아니라 하나님께서 요구하시는 완전함을 지닙니다. 사랑의 정동은 그로 인해 한층 더 완전해지며, 동시에 거기서 믿음이 작용하고 겸손이 견지됩니다. 그럴 때 사랑은 순결한 것이, 그것은 하나님께서 그분 안에서 그분을 위하시는 것이기 때문입니다. 우리는 더 이상 그분이 느끼게 하시는 무엇에 집착하지 않습니다. 우리가 그분을 따르는 것은 떡이 불어나는 기적 때문이 아닙니다.

뭐라고요! 신앙이라는 것이 하나님과 하나가 되려는 의지일 뿐이라고요! 그렇다면 그것은 실질적인 의지라기보다 관념이고 상상일 텐데요? 라고 반박할 것입니다. 만일 이 의지가 중요한 일들에서 신실함으로 견지되지 않는다면, 저도 그것이 진짜가 아니라고 생각하겠습니다. 좋은 나무가 좋은 열매를 맺듯, 이 의지는 하나님의 의지를 수행하도록 만들기 때문입니다. 하지만 그것은 이생에서 하나님께서 영혼을 겸손하게 하시기 위해 남겨두시는 사소한 연약함들과 공존이 가능합니다. 그러므로 일상에서는 연약함들만 느낀다 해도, 용기를 잃지 말고 거기에서 겸손의 열매를 끌어내야 합니다.

하지만 참된 덕과 순수한 사랑은 의지 속에만 존재합니다. 최고선을 깨닫는 즉시 항상 그것을 원하는 것, 자신의 의지가 그분에게서 벗어난 것을 깨닫자마자 돌이키는 것, 그분의 명령에 따르는 것 말고는 아무것도 의도적으로 원하지 않는 것, 더이상 아무 위로를 느낄 수 없을 때도 자신을 희생하고 그분께 모든 것을 맡기는 정신으로 순복하는 것이 적은 일입니까? 자기애에서 비롯되는 모든 초조한 생각들을 끊는 것, 어디로 가는지도 모르는 채 계속 나아가며 멈추지 않는 것, 결코 의지적으로 자신에 대해 생각하지 않는 것, 또는 적어도 다른 사람을 생각하는 이상으로 생각지 않는 것, 더 멀리 바라보지 않는 채현재 주어진 섭리의 의무를 다하는 것이 쉬운 일이라고 생각하십니까? 옛사람을 죽인다는 것은, 여전한 자기애로 인해 자신에게 착념하는 아름다운 생각들이나 자신의 진보를 스스로에게 입증해 줄 외적인 행위들보다 이 모든 의지의 작용에 있지 않습니까?

항상 자신이 잘하고 있다고 확신하기를 원하는 것은 순수한 믿음의 이끄심에 맞서는 일종의 불신입니다. 말하자면 자신이무엇을 하는지 알려 하는 것인데, 그것은 결코 알 수 없는 일, 하나님께서도 우리가 모르기를 원하시는 일입니다. 길을 가면서 길 자체에 대해 논하며 즐기는 것과도 같습니다. 가장 확실한 지름길은 자신을 포기하고 망각하고 내맡기며 하나님에 대한 신실함에서가 아니고는 더 이상 자신에 대해 생각하지 않는 것입니다. 신앙심이란 자신과 자기애에서 벗어나 하나님을 향하는 데 있습니다.

본의 아닌 분심들로 말하자면, 그런 것은 사랑을 전혀 방해하지 않습니다. 왜냐하면 사랑은 의지 속에 있으며 의지는 결코 원치 않는 분심들로 어지럽혀지지 않기 때문입니다. 분심을 알아채면 떨쳐버리고 다시금 하나님을 향하면 됩니다. 마치 신부의 외적 감각들이 잠들어 있는 동안에도 마음은 깨어 있고 사랑은 전혀 느슨해지지 않는 것과도 같습니다. 자애로운 아버지가 항상 의식적으로 아들을 생각하지는 않지요. 그의 상상과 정신 속에는 수많은 생각들이 오갑니다. 하지만 이런 산만함이 아버지의 사랑을 중단시키지는 않습니다. 언제 다시 아들을 생각하든 그는 아들을 사랑하며, 비록 그를 생각하지 않는 순간에라도 마음속 깊은 데서는 아들에 대한 사랑을 그친 적이 없음을 느낍니다. 하늘 아버지에 대한 우리의 사랑도 그러해야 합니다. 의심도 불안도 없는 단순한 사랑이라야 합니다.

만일 상상력이 길을 잃고 정신이 이리저리 끌려다닌다 해도, 당황하지 맙시다. 이 모든 힘들은 마음의 진짜 사람이 아닙니다. 사도 베드로가 말하는 "겸손하고 조용한 심령의 썩지 않는 것 속에 있는 숨은 사람" 말입니다.벧전 3:4 다른 이들로 인해 동요하지 말고, 자유로운 생각들을 선용하여 항상 사랑하는 이의 현존으로 향하게 하면 됩니다. 하나님께서 그분의 현존을 유지하는 이 능력을 기쁘신 뜻 안에서 더하게 해주실 것입니다. 종종 그분은 우리를 전진시키기 위해 그런 능력을 거두어 가시기도 합니다. 왜냐하면 이 능력은 너무 많은 생각들로 우리를 현혹하니까요. 이런 생각들은 정말이지 우리를 산만하게 하여 단순하고 올곧은 눈길로 하나님을 향하는 것을 방해하며, 그럼으로써 우리를 순수한 믿음의 영역으로부터 끌어냅니다.

우리는 종종 이런 생각들로 자기애를 만족시키려 하며, 자기 의를 입증하는 데서 위로를 얻으려 합니다. 그렇듯 뭔가를 느끼려는 열성 때문에 산만해지지요. 하지만 실제로는, 더 이상 기도가 안 된다는 생각이 들 때만큼 순수하게 기도하는 때도 없습니다. 그럴 때 우리는 제대로 기도하지 못한다고 두려워하지만, 나약한 본성의 고뇌에 끌려가지 말아야 합니다. 우리가 두려워해야 할 것은 신앙 속에 항상 끼어들려 하는 철학적인 불신에, 그리고 보고 느끼는 데서 위로를 얻으려는 조바심에 끌려가는 것뿐입니다.

의지하고 붙들 만한 것을 느낄 수 없는 이 순수한 믿음의 상태보다 더 쓰디쓴 회개는 없습니다. 그러므로 그것이야말로 가장 효과적이고 가장 혹독하며 착각이 배제된 회개라 하겠습니다. 얼마나 이상한 시험인지요! 우리는 충분히 회개했는지 불안한 나머지 뭔가 확실한 위로를 초조히 구합니다. 하지만 그런 위로조차 구하지 않는 것이야말로 참된 회개가 아니겠습니까? 아버지께서 십자가에서 버리신 예수 그리스도를 기억해야 합니다. 하나님께서는 예수 그리스도에게서 모든 느낌과 생각을 거두심으로 자신을 감추셨습니다. 그것이 고통으로 인간을 치시는 하나님 손길의 마지막 일격이었고, 그리하여 희생이 완수되었지요. 하나님께서 우리를 저버리시는 듯이 보이는 때야말로 가장 자신을 하나님께 내맡겨야 할 때입니다. 그러므로 하나님께서 빛과 위로를 주시면 받되, 거기 매달리지는 맙시다. 하나님께서 우리를 순수한 믿음의 밤 속으로 밀어 넣으실 때는, 순순히 그 밤 속으로 나아가 그 고뇌를 사랑으로 감내합시다. 이런 시련 가운데서는 한순간이 천 배의 값어치가 있습니다. 우리는 혼란에 빠지지만 이내 평온해집니다. 하나님께서는 숨으실 뿐 아니라 우리를 우리 자신으로부터 숨기십니다. 모든 것을 믿음 안에 두시기 위해서입니다. 우리는 낙심하지만, 그러면서도 하나님께서 원하시는 모든 험난한 것을 원하는 불굴의 의지가 있습니다. 모든 것을 원하고 기꺼이 받아들입니다. 우리를 시험하는 환란까지도 말입니다. 그러면 영혼 깊은 곳에서 전쟁을 감내하기 위해 버티는 이 의지로부터 남모르는 평안이 찾아옵니다. 우리 안에서, 우리의 자격 없음에도 불구하고 그처럼 위대한 일을 이루시는 하나님께 영광을!

27.

자신의 결점이나 타인의 결점을 보고
놀라거나 낙심하지 말 것
궁정의 한 부인을 위한 조언*

　　사람들의 연약함과 타락에 여전히 놀란다면 그것은 아직 일반적인 인간의 비참도 자기 자신의 비참도 충분히 깨닫지 못했기 때문입니다. 사람들에게서 아예 선을 기대하지 않는다면 악에 놀랄 것도 없겠지요. 인간은 도대체 아무것도 아니요 어쩌면 그 이하인데도 무엇이나 되는 듯이 여기기 때문에 놀라는 것입니다. 나무가 열매를 맺는다고 해서 놀랄 일은 아니니까요. 오히려 예수 그리스도를 찬미할 일입니다. 사도 바울의 말처럼 돌감람나무인 우리는 그분께 접붙여져서, 우리 자신의 쓴 열매 대신 그분 안에서 미덕의 단 열매를 맺는 것입니다.

　인간의 온갖 미덕에 대한 환상에서 깨어나십시오. 인간의 미덕은 자기만족과 자신감으로 물들어 있습니다. 성령께서도 "사람의 눈에 높아진 것은 하나님 앞에서 가증하다"고 말씀하셨습니다.눅 16:15 이것이 삶의 매 순간 일어나는 내적인 우상숭배입니다. 이 우상숭배는 미덕의 광채로 감싸여 있기는 하지만 사람들 눈에 더 엄청나게 보이는 다른 많은 죄악들보다 한층 더 가증합니다. 단 하나의 진리, 단 하나의 올바른 판단이 있을 뿐이니, 그것은 하나님 자신처럼 판단하는 것입니다. 하나님 앞에서는 연약함이나 격정이나 무지 때문에 저지르는 무시무시한 죄들이 자기 의로 가득 차서 자신이 하나님이나 된 것처럼 모든 것을 자신의 탁월함에 돌리는 영혼의 미덕들보다 차라리 낫습니다. 왜냐하면 후자의 경우는 하나님의 창조 질서 전체를 뒤엎는 것이 되기 때문입니다. 그러므로 선과 악을 자기애로 인해 타락한 우리의 취향이나 잘못된 위대함의 기준으로 판단하지 맙시다. 유일한 지고의 위대함 앞에서 아주 작아지는 것 말고는 위대한 것이 없습니다. 당신은 위대한 것을 지향하는 성향이 있고, 그것이 습관이 되어버렸습니다. 하지만 하나님께서는 그분의 손안에서 우리를 낮추시고 작게 만드십니다. 그분의 손길에 맡기십시오.

하나님을 찾는 사람들로 말하더라도, 그들은 비참으로 가득합니다. 하나님께서 그들의 불완전함을 허용하시기 때문이 아니라 그들이 자신의 불완전함에 가로막혀 하나님께 곧장 지름길로 나아가지 못하기 때문입니다. 그들은 자기 자신이라는 짐, 쓸데없는 온갖 장비들의 짐을 너무나 무겁게 지고 있어서 빨리 걷지도 못합니다. 그런데도 그 짐들을 행여 잃을까봐 열심히 지고 가지요. 어떤 이들은 자신들에게 허용된 듯이 보이는 목표에 도달하기 위해 항상 샛길로 둘러가면서 자신이 똑바로 가고 있다고 믿습니다. 또 다른 이들은 극히 사소한 이해득실이나 간섭도 못 견딜 만큼 여전히 모든 것에 집착하면서 자신은 더 이상 아무것에도 집착하지 않는다고 상상할 정도로 자기 마음을 모릅니다. 남의 생각은 성전의 저울로 달아보면서 자기 생각에는 지극히 관대하여, 정의와 성실을 떠들면서 자신은 불의를 일삼지요. 자기가 시기하는 사람들에게 반감을 갖는데, 마음속 가장 깊은 곳에 숨겨진 시기심은 아주 사소한 결점까지 크게 과장할 뿐 아니라, 속에 가득한 것을 감추지 못하고 입 밖에 내어 자기도 모르게 못마땅한 감정을 드러냅니다. 그래서 딱히 그럴 생각이 없으면서도 은근한 비판과 악담을 하게 되는 것이지요. 이기심으로 좁아진 마음은 자기 좋을 대로 행하기 위해 자신을 속입니다. 나약하고 확신이 없으며 소심하고, 원하는 것을 얻기 위해서라면 언제든 비굴하게 아첨하고 아부할 태세입니다. 너무나 자기 자신에 사로잡혀 있기 때문에 타인을 돌아볼 시간도 생각도 감정도 남지 않습니다. 때때로 하나님에 대한 두려움이 그가 누리는 거짓 평안을 뒤흔들어 다른 사람을 향하게 만들기도 하지만, 두려움에서 억지로 그렇게 할 뿐입니다. 그 본의 아닌 충동에 잠시 내몰리다가, 곧 다시 자기 속으로 가라앉아 자기가 모든 것이요 자기 하나님이 되어버리면, 모든 것이 자기나 자기와 관련된 것을 위해 존재할 뿐 그 밖의 온 세상은 아무것도 아니게 됩니다. 야심도 탐욕도 불의도 배신도 원치 않지만, 그렇다고 해서 사랑으로 이런 악덕들과 반대되는 모든 미덕을 항상 추구하는 것도 아닙니다. 때 없이 찾아드는 이상한 두려움 때문에 자신에게 사로잡힌 영혼 특유의 이 모든 악덕을 잠시 덮어놓을 뿐입니다.

이것이 제가 가장 통탄하는 점입니다. 이 점 때문에 저는 순수한 신앙과 철저한 자기 죽음으로 이루어지는, 자기 자신을 완전히 떨쳐버리고 다시는 돌이키지 않을 신앙을 그처럼 열망하는 것입니다. 흔히 이런 완전함은 너무 고결한 것이라 실현할 수 없는 것이라고 여기지요. 그렇다면 좋습니다! 또 다시 자기애에 빠져, 하나님을 두려워하면서 죽을 때까지 비겁하게 넘어졌다 일어났다 하기를 계속하십시오. 그토록 자신을 사랑하는 한, 비참으로 가득한 삶을 살 수밖에 없습니다. 좀 더 영광스러운 자리에서 좀 더 고상할 때는 다른 사람들보다 나은 모습을 할 수도 있지만, 이런 외적인 것들은 진짜 버팀목이 되지 못합니다. 자기애가 뒤섞인 이런 신앙생활이야말로 우리를 오염시키고, 세상의 빈축을 사고, 하나님께서도 토해내시는 것입니다. 언제가 되어야 우리도 이런 것을 토해내게 될까요? 언제가 되어야 이런 병폐를 근절할 수 있을까요?

신앙이라는 것을 거기까지 밀고 나가면, 사람들은 겁에 질려 너무 멀리 가는 것이라고 생각합니다. 하지만 거기까지 가지 못한 신앙은 나약하고 시기하며 과민하고 자기중심적인 데 머뭅니다. 자기 자신을 잃어버리고 잊어버리고 없애버릴 만한 용기와 신실함을 지닌 사람은 드물고, 그러다 보니 신앙을 마땅히 그래야 할 만큼 중요하게 여기는 사람도 드뭅니다.

성급함이나 부실함 같은 결점들이 성실한 신앙생활과 양립 불가능하지 않다는 것은 당신도 잘 아실 것입니다. 하지만 나약함이나 망상, 자기애, 습관 등에서 오는 다른 결점들도 하나님을 기쁘시게 하려는 참된 의도와 양립한다는 점은 그만큼 잘 알지 못하실 것입니다. 사실 이런 의도는 충분히 순수하지도 충분히 강하지도 못하지요. 하지만 아무리 약하고 불완전하다 해도, 그 한계 안에서는 진실한 것입니다. 탐욕을 부리면서도 자신의 탐욕을 깨닫지 못합니다. 현명한 일 처리라느니 손실 예방이라느니 장래를 위한 준비라느니 하는 그럴싸한 구실들로 포장되니까요. 시기하면서도 자기 안에 이런 저열하고 악의적인 감정이 숨어 있음을 느끼지 못합니다. 시기심은 너무 큰 동요를 일으키지 않도록 정체를 드러내지 않고 다른 것으로 위장하므로, 때로는 시기심에 시달리는 당사자를 가까이서 비판적인 눈으로 관찰하는 이들보다 더 잘 속이기도 합니다. 또 우리는 날카롭고 과민하고 까다로우며 사사건건 트집을 잡기도 합니다. 모두 이기심 탓이지만, 이기심은 온갖 아름다운 이유들로 변명하기 마련이지요. 그 변명을 듣다 보면 끝이 없고, 전혀 잘못되지 않았다고 인정하는 수밖에 없을 것입니다. 요컨대, 당신이나 다른 사람들이나, 선량한 사람들도 선한 의도와 뒤섞인 불완전함들로 가득 차 있다는 것입니다. 아무리 선한 의지라 해도 여전히 약하고 나뉘어 있으며 은밀한 자기애의 충동들로 견제되기 때문입니다.

다른 사람들의 결함에 대한 당신의 강한 반감 자체가 큰 결함입니다. 타인의 비참을 멸시하는 것은 자기 자신을 제대로 알지 못하는 비참이니까요. 그것은 인류가 처한 비천함 위에 자기만 우뚝 서려는 교만입니다. 그 비천함을 제대로 보려면 같은 높이에서 보아야 합니다. 오 맙소사! 도대체 언제가 되면 자신에게서나 타인에게서나 아무 흠도 보지 않게 될까요? 하나님만이 모든 선이시고, 피조물은 모든 악입니다. 게다가 당신을 스쳐 가는 인상들이 너무 강합니다. 당신은 그때그때 상황에 따라 그런 인상들을 너무 생생하게 받아들이는 것입니다. 그 대신 침착하게 바라보면 안정적인 관점들을 가질 수 있고, 그런 관점들은 모든 특정한 경우에 적용되어 세세한 것들을 푸는 마스터키가 되어 줄 것이며, 좀처럼 변하지 않을 텐데 말입니다.

당신은 인류 전체를 멸시하게 될까봐 두려워합니다. 어떤 의미에서 저는 당신이 온 인류를 경멸해 마땅한 만큼 경멸하기를 바랍니다. 하나님의 빛만이 모든 인간 안에 있는 악의 심연을 꿰뚫어 보는 통찰력을 줄 것입니다. 하지만 이 모든 악을 철저히 깨달을 때는 하나님께서 그 안에 섞어두신 선도 깨달아야 합니다. 사람들이 납득하기 어려운 것은 이처럼 선악이 섞여 있다는 점입니다. 그것이 알곡 사이에 원수가 뿌린 가라지입니다. 종들은 가라지를 없애려 하지만, 주인은 이렇게 말씀하시지요. "추수 때까지 함께 자라도록 내버려 두어라."마 13:25-29

중요한 것은 그처럼 한심한 광경을 보고도 낙심하지 않는 것, 그리고 인간에 대한 불신을 너무 확대하지 않는 것입니다. 천성이 개방적이고 남을 잘 믿는 사람들은 그런 신뢰와 개방성 때문에 상처를 입고 한층 더 움츠러들고 의심이 많아지기도 합니다. 마치 겁먹은 나머지 더 용감해지는 겁쟁이처럼 말입니다. 당신은 이런 면에서 조심할 점이 많습니다. 왜냐하면 당신이 처한 위치에서는 인류의 각종 비참이 줄지어 지나가는 것이 보일 뿐 아니라, 시기심, 질투심, 성급한 판단, 악담 같은 것들이 무해한 것들마저 오염시켜 사소한 결점들까지 무자비하게 과장하게 되니까요. 그 모든 것이 떼 지어 공격해 오므로, 당신의 인내심과 신뢰와 자비심도 지치고 마는 것입니다. 하지만 잘 버티십시오. 하나님께서는 신실한 종들을 따로 지키십니다. 이들은 모든 일을 하지는 않는다 해도 부패한 세상의 다른 사람들에 비하면, 그리고 그들 자신의 타고난 것에 비해서도 많은 일을 하지요. 그들은 자신의 결점들을 인정하고 겸비하며 결점들과 싸워 고쳐 나갑니다. 사실 그 과정은 느리지만, 그래도 결국에는 고쳐지지요. 그들은 자신이 하는 일로 인해 하나님을 높이며, 하지 않는 일에 대해 스스로 꾸짖습니다. 하나님이 그들을 흡족해하시니, 당신도 그것으로 만족하십시오.

만일 당신도 저처럼 하나님을 좀 더 잘 섬기는 것이 마땅하다고 생각하신다면, 이 진리의 예배에 더욱 더 힘쓰십시오. 이 예배 가운데서는 더 이상 아무것도 피조물에게로 돌아가지 않으며, 모든 돌아감은 불신이요 이기심으로 추방됩니다. 오, 만일 당신이 이 복된 상태에 있다면, 그에 미치지 못할 사람들을 마지못해 참아내는 대신, 이기적인 마음들을 위축시키는 모든 약점에 대해 넓은 마음으로 너그러운 연민을 갖게 될 것입니다. 사람은 완전해질수록 불완전함에 관대해집니다. 바리새인들은 세리나 죄 많은 여자들을 참지 못했지만, 예수 그리스도께서는 이들을 크나큰 온유함으로 선대하셨습니다. 더 이상 자신에게 집착하지 않게 되면, 아무것에도 지치지 않고 거슬리지 않는 이 하나님의 위대하심 안으로 들어갈 것입니다. 당신은 언제 이처럼 자유롭고 넓은 마음을 갖게 될까요? 미덕에 대한 섬세한 감각에서 나온다고 여겨지는 예민함은 사실 그보다는 자신에 갇혀 있는 좁은 마음에서 오는 것입니다. 더 이상 자신의 것이 아닌 사람은 하나님 안에서 모든 사람의 것이 됩니다. 아직 자신이 주인 노릇하는 사람은 하나님께도 타인에게도 아주 조금밖에 열려 있지 않으며, 자신에게 집착할수록 그 조금은 더욱 적어집니다. 화평과 진리, 단순함, 자유, 순수한 믿음, 사심 없는 사랑이 당신을 온전한 번제물로 삼기를 원합니다.

28.

하나님의 자녀의 참된 자유:
그것을 얻는 수단들

저는 정신적 자유란 단순성을 지녀야 한다고 생각합니다. 끊임없이 자신을 향하는 불안에 시달리지 않을 때, 참된 자유를 누리기 시작하는 것입니다. 반대로, 거짓된 지혜는 항상 긴장되고 항상 자기 자신에 사로잡혀 자신의 완전성에 집착하며 자신에게서 아주 작은 흠이라도 발견할 때면 극심한 고통을 겪습니다.

단순하고 자기 자신에 대해 초연한 사람이 자신의 완전을 위해 노력하지 않는다는 말은 아닙니다. 그는 자신을 잊는 만큼, 선을 행하는 것도 오직 하나님의 뜻을 수행하기 위해서인 만큼, 더욱 노력합니다. 우리 안에서 다른 모든 결함의 근원이 되는 것은 자기 사랑입니다. 모든 것을 하나님이 아니라 자기 자신과 연관시키는 것이지요. 그러므로 예수 그리스도의 가르침대로 자기 자신을 떨쳐버리고 잊고 포기하는 자는 단칼에 모든 악의 뿌리를 잘라내며 이 단순한 자기 포기에서 모든 미덕의 싹을 발견하게 됩니다.

그럴 때 우리는 자신 안에서 "주의 영이 계신 곳에 자유가 있다"는 성경 말씀의 깊은 진리를 경험하게 됩니다.고후 3:17 자신의 안에서나 밖에서나 하나님께서 다스리시도록 아무것도 소홀히 하지 않지만, 자신의 부족함으로 인해 겸손한 가운데 평안을 누립니다. 차라리 죽을지언정 아무리 작은 죄라도 알고서는 짓지 않으려 하지만, 자신의 평판 때문에 사람들의 판단을 두려워하지는 않습니다. 만일 두려워한다면, 그것은 그들의 마음을 어지럽힐까봐서입니다. 나아가, 예수 그리스도께서 받으신 모욕에 동참하며, 앞일의 불확실성에 대해 염려하지 않습니다. 하나님의 심판에는 자신을 내맡길 따름입니다. 신뢰나 희생, 자기 포기의 정도는 각기 다르겠지만요, 자신을 포기하면 할수록 더 큰 평안을 누리게 되겠지요. 이 평안으로 마음이 넓어지면 모든 것을 받아들일 수 있게 됩니다. 모든 것을 원하면서 아무것도 원치 않게 되지요. 어린아이처럼 단순해집니다.

하나님의 빛은 아주 작은 잘못까지도 드러내시지만, 결코 우리를 낙심시키지 않습니다. 우리는 그분 앞에서 걸으며, 혹시 발이 걸려 넘어질지라도 서둘러 다시 일어나며 계속 전진하는 것밖에 생각지 않습니다. 오, 이런 단순성은 얼마나 복된지요! 하지만 결코 뒤돌아보지 않을 용기를 지닌 영혼은 드뭅니다.

롯의 아내와도 같이, 자신에 대한 집착을 떨쳐버리지 못해 뒤돌아봄으로써 하나님의 저주를 자초하는 것이지요.

하나님 안에 머물기를 원한다면 우리 자신을 버려야 합니다. 예수 그리스도께서는 하나님 나라가 소자들의 것이라고 선포하셨습니다. 너무 따지지 말고, 평범한 일들에서 올바른 의도를 가지고 선을 향해 나아가며, 자신을 교정한다는 구실로 줄곧 자신에게 몰두하게 되는 수많은 생각들을 떨쳐버려야 합니다. 대체로 이런 것들이 의무를 게을리하지 않되 참된 자유를 누리는 주된 수단들입니다.

29.

자신을 남김없이
하나님께 드려야 할 의무[26]

　　　　　구원은 단지 악을 그치는 데 달려 있지 않으며, 선의 실천이 더해져야 합니다. 그저 엄두가 안 나서 악을 저지르지 못할 뿐인 노예의 두려움으로는 하늘나라의 상급을 얻을 수 없습니다. 하나님께서는 그분의 권능이 두려워서 마지못해 섬기는 노예가 아니라 그분의 선하심을 사랑하는 자녀들을 원하십니다. 그러므로 하나님을 사랑하고, 참된 사랑에서 우러나는 모든 것을 행해야 합니다.

　선한 의도를 지닌 것 같은 많은 사람들이 이 점에서 잘못 생각하고 있습니다. 하지만 진실한 마음으로 차근히 생각해 보

---

26 이 장(章)은 "제9장 느슨한 회심에 대하여"의 일부와 중복되는 내용이나, 베르사유/파리 판에 별도의 장으로 편집되어 있고, 영역본도 이를 따르고 있다.

면 어렵잖게 틀린 점을 깨달을 수 있습니다. 그들의 잘못은 하나님도 자기 자신도 제대로 알지 못하는 데서 비롯됩니다. 그들은 자신의 자유를 애지중지하는 나머지 신앙에 너무 빠져들었다가는 자유를 잃을까봐 두려워합니다. 하지만 그들은 "결코 자신의 것이 아님"고전 6:19을 상기해야 합니다. 그들은 하나님의 것이며, 하나님께서는 그들 자신이 아니라 그분을 위해 그들을 지으셨으므로 그분의 뜻대로 절대적인 주권을 가지고 그들을 인도하셔야 합니다. 그들은 전적으로, 아무런 조건이나 유보 없이, 그분의 것이라야 합니다. 엄밀히 말해 우리는 우리 자신을 하나님께 드릴 권리도 없습니다. 우리는 우리 자신의 것이 아니니까요. 우리가 자신을 본래 그분께 속한 것으로서 그분께 드리지 않는다면, 도둑질이요 신성모독이요 자연의 질서를 뒤엎고 피조물의 근본적인 법을 위반하는 일이 될 것입니다.

그러므로 하나님께서 우리에게 부과하신 법을 놓고 이러니저러니 따지는 것은 우리가 할 일이 아닙니다. 우리가 할 일은 그 법을 받아들이고 소중히 하고 무조건 따르는 것입니다. 하나님께서는 무엇이 우리에게 맞는지 우리보다 더 잘 아십니다. 만일 우리가 복음을 만든다면, 우리의 비겁함에 맞추어 완화하고 싶은 유혹을 느끼겠지요. 하지만 하나님께서는 복음을 만드실 때 우리와 의논하지 않으셨고, 완성된 복음을 우리에게 주심으로써 만인에게 평등한 지고의 법을 수행하는 것 말고는 다른 구원의 희망을 남겨두지 않으셨습니다. "하늘과 땅은 지나갈지라도 이 생명과 죽음의 말씀은 결코 지나가지 않을 것이다."^{마 24:35}[27] 그러므로 그 법의 일점일획도 고칠 수 없습니다. 우리에게 맞도록 율법을 완화하기 위해 감히 복음의 능력을 축소시키려 하는 성직자들에게 화가 있을 것입니다! 복음의 법은 그들이 만든 것이 아니며, 그들은 그저 수탁자일 뿐입니다. 그러므로 복음의 법이 엄하다고 해서 그들에게 불평할 일이 아닙니다. 이 법은 그들에게나 다른 모든 사람에게나 똑같이 준엄하며, 오히려 그들에게 더 준엄한 것입니다. 그들은 이 법의 준수에 대해 자신들뿐 아니라 다른 사람들을 위한 책임까지 지고 있기 때문입니다. "눈먼 사람이 눈먼 사람을 인도하니 화가 있을 것이다! 둘 다 구덩이에 빠지리라"고 하나님의 아들이 말씀하셨습니다.^{눅 6:39} 무지하거나 비겁하고 아첨하는 성직자, 좁은 길을 넓히려는 자에게 화가 있을 것입니다! "멸망에 이르는 길은 넓습니다."^{마 7:13}

그러니 인간의 교만은 침묵할 일입니다. 그는 스스로 자유롭다고 생각하지만 그렇지 않습니다. 그는 율법의 멍에를 메고 하나님께서 그 멍에의 무게에 알맞은 능력을 주시기를 바랄 뿐입니다. 피조물에게 절대적 권위를 가지고 명령하시는 분께서 그에게 내적인 은혜 또한 주셔서 명령받은 일을 원하고 행하게 하시기 때문입니다.

---

27 "하늘과 땅은 없어질지라도, 나의 말은 없어지지 않을 것이다"(새번역, 마 24:35).—편집자

30.

하나님께 자신을 온전히 내어드리는 영혼의 행복:
하나님의 사랑이 모든 희생을 얼마나 쉽게 만드시는지,
일시적 복락을 영원한 복락보다 앞세우는
인간들의 눈멂에 대하여

그리스도인의 완전이란 흔히 상상하듯 엄격하고 지루하고 속박하는 것이 아닙니다. 그것은 마음속 깊은 곳으로부터 하나님께 속할 것을 요구합니다. 그렇게 하나님께 속하고 나면, 그분을 위해 하는 모든 일이 쉬워집니다. 하나님께 속한 자들은 마음이 나뉘지 않으므로 항상 만족합니다. 하나님께서 원하시는 것만을 원하고 그분이 원하시는 모든 것을 행하기를 원하니까요. 그들은 모든 것을 떨쳐버리고, 그 버림 가운데서 백배나 얻습니다. 양심의 평안, 마음의 자유, 온전히 하나님 손에 맡겨지는 감미로움, 마음속에서 빛이 갈수록 환해지는 것을 보는 기쁨, 그리고 세상의 횡포한 욕망과 두려움에서 벗어나는 해방감─하나님의 참된 자녀들은 하나님께 신실하기만 하면 온갖 십자가로 둘러싸인 가운데서도 이런 백배의 복을 누립니다.

그들은 자신을 드리지만 가장 사랑하는 것에 드립니다. 고통을 겪지만 자원해서 겪으며, 모든 거짓된 기쁨보다 고통을 택합니다. 몸이 병고에 시달리고 생각이 혼미해지며 정신이 지쳐 쓰러진다 하더라도, 그들의 의지는 가장 깊은 속에서 강건하여 흔들리지 않으며 하나님께서 그것을 희생시키려고 치시는 손길에 끊임없이 아멘으로 화답합니다.

하나님께서 우리에게 요구하시는 것은 그분과 다른 어떤 피조물 사이에서도 나뉘지 않는 의지입니다. 그것은 그분의 손길에 순종하는 의지, 아무것도 원하지 않고 거부하지 않는 의지, 그분이 원하시는 모든 것을 남김없이 원하는 의지, 그분이 원치 않으시는 것은 어떤 구실로도 결코 원치 않는 의지입니다. 이런 마음의 태도를 지니면, 모든 것이 유익해지며 더없이 무용한 오락마저도 선한 일로 바뀝니다.

하나님께 자신을 드리는 자는 복이 있습니다! 그는 해방되기 때문입니다. 자신의 정념들에서, 사람들의 판단에서, 그들의 악의에서, 그들의 강압적인 격언들에서, 냉정하고 한심한 조롱들에서, 세상이 운의 탓으로 돌리는 불행들에서, 벗들의 변덕과 배신에서, 원수들의 계략과 함정에서, 자기 자신의 연약함에서, 인생의 비참과 짧음에서, 속된 죽음에 대한 두려움에서, 죄스러운 쾌락과 결부된 후회에서, 그리고 하나님의 영원한 저주에서―이 무수한 불행에서 그가 해방되는 것은 자신의 의지를 하나님의 손길에 맡기고 하나님이 원하시는 것만을 원하며, 그리하여 믿음 안에서 위안을 얻고 모든 환란 가운데서도 희망을 갖기 때문입니다. 그러니 하나님께 자신을 드리기를 두려워하고 그토록 바람직한 상태로 더 나아가기를 꺼리는 것은 얼마나 나약한 일이겠습니까!

사도 바울이 말하듯 고개를 숙이고 눈을 감은 채 "모든 위로의 하나님이신 자비의 아버지"고후 1:3의 품 안으로 뛰어드는 자들은 복이 있습니다! 그러면 자신이 하나님께 입은 은혜를 아는 것 말고는 아무것도 원하지 않으며, 그분이 요구하시는 것을 충분히 깨닫지 못하는 것 말고는 아무것도 두려워하지 않게 됩니다. 믿음 가운데 새로운 빛을 발견하는 즉시, 마치 욕심쟁이가 보물이라도 찾은 듯 기쁨에 넘치게 됩니다. 참된 그리스도인은 어떤 불행을 당하더라도 자신에게 일어나는 모든 일을 기꺼이 받아들이며 자신에게 없는 것을 원치 않습니다. 하나님을 사랑하면 할수록 더욱 만족합니다. 그러니 그리스도인이 추구하는 최고의 완전이란 더 무거운 짐이 아니라 더 가벼운 멍에가 됩니다.

하나님께 더욱 드려질까봐 겁내는 것은 얼마나 어리석은 일인지요! 그것은 너무나 행복해질까봐 두려워하는 것이나 마찬가지입니다. 모든 일에서 하나님의 뜻을 사랑하게 될까봐, 피할 수 없는 십자가들을 만날 때 너무 큰 용기가 날까봐, 하나님의 사랑에서 너무 큰 위로를, 자신을 비참하게 만드는 정념들에서 너무 자유로워질까봐 겁내는 것이나 마찬가지입니다.

그러므로 땅의 것들에 매이지 말고 온전히 하나님께 속합시다. 땅의 것들을 아주 버리라는 것이 아닙니다. 이미 정직하고 규율 잡힌 삶을 살고 있다면, 마음속 사랑의 대상을 바꾸기만 하면 됩니다. 그 밖에는 하던 일들을 그대로 하면서 살아갈 것입니다. 하나님께서는 사람의 처지나 그분이 그 처지 가운데 부여하셨던 소임을 뒤엎으시지 않기 때문입니다. 우리는 세상을 섬기고 기쁘게 하기 위해, 또 자신의 만족을 위해 하던 일을 하나님을 섬기기 위해 할 것입니다. 자신의 교만과 횡포한 정념들과 세상의 악의적인 비판에 좌우되지 않고 하나님 안에서 자유와 용기와 소망을 가지고 행하게 되리라는 점이 다를 뿐입니다. 그러면 든든한 자신감이 우리에게 활기를 줄 것이고, 이생의 복락들이 사라져갈 때 다가오는 영원한 복락에 대한 기대가 고난 속에서도 우리를 붙들어 줄 것이며, 하나님을 사랑할 때 느껴지는 그분의 사랑이 우리에게 그분의 길로 날아갈 날개를 달아 주시어 모든 비참 너머로 솟아오르게 할 것입니다. 이런 것을 믿기 힘들어질 때면, 경험이 새삼 깨우쳐 줄 것입니다. 다윗이 노래한 대로입니다. "너희는 여호와의 선하심을 맛보아 알지어다." 시 34:8

예수 그리스도께서는 모든 그리스도인에게 예외 없이 말씀하셨습니다. "내 제자가 되고자 하는 자는 자기 십자가를 지고 나를 따르라." 마 16:24 넓은 길은 멸망에 이르며, 들어가는 자가 적은 좁은 길로 가야 합니다. 침노하는 자들만이 하늘나라를 얻습니다. 거듭나서 자신을 버리고 미워하고 어린아이가 되며 마음이 가난해져서 눈물로 위로를 얻으며 타락하여 저주받은 이 세상에 속하지 말아야 합니다. 이런 진리에 사람들은 겁을 먹지만, 그것은 그들이 신앙이 요구하는 의무만을 볼 뿐 그것이 보여주는 기쁨을, 모든 수고를 수월하게 만드는 사랑을 알지 못하기 때문입니다. 그들은 신앙이 화평과 사랑의 길을 통해 최고의 완전에 이르게 한다는 것을 알지 못합니다.

마음이 나뉘지 않고 온전히 하나님께 속한 자들은 항상 복이 있습니다. 그들은 주님의 멍에가 "쉽고 가벼움"을, 그분 안에 "영혼의 안식"이 있음을, 그리고 그분이 친히 말씀하신 대로 "수고하고 무거운 짐 진 자들"을 쉽게 하심을 경험합니다.^{마 11:29-30} 하지만 하나님과 세상 사이에서 마음이 나뉜 비겁하고 소심한 자들은 불행하지요! 이런 사람들은 원하는 동시에 원치 않으며, 욕망과 동시에 회한으로 괴로워합니다. 그들은 하나님의 심판과 사람들의 판단을 모두 두려워하고, 악을 혐오하면서도 선을 행하기를 부끄러워하며, 덕을 쌓느라 애쓰면서도 그 위안을 맛보지 못합니다. 오, 얼마나 불행한 자들입니까! 조금만 용기를 내어 사람들의 헛된 담화와 냉혹한 조롱, 경솔한 비판을 무시할 수 있다면, 하나님 품 안에서 크나큰 평안을 누릴 텐데요!

지금 있는 자리에 언제까지나 머물고자 하는 것은 구원을 위해 얼마나 위험한 일인지요! 그것은 하나님께나 우리에게나 합당치 않으며, 우리 마음의 평안에도 해가 됩니다. 우리에게 한평생이 주어진 것은 하늘의 본향을 향해 성큼성큼 나아가게 하기 위해서입니다. 그럴 때 세상은 거짓된 그림자처럼 달아나고, 영원이 우리를 맞이하러 다가옵니다. 자비하신 아버지의 빛이 우리를 비추는 동안 나아가기를 왜 지체합니까? 하나님 나라에 이르기를 서두릅시다.

단 하나의 계명만으로도 하나님 앞에서 주저하며 내세울 수 있는 모든 구실을 단번에 물리쳐 버리기에 족합니다. "너는 네 하나님 여호와를 마음을 다하고 목숨을 다하고 뜻을 다하고 힘을 다하여 사랑하라."[신 6:5; 막 12:30] 인간이 이 독점적이고 지배적인 사랑에 맞서 둘러댈 수 있는 온갖 핑계를 미리 막기 위해 성령께서 말들을 연거푸 겹쳐 사용하신 것을 보십시오. 하나님께는 다 드려도 지나치지 않으니, 그분은 우리 마음이 나뉘는 것을 용납하지 않으시며, 그분 밖에는, 그분에 대한 사랑으로 사랑하라고 명하신 것 말고는 사랑하는 것을 허락하지 않으십니다. 그분은 온 마음과 마음의 힘을 다해 사랑해야 할 뿐 아니라, 생각을 다해 사랑해야 합니다. 그러니 그분의 율법을 묵상하기로 결단하고 그분의 뜻을 준행하는 데 전념하지 않는다면 어떻게 그분을 사랑한다고 할 수 있겠습니까?

하나님을 사랑한다면서 그 사랑이 요구하는 바를 분명히 알기를 두려워하는 이들은 자기가 이 주의 깊고 헌신적인 사랑을 갖고 있다고 스스로 속이는 것입니다. 하나님을 사랑하는 방식은 하나뿐이니, 그분과 어떤 흥정도 하지 않고 순전한 마음으로 그분이 명하시는 바를 따르는 것입니다. 세상을 버렸다면서 여전히 조금은 세상과 발맞추기를 바라는 자들은 그분께서 "토해내실" 미지근한 자들이 될 소지가 큽니다.계 3:16 하나님께서는 "나는 저기까지만 가고 더는 가지 않겠어"라고 말하는 비겁한 영혼들을 못 참아 하십니다. 피조물이 창조주 앞에서 자기 방식을 고집하는 것이 가당한 일입니까? 왕의 신민이, 또는 주인의 종이, 자기 방식대로 섬기려 한다면, 주인의 일에 너무 열심을 낼까봐 주저한다면, 사람들이 보는 앞에서 충성하기를 수치스러워한다면, 왕이나 주인은 무엇이라 하겠습니까? 하물며 우리가 이 비겁한 하인들처럼 한다면, 왕 중 왕이신 주님은 무엇이라 하시겠습니까?

우리는 하나님의 전반적인 뜻에 대해서뿐 아니라 구체적인 일에서도 그분의 뜻이 어떠한지, 무엇이 그분을 더 기쁘시게 하며 무엇이 가장 완전한지에 대해서도 알아보아야 합니다. 우리는 하나님의 뜻을 구하고 그분의 뜻에 우리 뜻을 맞추어 갈 때 비로소 분별 있다 할 것입니다. 그것이 우리가 따라야 할 참된 빛이며, 다른 모든 빛은 거짓이요 속이는 것입니다. 그러니 스스로 현명하다 여기면서 지혜라는 이름으로 불리기에 합당하신 단 한 분 예수 그리스도의 지혜 안에 있지 않은 자는 눈먼 자입니다! 그들은 헛것을 쫓아 어둠 속을 헤매며, 꿈을 꾸면서도 스스로 깨어 있다고 생각하고 꿈속에 보는 것이 현실이라고 믿는 자들입니다. 세상의 큰 자들, 현명한 자들, 거짓 쾌락에 홀려 있는 자들이 다 그렇게 속고 있습니다. 하나님의 자녀들만이 순수한 진리의 빛 가운데 걷습니다. 헛되고 야심만만한 생각들로 가득 찬 인간들을 기다리고 있는 것은 무엇입니까? 대개는 치욕이요, 어김없이 죽음이고 하나님의 심판이며 영원입니다. 이런 엄청난 것들이 세속적인 인간들을 향해 다가오고 있건만, 그들에게는 보이지 않습니다. 그들은 모든 것을 계산하면서도 자신들이 추구하는 모든 것의 피할 수 없는 멸망은 보지 못하는 것입니다. 오 눈먼 자들이여! 언제가 되어야 그대들은 이생의 모든 영광이 헛됨을 보여주실 예수 그리스도의 빛에 눈뜨려는가.

그들은 자신들이 행복하지 않다고 느끼며, 자신들을 비참하게 만드는 바로 그것들을 통해 행복해질 무엇을 발견하기를 바랍니다. 갖지 못한 것이 그들을 괴롭히며, 가진 것은 그들을 만족시켜 주지 못합니다. 고통은 실제이지만, 기쁨은 짧고 덧없고 온전하지 못하며 치르는 값에 못 미칩니다. 그들의 평생은 끊임없는 방황의 연속이며, 영원한 심판이 머리 위에 드리워져 있습니다. 그들의 거짓된 기쁨은 영원히 끝나지 않을 눈물과 울부짖음으로 바뀔 것입니다. 그들의 삶은 사라질 그림자와 같으며, 기껏해야 아침에 피었다가 저녁이면 마르고 시들어 밟히는 꽃과 같습니다. 이 지각없는 세속적인 사람들은 대체 어떻게 되었습니까? 우리는 그런 사람들이 죽음의 순간에 낙심하여 용기를 잃고 떠는 것을 보았습니다. 그들은 자신들이 착각 속에 살았다고 고백하며 자신의 잘못을 탄식합니다. 때로는 극에서 극으로 바뀌어, 신앙에 대해 일말의 존경도 없던 사람이 비겁하고 미신적이 되기도 합니다. 사람들이 악한 성향을 고치기보다 차라리 영원을 위험에 빠뜨리기를 택한다는 것은 무서운 일이 아닙니까? 하지만 그보다 더 흔한 일도 없지요. 이런 사람들에게 피조물의 헛됨을 말해 보십시오. 인생의 짧음과 불확실성을, 행운의 변덕스러움을, 벗들의 신의 없음을, 높은 자리의 부질없음을, 피할 수 없는 환멸을, 위대한 자들의 불만을, 가장 위대한 희망들이 가져오는 실망을, 모든 소유의 허망함을, 그리고 겪어야 하는 고통의 엄연함을 주목하게 해보십시오. 이 모든 교훈은 아무리 진실이라 해도 그들의 마음을 스치고 지나갈 뿐입니다. 겉만 스칠 뿐, 인간의 근본은 전혀 달라지지 않습니다. 그는 자신이 헛되고 헛된 것의 노예가 된 것에 탄식할지언정 그 예속에서 벗어나려 하지 않습니다.

이 가련한 상태에서 벗어나려면 어떻게 해야 할까요? 하나님께서 그를 속속들이 비춰 주시기를 기도해야 합니다. 그러면 그는 하나님만이 무한한 선이시며 타락한 피조물은 끝없는 악과 허무일 뿐임을 깨닫게 될 것이고, 자신을 경멸하고 미워하고 버리고 두려워할 것입니다. 자기 자신을 포기하고 하나님께 온전히 자신을 내맡겨 그분 안에서 자신을 잃어버릴 것입니다. 얼마나 복된 상실인지요! 그는 비로소 자신을 구하지 않고도 찾게 될 것이며, 더 이상 자기 이익을 챙기지 않아도 유익을 얻게 될 것입니다. 하나님을 사랑하는 자들에게는 모든 것이 합력하여 선을 이루기 때문입니다.롬 8:28 그들은 그분의 영이 주시는 힘으로 살아가는 반면, 그 선한 영을 갖지 못한 자들은 그 영이 없기 때문에 몹시 불행합니다. 있던 영을 빼앗겼거나 더 이상 구하지 않거나 아니면 잘못

구하는 것이지요. 이 생명의 영을 자기 안에 모시게 되는 것은 입술의 말이나 외적인 행동이 아니라 마음에서 우러나는 소원과 하나님 앞에 자신을 철저히 낮춤으로써입니다. 이 생명의 영이 없이는 최선의 행동들도 다 죽은 것입니다. 하나님은 선하시므로 우리가 구하기만 하면 그분 자신이라는 선물로 우리를 채워 주십니다. 성경에 이르기를, 너희 입에서 부르짖음이 발해지기도 전에, 너희 마음속에서 부르짖음이 생겨나기도 전에, 나는 그것을 보고 이루어 주리라고 하셨습니다.[사 65:24] 그러므로 하나님께서 평소에 이루어 주시는 기도는 마음의 기도입니다. 우리는 신앙의 어떤 신비나 위대한 진리를 택하여 깊은 침묵 속에서 묵상하다가 마음으로 그것이 믿어지면 자신에게 적용하고 자신이 고쳐야 할 것이나 해야 할 일에 대해 하나님 앞에서 결단한 다음 우리가 그분께서 주시는 용기로 감히 약속드린 일을 완수할 수 있도록 힘주시기를 기도해야 합니다. 기도하다가 정신이 산만해진다는 느낌이 들면 그 끈질기고 성가신 잡념들 때문에 낙심하지 말고 다시금 제 길로 돌아오면 됩니다. 잡념들은 의지적인 것이 아닌 한 우리를 해치지 못합니다. 오히려 좀 더 열심히 마음을 모아 기도하게 하지요. 잡념이 자꾸 든다는 사실이 우리를 겸손케 하고 자신을 버리고 다른 어떤 즐거움도 섞이지 않은 채 하나님 그분만을 위해 그분을 구하는 데 익숙해지게 해줍니다.

이런 기도를 위해서는 따로 시간을 내야 하지만—아무리 시급한 일이라 해도 우리에게 일용할 빵을 먹을 시간마저 남겨 주지 않을 정도는 아니니까요ー이런 규칙적인 기도 외에도 우리는 자주 짧은 기도로 하나님께 마음을 드려야 합니다. 시편이나 복음서의 한 구절 또는 감동이 되는 다른 성경 구절만으로도 충분합니다. 사람들과 함께 있을 때도 아무도 눈치채지 못하게 그런 기도를 드릴 수 있습니다. 특정한 주제로 집중하여 오래 드리는 기도보다 오히려 이 짧은 기도들이 더 유익이 되곤 합니다. 가령 저녁 시간만이 아니라 아침에도 이런 기도를 드리기로, 어떤 사물이나 사람을 볼 때마다 하나님을 생각하기로, 해야 할 일들을 미리 생각하고 검토해 보기로 결심하는 것도 좋습니다. 그것은 하나님의 현존 가운데 행동하고 그분의 현존에 익숙해지는 좋은 방법입니다. 하나님의 현존 가운데 있을 때 우리는 세상에 아랑곳하지 않게 됩니다.

왜냐하면 하나님을 바라볼 때 우리는 잠시 후면 연기처럼 사라질 세상의 허망함을 보게 되기 때문입니다. 모든 위대함과 그에 따르는 번잡함은 꿈처럼 사라지고, 모든 높은 것이 낮아지며, 모든 권능이 짓밟히고, 모든 교만한 머리가 하나님의 영원한 위엄 아래 숙여질 것입니다. 하나님께서 인간들을 심판하시는 그날에는, 오늘 어둠 속에 빛나는 모든 것은 하나님의 눈길이 닿기만 해도 스러질 것입니다. 돋는 해가 모든 별을 지워 버리는 것이나 마찬가지입니다. 어디를 보나 하나님밖에 보이지 않을 터이니, 그분은 그토록 크실 것입니다. 아무리 찾아도 그분밖에 찾지 못할 터이니, 그분은 만물 가운데 그토록 충만

하실 것입니다. 우리 마음을 호리던 것들은 다 어떻게 되었지? 무엇이 남았지? 그것들이 대체 어디 있었지? 묻게 될 것입니다. 아, 그것들은 흔적조차 남지 않습니다! 햇빛 속에 사라지는 그림자처럼 지나가 버려, 있었다고 말하기조차 어렵습니다. 그저 잠시 나타났다 사라졌을 뿐이라고 해야 할 것입니다.

하지만 세상이 아직 끝나지 않더라도, 당신은 버려질 것입니다. 당신이 무엇을 어떻게 하든 마찬가지입니다. 조금 이르거나 조금 늦어지는 것이 대수입니까? 물살처럼 빠르게 흘러가 꿈처럼 사라질 세월이 아직 몇 년 더 남았다고 해도, 젊음은 이미 지나갔을 테고 세상은 변했을 것입니다. 세상은 세상을 경멸하기를 진작 배우지 못한 자들을 경멸하고 역겨워할 것입니다. 시간이 다가옵니다, 여기 다가왔습니다, 서둘러 준비합시다. 영원한 아름다움을 사랑합시다. 그 아름다움은 쇠하지 않고, 그것만을 사랑하는 자들을 쇠하지 않게 해줍니다. 이미 사방에서 무너져 가는 이 세상을 경멸합시다. 내내 같은 자리에 있던 사람들이 불시에 죽음을 당해 영원의 심연에 삼켜지는 것을, 우리는 이미 여러 해 전부터 보아 오지 않았습니까? 우리가 태어난 세상 위로 새로운 세상과도 같은 것이 일어섰습니다. 아무리 잠깐을 산다 해도, 옛 친구들을 잃은 후에는 또 다른 친구들을 찾아야 합니다. 자기가 태어나고 자란 가족의 자리에 미지의 가족이 들어섭니다. 궁정 전체가 사라지는 것을 보기도 합니다. 그토록 감탄하던 이들의 자리에 다른 이들이 들어서서 우리를 눈부시게 하고, 이번에는 이들이 각광을 받을 차례입니다. 30년 전에 무대를 가득 채우던 그 모든 위대한 배우들은 어떻게 되었습니까? 아니, 그렇게 멀리까지 가지 않더라도, 불과 7-8년 전에 죽은 자만 해도 얼마나 많습니까? 우리도 곧 그 뒤를 따를 것입니다. 그런데도 이 세상에 그토록 연연할 일입니까? 우리는 이 세상을 그저 지나갈 뿐이고 조만간 떠나갈 것입니다. 세상은 비참이고 헛됨이고 어리석음이며, 유령에 지나지 않습니다. 사도 바울의 말대로 이 세상의 외형은 지나갈 뿐입니다.[고전 7:31]

오 그토록 허약하고 지각없는 세상이여! 너를 믿게 하는 것이 네 일인가? 지나가 사라질 허망하고 공허한 그림자인 네가 얼마나 대담하게 우리를 압도하려 하는지! 한갓 꿈인 네가 너를 믿으라고? 설령 너를 가졌더라도 네가 정말로 마음을 채워주는 것이 아님은 누구나 느낀다. 너는 네게 집착하는 자들을 눈부시게 하는 찬란한 비참들에 거창한 이름을 붙이는 것이 부끄럽지도 않으냐? 너는 웃는 얼굴로 우리에게 다가와 온갖 고통을 초래하는구나. 사라지는 순간에도 감히 우리를 행복하게 하겠다고 약속을 하지! 예수 그리스도의 빛 가운데서 네 허망함을 보는 자만이 복되구나!

하지만 끔찍한 것은 무수한 사람들이 스스로 눈이 멀어, 이 허망함을 드러내고 그들의 어둠의 행실을 정죄하는 빛을 거부한다는 것입니다. 그들은 짐승처럼 살기를 원하므로, 짐승의 삶 이외의 다른 삶을 알고 싶어 하지 않으며, 스스로 비천해져서 염치도 반성도 뒷전입니다. 그들은 진지하게 영원을 생각하는 이들을 비웃으며 우리에게 모든 것을 주신 하나님께 불충하지 않으려는 신앙심을 나약함으로 치부합니다. 이런 사람들과는 사귀지 말고 멀찍이 거리를 두어야 합니다. 위험하다고 판단되는 사람들과는 지체 없이 연을 끊는 것이 중요합니다. 사람들 앞에 나서게 될수록 더욱 자신을 살피며 경건 서적을 읽고 기도하고 성사에 참예하는 일에 노력을 배가해야 합니다. 그러지 않으면 온갖 유혹에 노출되어 지치고 맙니다.

우리가 주기도문 가운데 하나님께 일용할 양식을 구할 때, 영의 양식인 성찬도 구하는 것입니다. 그렇다면 왜 날마다, 적어도 자주, 이 일용할 양식을 먹지 않습니까? 그런 양식을 받을 만한 사람들이 되도록, 조금씩 자신을 이기고 덕을 연습하며 짧고 단순한 기도로 하나님을 의지하는 버릇을 들입시다. 하지만 기쁨으로 해야 합니다. 우리가 사랑하던 것들을 즐기던 마음은 어느덧 사라지고, 은혜에 대한 새로운 갈망이 우리 마음을 사로잡을 것입니다. 우리는 영생토록 우리를 먹이실 예수 그리스도에 주리게 될 것입니다. 그 거룩한 떡을 먹을수록 우리의 믿음은 자랄 것이고, 불충하여 그 거룩한 식탁에서 쫓겨나는 일보다 더 두려운 일은 없게 될 것입니다. 우리의 신앙심은 우리를 거북하게 하는 짐이 되기는커녕 우리 몫의 십자가들을 달게 지게 하는 위로의 근원이 되어 줄 것입니다. 그러니 자주 이 성례로 나아갑시다. 그러지 않으면 구원을 바라면서도 미지근한 삶을 계속하게 될 것입니다. 바람을 거슬러 노를 저으며 조금도 나아가지 못할 것입니다. 하지만 반대로, 예수 그

리스도의 살과 그분의 말씀을 양식 삼는다면, 우리는 순풍에
돛을 활짝 펼친 배와도 같을 것입니다. 그런 상태에 있는, 또는
적어도 그러기를 소원하는 이들은 복이 있습니다!

31

하나님께 자신을 온전히 드리기
원하는 영혼의 기도

나의 하나님이여, 저는 당신께 저를 드리기를 원합니다. 그럴 용기를 주소서. 당신을 갈망하는 제 약한 의지를 강하게 만들어 주소서. 당신을 향해 팔을 드오니, 저를 붙들어 주소서. 제가 저를 당신께 드릴 힘이 없다 해도, 당신 향기의 감미로움으로 저를 이끌어 주소서. 당신 사랑의 줄로 저를 끌어 주소서. 주님, 제가 당신의 것이 아니라면 대체 누구의 것이겠습니까? 자기 자신과 자신의 정념에 매인다는 것은 얼마나 혹독한 예속입니까! 오 하나님, 자녀들의 참된 자유이시여! 사람들은 참 자유를 알지 못합니다. 그 자유가 어디 있는지 발견한 자, 자유가 없는 곳에서 자유를 찾아 헤매지 않는 자는 복이 있습니다! 모든 일에 하나님께만 의지하며 오직 당신께만 의지하는 자는 천 배나 더 복이 있습니다!

하지만 거룩한 신랑이시여, 사람은 자기 족쇄를 끊기를 왜 그리 두려워하는 것일까요? 덧없는 허영들이 당신의 영원한 복락과 당신 자신보다 더 가치가 있는 것일까요? 어떻게 당신께 자신을 드리기를 두려워할 수 있을까요? 오, 얼마나 기괴하고 어리석은 일인지요! 그것은 자신의 행복을 두려워하는 것이나, 애굽을 떠나 약속의 땅에 들어가기를 두려워하는 것과 다를 바 없습니다. 만나에 싫증이 나서 애굽의 푸성귀를 그리워하며 광야에서 불평하는 것이나 마찬가지가 될 것입니다.

제가 저를 당신께 드리는 것이 아니라, 오 사랑이시여, 당신께서 당신을 온전히 제게 주시는 것입니다. 저는 당신께 제 마음을 드리기를 조금도 주저하지 않습니다. 고독 속에 당신과 함께 있는 것, 헛되고 쓸데없는 것은 듣지도 말하지도 않고 당신께만 귀 기울이는 것은 얼마나 복된지요! 오 무한한 지혜이시여! 당신이 제게 이 헛된 인간들보다 더 나은 말씀을 하시지 않겠습니까! 오 당신이 제게 말씀하소서, 내 하나님의 사랑이시여! 저를 가르치시고, 제가 허영과 거짓을 버리게 해주소서. 당신으로 저를 채워 주시고, 모든 헛된 호기심에서 저를 지켜주소서. 주님, 당신의 멍에는 너무나 부드럽게 느껴집니다. 이것이 제 평생 날마다 당신을 따르며 져야 할 십자가라는 말입니까? 제가 그 마지막 한 방울까지 마실, 당신 수난의 더 쓴 잔은 없습니까? 제 죄악으로 인해 마땅히 치러야 할 준엄한 참회를, 거룩한 규율과 많은 선한 본보기들 가운데 보내는 이 은둔

생활을 그치게 하시는 것입니까? 오 사랑이시여! 당신은 사랑
하실 뿐 매를 드시지 않고, 제 약점을 감싸 주십니다. 그런데도
당신께 나아가기를 두려워하겠습니까? 고독이라는 십자가가
저를 두렵게 할 수 있겠습니까? 세상이 제게 지우는 십자가들
이 더 두려워해야 마땅한 것들입니다. 그것들을 두려워하지 않
다니 얼마나 눈이 멀었는지요!

　오, 당신의 긍휼만이 끝없는 비참을 넘어서게 합니다! 제게
지혜와 용기가 부족할수록, 한층 더 당신의 긍휼하심을 입습니
다. 오 하나님! 저는 감히 당신 앞에 설 자격이 없지만, 당신 은
총이 베푸시는 기적은 될 수 있습니다. 제 부족함을 채워 주소
서. 그러면 제 안의 모든 것이 당신의 선물을 찬양할 것입니다.

32

자기를 포기할 필요: 이 포기의 실제 I *

자기를 포기한다는 것이 무엇인지 이해하고 싶다면, 제가 우리에게 그토록 소중한 이 '자아'를 아무것도 아니게 여겨야 한다고 했을 때 당신이 마음속에서 당연히 느꼈을 어려움을 상기해 보기만 하면 됩니다. 자기를 포기한다는 것은 자기를 아무것도 아니게 여기는 것이니까요. 그 어려움을 느끼는 자는 이미 본성을 거스르는 이 포기가 어떤 것인가를 이해한 셈입니다. 그 일격을 느꼈으니 당신 마음의 취약한 부분이 드러났을 테고, 하나님의 전능하신 손이 일하시도록, 그 손길이 당신을 당신으로부터 끌어내시도록 맡기는 것이 당신의 몫입니다.

우리 악의 근본은 자신을 사랑하되 우상숭배에 이를 정도로 맹목적으로 사랑하는 것입니다. 우리 바깥의 대상을 사랑할 때도 결국 자신을 위해 사랑할 뿐입니다. 때로 우리는 자신을 잊고 사랑하는 이들의 유익만을 생각하는 듯이 보이지만, 이런 사심 없는 우정의 환상에서 깨어나야 합니다. 우정의 관계에서 천박하고 조잡한 이익은 구하지 않는다 해도, 실은 좀 더 은밀하고 섬세한 이익을 구하지요. 그런 이익은 세상의 기준으로 보면 고상하다 할 수도 있겠지만, 그런 만큼 더욱 자만심을 충족시킴으로써 우리에게 더 큰 위험과 해악이 될 수 있습니다.

요는 다른 사람들에게나 우리 자신에게나 너그럽고 사심 없어 보이는 우정들에서도, 사심 없이 사랑한다는 즐거움, 자신은 치졸한 이익에 매이는 용렬한 자가 아니라고 하는 고상한 감정으로 고양되는 즐거움을 구한다는 것입니다. 스스로 그렇다고 생각하며 자만심을 충족시킬 뿐 아니라, 세상에서도 사심 없고 관대한 사람이라는 평판을 구하지요. 비록 친구들에게 섬김을 받고자 하지는 않는다 해도 사랑을 받고자 하며, 보답을 바라지 않고 베푸는 모든 것에 대해 그들이 감동하기를 바라는 것입니다. 그럼으로써 버린 듯했던 자기 지향이 되살아나게 되는 것이지요. 지각 있고 섬세한 취향을 지닌 자기애로서는 더 이상 자기애가 없다고 할 정도로 칭송받는 것보다 더 감미롭고 흐뭇한 일이 어디 있겠습니까?

다른 사람들에게는 전부요 자신에게는 아무것도 아닌 듯한 사람을 봅니다. 그는 선량한 이들의 기쁨이 되며, 자기 절제와 자기 망각의 본보기처럼 보입니다. 그의 자기 망각은 어찌나 탁월한지 자기애조차도 그것을 모방하고 싶어 하니, 어떤 영광도 구하지 않는 듯이 보이는 영광만 한 영광도 없습니다. 본성의 죽음이라 할 이런 절제와 자신에 대한 초연함은 그것이 실제적이고 유효한 감정이라면 오히려 가장 미묘하고 눈치채기 힘든 교만의 양식이 됩니다. 자신을 높이는 보통의 수단들을 경멸하고 다른 사람들이 뽐내는 조잡한 자랑거리들을 밟고 서려는 것이지요. 하지만 이런 겸손한 교만은 전혀 교만으로 보이지 않고 다른 사람들의 교만을 부추기는 것들을 다 버린 듯이 보이지만, 그 정체를 폭로하기는 쉽습니다. 만일 사람들이 그를 비난하면 그는 못 견뎌합니다. 자기가 사랑하고 섬기는 사람들이 우정과 존경과 신뢰로 보답하지 않으면 심한 상처를 입지요. 보십시오, 그가 아무리 그런 척하더라도, 그는 결코 사심 없는 사람이 아닙니다. 사실 그는 다른 사람들처럼 조잡한 물질적인 보답을 바라지도 않고, 뻔한 칭찬이나 돈, 행운처럼 외적인 명예나 지위를 구하지도 않습니다. 그렇지만 그 역시 바라는 보답이 있으니, 그는 선량한 사람들의 존경을 간절히 원합니다. 그가 사랑하는 것은 사랑받기 위해서, 사람들이 그의 사심 없음에 감동하기를 바라서이지요. 그는 모든 사람이 자기한테 관심을 갖게 하기 위해서 자기를 잊는 척할 따름입니다.

물론 그가 이 모든 것을 계산한다는 것은 아닙니다. 그는 "내 사심 없음으로 모든 사람을 속여 그들이 나를 사랑하고 찬미하게 하겠어"라고 말하지는 않지요. 천만에요, 그는 감히 그렇게 천박하고 비열한 생각을 하지 않을 것입니다. 하지만 그는 다른 사람들을 속임으로써 자신을 속이지요. 마치 아름다운 여성이 거울 속에 자신의 모습을 비춰 보듯이, 그는 자신의 사심 없음을 만족하여 바라보며, 자신이 다른 사람들보다 더 진실하고 사심 없음을 보고 스스로 감동합니다. 그가 다른 사람들에게 퍼뜨리는 환상에 그 자신도 빠져드는 것입니다. 그는 다른 사람들 앞에서 자신이 그러하다고 믿는 대로, 즉 사심 없는 사람으로서만 행동합니다. 이것이 그에게 가장 흐뭇한 점입니다.

조금이라도 진지하게 자기 자신을 돌아보고 무엇이 우리를 슬프게 또는 흐뭇하게 하는지 관찰해 본다면, 교만은 취향이 조금 더 조잡하냐 섬세하냐에 따라 여러 가지로 나타난다는 사실을 쉽사리 알 수 있습니다. 하지만 교만이란 아무리 좋은 취향을 부여한다 하더라도 어디까지나 교만이며, 가장 온건하고 합리적으로 보이는 사람이 가장 악마적입니다. 스스로를 높임으로써 다른 사람들을 멸시하게 되니까요. 그는 어리석은 허영에 탐닉하는 사람들을 불쌍히 여기고 위대함과 높은 지위의 헛됨을 깨달으며 자기 행운에 취한 자들을 못 견뎌합니다. 그는 절제함으로써 행운 자체를 넘어서고자 하며, 그럼으로써 새로운 단계로 상승하여 인류의 온갖 헛된 영광을 발아래 두려 합니다. 그것은 마치 루시퍼처럼 지존자와 같아지기를 원하는 것이지요. 그는 인간들의 정념과 이해관계를 넘어서 일종의 신성에 이르고자 하면서도, 우리를 눈멀게 하는 이 교만의 속임 때문에 자신이 다른 사람들에게도 미치지 못한다는 것을 미처 깨닫지 못하는 것이지요.

그러니 결론은 우리를 우리 자신으로부터 끌어내 줄 수 있는 것은 하나님의 사랑뿐이라는 것입니다. 만일 하나님의 권능의 손이 우리를 붙들어 주시지 않는다면, 우리는 우리 바깥으로 한 걸음 내딛기 위해 발을 어디에 두어야 할지도 알 수 없을 것입니다. 중간은 없습니다. 모든 것을 하나님께 돌리든가 아니면 우리 자신에게 돌리든가, 둘 중 하나입니다. 만일 모든 것을 우리 자신에게 돌린다면, 우리에게는 이 '자아' 말고는 다른 신이 없습니다. 반대로 모든 것을 하나님께 돌린다면, 우리는 질서 안에 있게 됩니다. 그럴 때 우리는 자신을 다른 피조물들 이상으로 여기지 않으며, 자신의 유익을 구하지 않고 하나님의 뜻을 이루고자 하는 목적만으로 자기 포기에 들어서게 됩니다.

하지만, 다시 말하건대, 이 철학적 교만, 세속적인 너그러움으로 변장한 이 자기애보다 더 우리의 마음을 자기 포기의 은총에서 멀어지게 하는 것도 없습니다. 자칫 그렇게 되기 쉬운 본성적 경향과 습관을 경계해야 합니다. 천성이 솔직하고 욕심이 없고 선을 행하기를 즐거워하며 섬세한 감정을 지닌 사람, 정직하고 사심 없는 우정을 원하는 사람일수록 그런 천성에 안주하기를 두려워하고 자기 자신을 떨쳐버려야 합니다.

어떤 피조물도 우리를 우리 자신으로부터 끌어낼 수 없는 것은 우리가 자신보다 더 사랑할 만한 가치를 지닌 피조물이 없기 때문입니다. 어떤 피조물도 우리에게서 우리 자신을 박탈할 권리를, 우리가 자신을 돌아보지 않고 일향 사랑할 만한 완전함을, 그 사랑만으로 우리 마음을 충족시킬 힘을 지니지는 못합니다. 그러므로 우리 바깥의 대상을 사랑하는 것은 어디까지나 우리 자신과 관련해서입니다. 우리가 거칠고 조잡하다면 거칠고 거친 정념에 따라 선택하고, 우리가 조잡하고 거친 것으로 만족하지 않을 만큼 섬세하다면 우리의 교만이 갖는 영광의 취향에 따라 선택합니다.

하지만 하나님은 두 가지를 다 하실 수 있으니, 그분만이 하실 수 있는 일입니다. 그 첫 번째는 피조물에 대한 전권과 모든 선하심의 매력을 가지고 나타나시는 것입니다. 그러면 우리는 자신이 스스로 만든 존재가 아님을, 그러므로 자신을 위해서가 아니라 우리를 만들기를 기뻐하신 이의 영광을 위해 만들어진 존재임을 느끼게 됩니다. 그분은 그분 자신을 위해서가 아니고는 아무것도 하실 수 없을 만큼 크신 분이므로, 우리의 모든 완전함과 모든 행복은 그분 안에서 우리 자신을 잃어버리는 데 있습니다. 이것은 어떤 피조물도, 제아무리 눈부신 존재라 해도, 결코 우리에게 느끼게 할 수 없는 것입니다. 하나님 안에서 우리를 채워 주고 황홀케 하는 이 무한함을 피조물에게서는 전혀 찾아볼 수 없으며, 오히려 정반대로 피조물에게서는 공허함을, 우리 마음을 채워 줄 수 없음을, 우리를 거듭 자신으로 돌아오게 하고 마는 불완전함을 발견하게 됩니다.

하나님께서 하시는 두 번째 경이로운 일은 우리 영에 진리의 빛을 비추신 데 이어 우리의 마음을 그분 뜻대로 움직이신다는 것입니다. 그분은 자신이 무한히 사랑할 만한 분이심을 드러내시는 데 그치지 않고, 은혜를 베푸시어 우리 마음속에 그분에 대한 사랑이 생겨나게 하십니다. 그렇게 하여 그분은 우리 안에서 우리가 그분께 마땅히 돌려야 할 것을 깨닫게 하십니다.

당신은 아마도 '자신을 포기한다'는 것을 좀 더 이해하기 쉽게 자세히 알고 싶다고 말할 것입니다. 그렇게 하도록 애써 보겠습니다.

죄 된 쾌락과 불의한 재물, 조잡한 허영 등을 버려야 한다는 것은 쉽게 이해할 수 있지요. 이 모든 것을 포기하는 것은 그것들을 경멸하고 철저히 거부하며 일절 누리지 않는다는 것입니다. 하지만 합법적으로 얻은 재물이나 떳떳하고 절제된 삶의 즐거움, 그리고 좋은 평판이나 남들의 시기를 받지 않는 미덕에서 오는 명예마저 포기하는 것을 이해하기란 쉽지 않습니다.

이런 것들마저 포기해야 한다는 것을 이해하기가 힘든 이유는, 그것들을 미워하면서 버리기는커녕 하나님의 섭리가 우리를 두신 처지에 따라 잘 사용할 수 있도록 간직해야 하기 때문입니다. 자기 처지에서 오는 고단함을 달래기 위해서는 아늑하고 평화로운 삶의 위로가 필요하고, 명예를 위해서는 예의범절을 지켜야 하며, 필요를 위해 소유한 재산을 지키기도 해야 합니다. 그러니 이런 것들을 잘 지키느라 궁리하면서, 어떻게 그것들을 포기하겠습니까? 이런 것들을 잘 지키고자 노심초사하지는 않는다 해도 어느 정도는 할 수 있는 일을 해야 하고, 그것들을 즐기고자 마음을 두지는 않는다 해도 절제하여 사용할 수 있어야 합니다. "절제하여"라고 하는 것은 어떤 것을 즐기고 거기에 행복을 두고자 하여 연연하지 않을 때, 꼭 취해야 할 것만을 취하게 되기 때문입니다. 현명하고 충성스러운 청지기가 주인의 재물에서 정말로 필요한 것밖에는 취하지 않듯이 말입니다. 그러니까 악한 것을 포기하는 방법은 그것을 혐오하여 사용하지 않는 것인 반면, 선한 것을 포기하는 방법은 필요를 위해 절제하며 사용하고 탐욕스러운 본성이 부추기는 허황된 필요를 끊어내기에 힘쓰는 것입니다.

악한 것뿐 아니라 선한 것까지도 포기해야 한다는 점에 유의하십시오. 예수께서 "누구든지 자기가 가진 모든 것을 버리지 않는 자는 내 제자가 될 수 없다"고 하신 것은 유보 없는 말씀이니까요.눅 14:33 모든 그리스도인은 자신이 가진 모든 것을, 가장 무죄한 것까지도 포기해야 하며, 만일 그러지 않으면 그것들은 더 이상 무죄한 것이 아니게 됩니다. 그리스도인은 가문의 재산이나 자신의 평판처럼 주의 깊게 지켜야 하는 것들까지도 포기해야 합니다. 마음으로 이 모든 것에 전혀 집착하지 말아야 한다는 뜻입니다. 그런 것은 신중하고 절제된 사용을 위해서만 지켜야 합니다. 그리고 하나님의 섭리가 그런 것을 앗아간다면 기꺼이 잃을 태세가 되어야 합니다.

가장 사랑하는, 마땅히 사랑해야 하는 사람들도 포기해야 합니다. 이 포기의 핵심은 그들을 사랑하되 하나님을 위해서만 사랑한다는 것입니다. 이 또한 절제하여, 그들의 애정이 주는 위로를 꼭 필요한 만큼만 얻고, 하나님께서 앗아가실 때는 기꺼이 잃을 준비를 하며, 마음의 참된 안식을 그들에게서 구하려 하지 않는 것입니다. 그리스도인의 참된 우정이 갖는 정결함이 여기 있으니, 이 땅의 필멸의 벗에게서 거룩한 신랑만을 보는 것입니다. 이런 상태일 때 우리는 사도 바울이 말하는 대로 "세상의 것을 쓰되 전혀 쓰지 않는 것처럼" 할 수 있게 됩니다.고전 11:1 하나님께서 우리에게 주시고 우리가 사랑하기를 원하신 것을 그 자체로 즐기려 하지 않고, 더 귀한 대상을 위해 자신을 절제하는 마음으로 꼭 필요한 만큼만 누리는 것입니다. 예수 그리스도께서 아버지와 어머니, 형제자매와 친구를 버리라고, 가족 가운데 검을 주러 오셨다고 말씀하신 것은 이런 의미입니다.마 10:34, 37; 19:29

하나님은 질투하시는 하나님이십니다. 만일 마음속에서 어떤 피조물에 집착한다면, 그런 마음은 그분께서 받으실 만하지 못합니다. 남편과 다른 사람 사이에서 마음이 나뉜 아내를 내치듯, 그런 마음을 내치십니다.

우리 주위에 있는, 우리 자신이 아닌 모든 것을 포기한 다음에는, 마침내 마지막 희생제물을, 즉 우리 안에 있는 모든 것과 우리 자신을 바쳐야 합니다. 우리의 육신을 포기하기란 섬세하고 세상적인 사람들 대부분에게 아주 힘든 일입니다. 이런 나약한 사람들은 비위를 맞춰주고 공들여 치장하는 육신 이상으로 자신이라 할 것을 알지 못하며, 육신이 그 영화를 잃은 후에도 육신적 삶에 집착한 나머지 수치스러운 비겁함에 빠져 죽음이라는 말만 들어도 벌벌 떱니다. 당신의 타고난 용기는 이런 두려움은 능히 넘어서는 것이리라 생각합니다. 당신이 이렇게 말하는 소리가 들리는 것만 같습니다. "난 내 육신에 아부하고 싶지도 않고, 하나님께서 육신을 쳐 산산이 깨뜨리실 때 내 죽음을 받아들이기를 머뭇거리고 싶지도 않아요."

하지만, 그렇게 자기 육신은 포기한다 하더라도, 정신마저 포기하는 데는 더 큰 장애물이 남아 있습니다. 흙으로 된 이 육신을 경멸할수록, 자기 안에 간직한 것, 즉 육신을 경멸하도록 하는 정신만은 한층 더 간직하고 싶은 것이요. 우리가 자신의 정신과 지혜와 덕에 대해 갖는 태도는 마치 사교계의 젊은 여성이 자신의 미모에 대해 갖는 태도와도 같습니다. 스스로 만족하고, 자신이 현명하고 절제하여 남들처럼 방탕하지 않다는 것을 기쁘게 여깁니다. 번영에 취한 듯이 보이지 않는다는 사실이 주는 기쁨에 취하는 것이요. 세상이 우리를 유혹하는 온갖 것의 향유를 과단성 있는 절제력으로 포기하지만, 실은 그 절제 자체를 향유하려는 것입니다. 오, 얼마나 위험한 상태인지요! 오, 얼마나 미묘한 독인지요! 오, 이처럼 세련된 자만심에 빠지면 얼마나 하나님에게서 멀어지게 되는지요! 그러므로 당신의 지혜나 미덕에 대한 일체의 만족이나 향유를 포기해야 합니다.

하나님의 은사들이 순수하고 탁월할수록, 하나님은 한층 더 질투하신다는 사실에 주목하십시오. 그분은 죄 지은 최초의 인간에게 긍휼을 베푸셨지만, 반역한 천사는 긍휼 없이 정죄하셨습니다. 천사와 인간 모두 자기 사랑 때문에 죄를 지었더라도, 천사는 완전한 나머지 자신을 일종의 신으로 여기고픈 유혹을 받은 것이므로, 하나님께서는 인간의 불충을 벌하실 때보다 더 준엄한 질투로 천사의 불충을 벌하셨습니다.

그러니 하나님은 평범한 은사들보다 탁월한 은사들에 대해 더욱 질투하신다는 결론에 이르게 됩니다. 그분은 사람들이 오로지 그분께 의지하기를, 그분이 허락하신 은사들이 아무리 순수하다 해도 은사가 아니라 그분 자신에게만 마음을 두기를 원하십니다. 은사에 마음을 두는 것은 그분의 뜻에 따라, 우리를 더욱 쉽고 더욱 친밀하게 그분 자신과 연합시키기 위해서라야 합니다. 은혜를 일종의 소유욕과 만족감으로 바라보는 자는 그것을 독으로 만드는 것입니다. 호의나 재능 같은 외적인 은사들뿐 아니라 내적인 은사까지도 결코 내 것으로 소유해서는 안됩니다. 당신의 선한 의지는 하나님으로부터 오는 존재와 생명 못지않게 그분의 긍휼하심으로 인해 허락된 은사입니다. 그러니 빌린 것처럼 사십시오. 당신에게 속한 모든 것과 당신 자신이라 생각되는 모든 것은 실은 빌린 재보일 뿐입니다. 그것을 빌려주신 분의 뜻에 따라 사용하고, 자기 것처럼 마음대로 하지 마십시오. 우리 자신의 철저한 포기는 이처럼 소유하기를 포기하고 자신과 자기 정신을 오로지 하나님의 감동을 따르는 데 사용하는 것입니다. 하나님만이 피조물의 참된 주인이시며, 우리의 확고한 포기는 그분 안에 있습니다.

이 소유권 포기를 실천하려면 구체적으로 어떻게 해야 하는지, 당신은 분명 제게 물을 것입니다. 하지만 저로서는 의지의 밑바탕에 이런 감정이 있기만 하면 하나님 그분께서 마치 손으로 잡아끌듯 영혼을 인도하셔서 일상 가운데 기회가 있을 때마다 이 포기를 훈련시키신다고 대답하겠습니다.

자기 포기는 힘든 성찰이나 끊임없는 분투를 통해 이루어지는 것이 아닙니다. 자기를 추구하고 자기 삶의 주인 노릇하기를 삼갈 때 비로소 우리는 하나님 안에서 자신을 잃어버리게 됩니다.

높아지려는 태도, 어리석은 자기만족, 자기 신뢰, 규율을 거슬러 자기 기질을 따르려는 욕망, 자기 취향을 추구하고 남들의 약점이나 자기 처지의 불편함을 못 참아 하는 것 등을 자각할 때마다, 이 모든 것을 물속에 돌 던지듯 던져버리고 하나님 앞에서 마음을 모아, 이 묵상이 인도하는 마음 상태에 이르기까지 행동을 자제하며 기다려야 합니다. 만일 사태가 너무 산만하거나 생각이 너무 복잡한 나머지 쉽고 부드럽고 지각 있는 방식으로 마음을 모을 수 없다면, 적어도 올곧은 의지와 마음을 모으려는 소원으로 자신을 가라앉히려 노력해야 합니다. 그러면 그런 의지만으로 어느 정도 마음이 모아져서, 영혼에서 제멋대로 날뛰는 의지를 떨쳐버리고 하나님의 손길 안에 순하게 자신을 내맡길 수 있게 됩니다.

성급한 나머지 너무나 본성적이고 악한 행동이 튀어나올지라도 낙심하지 마십시오. 가던 길을 계속 가면서 겸비한 태도로 당신의 실수를 하나님 앞으로 가지고 나가십시오. 자신의 약점에 대해 지나치게 괴로워하는 것도 자기애의 발로이니, 그런 괴로움으로 걸음을 늦추지 마십시오. 자신의 부족함을 못 견디는 민감한 자존심 때문에 슬픔으로 마음을 어지럽히지 말고, 하나님을 신뢰함으로 전진하십시오. 이런 내적인 혼란 가운데서 당신의 실수는 오히려 당신이 자신에 대해 죽고 하나님의 은사들을 제 것으로 삼지 않으며 그분 앞에서 낮아지는 데 도움이 될 것입니다. 실수를 회복하는 최선의 방도는 자기애에 대해 죽고, 그 일시적인 불충함으로 인해 다소 끊어졌던 은혜의 흐름 속으로 지체 없이 돌아가는 것입니다.

중요한 것은 자신의 지혜를 포기하고 단순하게 행동하며, 하나님의 인도하심이 그렇게 요구하실 때마다 사람들의 호의나 존경, 지지를 기꺼이 희생하는 것입니다. 하나님께서 당신에게 맡기시지 않은 일들에 끼어들지도 말아야 하고, 선의의 사람들이라 해도 아직 감당할 수 없는 진리들을 말함으로써 불필요하게 곤란한 입장이 되지도 말아야 합니다. 하나님을 따르고, 절대로 그분을 앞지르지 말아야 합니다. 하지만 또한, 그분이 지시하실 때는 모든 것을 떠나고 모든 위험을 무릅쓰고서라도 그분을 따라야 합니다. 주저하고 지체하고 마음이 약해져서 그분이 명하시는 바를 축소시키거나, 너무 자신이 드러날까 두려워하여 사람들의 반발을 피할 만한 곳에 숨으려 하고, 하나님께서 명하시는 일이고 우리가 그 일을 해낼 형편이 되게 해주셨음을 내심 분명히 알면서도 까다롭고 힘든 일을 하지 않으려고 그럴싸한 구실을 찾는다면, 이런 것이야말로 하나님께 자신을 남김없이 드렸다고 하면서 여전히 자신에게로 돌아오는 일이 될 것입니다. 하나님께서 당신을 그런 불충함에서 지켜 주시기를 기도합니다. 마음속으로 하나님께 거역하는 것보다 더 무서운 일은 없습니다. 그것이야말로 예수 그리스도께서 말씀하신 "성령을 거스르는 죄"로, "이 세상에서도 오는 세상에서도 용서받지 못할 것"입니다.마 12:32

당신이 의도는 선하지만 생각이 짧아서 저지르는 과오들은 당신을 겸손하게 하고 자신의 부족함을 깨닫게 함으로써 오히려 유익이 될 것입니다. 하지만 단순한 용기와 어울리지 않는 교만이나 하나님의 일을 수행함에 있어 너무 몸을 사리는 세속적 지혜로 인해 하나님의 성령을 거역하는 죄는 당신 마음속에서 은혜의 영을 차츰 소멸시킵니다. 질투하시는 하나님께서는 그토록 큰 은혜를 주신 후에 거절당하시면 당신을 내버려 두고 떠나가십니다. 그러면 당신은 바른 길로 전진하는 대신 제자리를 빙빙 돌게 될 것입니다. 당신이 겪는 불행의 깊고 은밀한 원인이 무엇인지 좀처럼 깨닫지 못한 채, 내적인 삶에 지치고 쇠잔해갈 것입니다.

하나님께서는 당신에게 분명 그분이 보시기에 흡족하실 순진함과 깨끗한 마음을 주셨고, 이 기초 위에 집을 짓기를 원하십니다. 그분이 당신에게 원하시는 단순성은 당신 것이 아닌 만큼 그분의 지혜입니다. 그분은 당신이 스스로 보기에 작고 그분의 손안에서 어린아이처럼 나긋하기를 원하십니다. 인간 정신과는 너무나 반대되는, 하지만 복음서가 그토록 강조하는 이 어린아이다움이야말로 하나님께서 당신의 마음속에 넣어 주고자 하시는 것입니다. 타락한 세상은 어린아이의 마음을 알지 못하고 홀대하지만 말입니다. 하나님께서는 이 단순성과 어린아이다움을 통해 당신에게서 오만하고 도전적인 지혜의 찌꺼기들을 제거하심으로써 당신을 치유하기를 원하십니다. 당신은 다윗처럼 이렇게 말해야 합니다. 나는 자신을 하나님께 드린 후로 "한층 더 단순하고 한층 더 못나고 한층 더 작아질 것"이라고요._{삼하 6:22}

당신이 당신 마음을 살찌우고 배움을 얻기 위해 말씀 읽기에 충실하기만 한다면, 하루 중 틈틈이 시간을 내어 묵상하고 규칙적으로 하나님 앞에 나아가는 시간을 갖기만 한다면, 당신은 덕을 실천하기 위해 해야 할 일들을 십분 깨닫게 될 것입니다. 일들이 마치 절로 나타나는 듯 자연스럽게 찾아올 것입니다. 단순한 마음으로 하나님의 현존 안에 거하면, 그분은 당신을 결코 의심 가운데 내버려 두시지 않을 것입니다.

하지만 당신을 혼란스럽게 하고 하나님께서 당신에게 폭포처럼 부어 주시는 은혜를 그치게 하는 것은, 당신이 선을 향해 너무 멀리 나아갈까봐 두려워하여 당신의 지혜 이상으로 하나님께서 행하시도록 맡기지 않는다는 것입니다. 무엇보다도 하나님을 제한하지 마십시오. 제 말은 큰일을 하라는 것이 아닙니다. 하나님께서는 아마 당신이 생각하듯 난데없이 그런 일을 요구하시지는 않을 것입니다. 성급하게 서두르거나 자의적으로 행동하지 말고 하나님을 따라가다 보면, 그분은 때때로 당신이 벗들의 마음을 열어 그들이 각기 처한 형편에서 그분께 어떤 은혜를 입고 있는지 보여줄 기회를 주실 것입니다. 그것은 인내심과 믿음과 끊임없는 관심이 필요한 일입니다. 드문 분별력이 있어야 하고, 무작정 달아오르는 열심을 따라가지 않도록 조심해야 합니다. 하지만 이 분별력이란 사람들이 상상하는 것과는 다릅니다. 그것은 세상의 분별력처럼 자기 지혜를 따르는 것이 아니라 단지 하나님의 때를 기다리고 항상 그분에게 주목하면서 외적으로는 그분의 섭리가 이끄시는 대로, 내적으로는 그분이 주시는 빛을 따라 행동하는 것입니다. 그러므로 저는 당신에게 결코 서두르라고 권하지 않습니다. 반대로 당신은 그대로 머무르되, 하나님께서 당신을 통해 행하고자 하실 때 그 무엇에도 방해받거나 지체하지 않도록 순종의 자세를 지니십시오.

하나님께서 당신에게 아기 예수의 은혜와 성령의 평강과 확신과 기쁨을 주시기를 기도합니다.

33

자기를 포기할 필요: 이 포기의 실제 II *

앞서 제가 누구든 의지적으로 자신에게 전혀 집착하지 않는 자는 진실로 자신을 포기한 것이라고 말했을 때, 저는 끊임없는 자기 지향으로 인해 생겨날 수 있는 불안을 예상하고 치유하고자 했던 것입니다. 신실하게 자기를 포기하려는 영혼들은 자신의 말이나 행동에서 드러나는 이기심을 보고 괴로워합니다. 혹시나 경박한 자기만족, 영광을 추구하는 동기, 안락에 기우는 성향, 선행이 주는 만족감으로 자기 의를 삼는 태도 등에 저항하지 못한 것일까 염려합니다. 이 모든 것이 여린 영혼에게 두려움과 자책감을 안깁니다. 그런 영혼을 안심시키기 위해, 선도 악도 다 의지 안에 있다는 점을 상기시키는 것이 좋겠습니다. 자기도 모르게 이기적이 된다고 해서 진실로 자신을 포기하지 못한 것은 아닙니다.

　하지만 진실로 자신을 포기했는데도 자기도 모르게 자기 이익을 구하는 태도가 나올 수 있을까요, 라고 당신은 묻습니다. 그 점에 대해 저는 이렇게 대답하겠습니다. 진실로 자신을 버리고 하나님께 나아간 영혼이 여전히 의도적으로 자기 유익을 구하는 일은 드물다고 말입니다. 하지만 영혼의 평안을 얻고 끊임없이 가시에 찔리는 것을 막기 위해, 하나님께서는 우리가 자기도 모르게 자기 이익을 구하는 것이나 그 밖에 우리가 동의한 적 없는 유혹들 때문에 우리를 내치지 않으신다는 점을 알 필요가 있습니다. 또한, 진실한 신앙심을 지니기는 했지만 아직 안락한 삶이나 명성, 우정 같은 것들에 대해 완전히 죽지 못한 이들은 이런 것들에서 자신을 추구하는 경향에 다소 끌려다닌다는 점을 이해해야 합니다. 그런 것들을 향해 곧장 뛰어들지는 않지만, 때로 끌려다니지요. 이 모든 것들을 통해 여전히 자신에게 집착하고, 그렇듯 영혼이 본래 의지하던 것들이 흔들리면 낙심하고 만다는 것이 그 집착의 증거입니다. 뭔가 사고로 인해 안정된 삶이 깨지고 평판에 금이 가고 소중한 사람들이 멀어지면, 우리는 심한 고통을 느끼는데, 그것이 여전히 자기애가 살아 있다는 징표입니다.

　다시 말해 우리는 의식하지 못한 채 여전히 우리 자신에게 집착하는 것입니다. 진짜 마음이 어떠한지는 상실의 때에 비로소 알게 됩니다. 하나님께서 우리에게서 소중한 것들을 앗아가실 때 또는 앗아가시는 듯이 보일 때 비로소 우리는 그분께 그것들을 희생으로 바치며 그것들에 대한 부당하고 악한 소유를 내려놓게 됩니다. 이른바 절제된 사용이라는 것을 통해서는, 군 말 없는 빼앗김을 통해 얻어지는 자기 포기에 이를 수 없습니다. 다 잃어버리는 수밖에 없으며, 이 상실은 하나님께서 직접 이루어 주십니다.

이처럼 신앙심이 진실하지만 아직 불완전한 상태에서는 은 밀한 자기 추구가 무수히 일어납니다. 아직 한동안은 그런 것을 분명히 깨닫지 못하고 하나님께서도 우리가 그런 것을 버릴 수 있는 능력 이상으로 내적인 빛을 비춰 주시지는 않습니다. 예수 그리스도께서는 제자들에게 하셨던 말씀을 우리 마음 속에서도 들려주십니다. "아직도, 내가 너희에게 할 말이 많으나, 너희가 지금은 감당하지 못하리라."요 16:12 우리는 마음속에서 진실하고 선한 의도들을 보지만, 아직도 얼마나 많은 것에 집착하고 있는지 보게 된다면 경악할 것입니다. 그렇다고 분명한 의도를 가지고 일부러 집착하는 것은 아닙니다. "나는 이러이러한 집착들을 가졌고 가지고 싶어"라고 스스로 말하지는 않지요. 하지만 어떻든 가진 것은 가진 것이고, 때로는 너무 파고들어 그것들을 발견하게 될까봐 두려워하기도 합니다. 자신의 약점을 느끼면서도 더 깊이 알려 하지는 않는 것이지요. 때로는 그것들을 전부 찾아내어 전부 다 버리기를 원하지만, 그것은 무분별하고 무모한 열심입니다. "주님과 함께 죽겠습니다"라고 호언장담했음에도 여종의 한마디에 겁을 먹었던 베드로의 열심 같은 것입니다.눅 22:33 그래서 우리는 자신의 모든 약점을 캐내려 하지만 하나님께서는 우리가 무리하지 않도록 배려하시지요. 우리 상태로 감당 못할 너무 환한 빛은 허락지 않으시고, 우리가 마음속에서 아직 뽑아낼 때가 되지 않은 것을 보는 것을 허락지 않으시는 것입니다. 우리가 이제껏 사랑하고 소유해 왔던 무엇인가를 희생하기를 요구하실 때 그럴 수 있을 만한 깨달음을 주시는 것이나, 우리에게 그런 깨달음을 주실 때 그 희생을 실천에 옮길 만한 힘을 주시는 것은 하나님의 선하심에서 나오는 놀라운 배려입니다. 그러기 전까지 우리는 이 희생에 대해 실감하지 못하는 것이, 마치 예수 그리스도께서 자신의 죽음을 예언하신 것에 대해 제자들이 도무지 이해하지 못하고 눈이 뜨이지 않았던 것과 마찬가지입니다. 더없이 정직하고 자신의 과오에 대해 예민한 영혼들도 어떤 부분에 대해서는 여전히 그렇게 덜 깨인 상태이고, 하나님께서는 우리가 좀 더 믿음이 성숙하고 자신에 대해 죽을 수 있을 때까지 그런 부분을 덮어두십니다. 그때를 앞당기고자 해서는 안 되며, 자신이 아는 한 신실하기만 하다면 잠잠히 머물면 됩니다. 만일 무엇인가 알아야 할 것이 있다면, 하나님께서 우리에게 보여주실 것입니다.

하지만 우리가 아직 감당할 준비가 되지 않은 것에 대해서는, 하나님께서 긍휼의 베일을 펼치셔서 보이지 않게 가려 주십니다. 자칫 신앙적 성숙에 조바심을 내어 대번에 모든 것을 깨닫고 모든 것을 희생하기를 원할 수도 있겠지만, 하나님의 손길 아래서 겸손하게 기다리며 그 덜 깨인 의존의 상태 가운데서 정직하게 자신을 견디는 것은 완전을 향해 나아가려는 모든 초조한 노력보다 훨씬 더 우리 자신에 대해 죽는 데 도움이 됩니다. 그러므로 너무 멀리 바라보지 말고, 순간순간 우리에게 주어지는 모든 빛을 따라가는 것으로 만족합시다. 그것이 일용할 양식이며, 하나님께서는 그 양식을 오늘의 것밖에 주시지 않습니다. 만나와도 같습니다. 두 배로 거두어 다음 날을 위해 쟁여두는 자는 크게 실망합니다. 쟁여 둔 만나는 썩으며, 오늘의 양식만 거둔 사람보다 더 많이 먹을 수도 없습니다.

영적인 일에서도, 하나님께서 우리에게 가르치고자 하시는 것은 이처럼 아버지를 의지하는 어린아이의 태도입니다. 하나님께서 우리에게 내적인 빛을 나눠 주시는 것은, 현명한 어머니가 어린 딸에게 일거리를 주는 것과도 비슷합니다. 어머니는 먼저 일이 끝난 다음에야 새 일을 주지요. 당신은 하나님께서 당신 앞에 두신 모든 일을 완수했습니까? 그러면 당장이라도 새 일을 주실 것입니다. 그분은 영혼이 할 일이 없어 자기 포기에서 더 나아가지 못하는 것을 결코 원치 않으시니까요. 반대로, 당신이 아직 먼저 일을 마치지 못했다면, 그분은 그다음 일을 보여주지 않으실 것입니다. 드넓은 들판을 걷는 여행자는 멀리 앞쪽에서 지평선을 가로막는 작은 언덕 너머를 결코 보지 못합니다. 그 언덕에 이르러서야 그는 먼젓번 들판만큼이나 드넓은 새로운 들판을 발견하게 됩니다. 그렇듯, 자기 포기의 길에서도, 우리는 첫눈에 모든 것을 보았다고 상상하고 아무것도 남겨두지 않았으며 자신에게나 다른 무엇에나 집착하지 않는다고 믿지요. 모든 것을 희생하기를 주저하느니 차라리 죽는 편이 낫다고 생각할 것입니다. 하지만 자질구레한 일상 가운데서 하나님께서는 우리에게 끊임없이 새로운 풍경을 보여주십니다. 그래서 자기 마음속에서 결코 거기 있을 리가 없다고 맹세했을 온갖 것들을 보게 됩니다. 하나님께서는 그것들을 하나하나 끄집어내시면서 비로소 보여주십니다.

마치 종기가 터지는 것과도 같지요. 종기가 터지는 순간이 끔찍한 유일한 순간입니다. 전에는 느끼지도 못한 채 종기를 지니고 있었고, 그런 게 있는 줄도 몰랐지요. 하지만 종기는 엄연히 있었고, 있었기 때문에 터지는 것입니다. 그것이 드러나지 않을 때는 자신이 건강하고 깨끗하다고 생각했지만, 터지고 나니 곪아 터진 냄새를 맡게 됩니다. 종기가 터지는 순간은 역겹고 고통스럽더라도, 건강을 위해 필요한 것입니다. 누구나 자기 마음속에 더러운 것을 잔뜩 갖고 있습니다. 만일 하나님께서 그 지독한 것을 다 보여주신다면 우리는 수치스러운 나머지 죽고 싶을 것입니다. 우리의 자기애가 감당할 수 없는 고문이 되겠지요. 저는 대단한 악덕들로 마음이 부패한 사람들이 아니라 정직하고 순수한 사람들에 대해 말하는 것입니다. 감히 드러내지 못할, 마음속 가장 깊은 곳에 수치스럽게 도사리고 있던 미친 허영심을 보게 될 것입니다. 자기만족과 교만, 교묘한 자만심 추구, 그 밖에도 무수한 속내가 설명할 수 없는 만큼이나 부정할 수 없는 현실로 드러날 것입니다. 우리는 그것들을 하나님께서 끄집어내실 때 비로소 보게 됩니다. 자, 여기 네 마음속 깊은 곳에 있던 부패가 있다, 라고 그분은 말씀하실 것입니다. 그러고도 너 자신을 영화롭게 해보라, 무엇인가 스스로 약속해 보라! 고요.

그러니 하나님께서 행하시도록 맡기고, 우리는 현재라는 순간에 주어진 빛에 신실하게 사는 것으로 만족합시다. 이 빛은 다음 순간의 빛을 맞이하기 위해 우리에게 필요한 모든 것을 담고 있습니다. 마치 사슬의 고리들과도 같이 서로서로 엮이는 이 은혜의 연쇄가 우리를 미처 깨닫지 못하는 사이에 아직 보이지도 않는 먼 훗날의 희생을 위해 준비시키는 것입니다. 우리 자신과 우리가 사랑하는 모든 것에 대한 이 죽음, 아직 우리의 의지 속에서 일반적이고 피상적일 뿐인 이 죽음이 의지의 표면을 뚫은 다음 그 가장 내밀한 곳까지 깊이 뿌리 내릴 것입니다. 그리하여 중심으로 뚫고 들어가, 피조물에게 아무것도 남기지 않고, 하나님께 속하지 않는 모든 것을 가차 없이 밖으로 내던져 버릴 것입니다.

우리가 직접 이런 경험을 맛보고 느끼기까지 다른 사람들의 말을 믿어봅시다. 자신과 자신이 사랑하는 모든 것을 버리는 것은 우정을 고갈시키고 마음을 완고하게 만들기는커녕 하나님 안에서 순수하고 견고할 뿐 아니라 다정하고 신실하고 감미로운 소통으로 가득한 교제를 갖게 할 것입니다. 본성조차도 위로받기 위해 추구하는 우정을 속속들이 맛보게 될 것입니다.

34.

하나님의 뜻에
순복함에 대하여

하나님의 뜻에 순복하기 위해서는 『그리스도를 본받아』의 여러 장을 읽어 보면 도움이 될 것입니다. 프랑수아 드 살의 책도 이런 양식으로 풍부합니다. 모든 덕은 근본적으로 선한 의지에 있습니다. 예수 그리스도께서 "하나님 나라는 너희 안에 있다"고 하신 말씀이 바로 그 뜻입니다.눅 17:21 많이 아는 것이나 대단한 재능을 지닌 것, 심지어 위대한 일을 행하는 것도 문제가 아닙니다. 오직 인정스러운 마음과 선을 행하려는 의지만 있으면 됩니다. 외적인 공덕은 그런 의지에서 우러나는 열매요 불가분의 결과로, 그런 결실에서 참된 신앙심을 알아보게 됩니다. 하지만 공덕의 근원인 참된 신앙심은 온전히 마음속에 있는 것입니다. 특정한 조건에만 맞고 다른 조건에는 맞지 않는 덕행들도 있습니다. 이때는 이런 덕이, 저 때는 저런 덕이 요구되는 것이지요. 하지만 선한 의지는 언제 어디서나 통합니다. 하나님께서 원하시는 모든 것을 원하되, 항상, 어떤 상황에서나 유보 없이 원하는 것–하나님 나라는 바로 이런 의지 속에 있으니 전적으로 내적인 것입니다. "그분의 뜻이 하늘에서와 같이 땅에서도 이루어지는" 하나님 나라는 그렇게 임하며, 그럴 때 우리는 그분의 지고한 뜻이 우리 의지에 새겨 주시는 것 이상을 원치 않게 되지요. "마음이 가난한 자는 복이 있나니!" 모든 것을, 심지어 자신의 의지까지도 버리고, 더 이상 자신의 주인 노릇 하지 않는 자들은 복이 있습니다! 오, 더 이상 자신의 주인이 아닐 때, 자신에 대한 모든 권리를 잃어버릴 만큼 자신을 포기할 때, 우리는 얼마나 마음속 깊이 가난해지는지요!

하지만 어떻게 하면 우리 의지가 선해질 수 있을까요? 하나님 뜻에 유보 없이 순복함으로써입니다. 그분이 원하시는 모든 것을 원하고, 그분이 원치 않으시는 것은 결코 원치 않으며, 자신의 연약한 의지를 그분의 전능하신 의지에 접목시키는 것입니다. 그러면 하나님이 원하시는 것 말고는 어떤 일도 일어나지 않게 됩니다. 그분의 뜻이 이루어질 때 완벽한 만족을 누리며 하나님의 선하신 즐거움에서 평안과 위로의 다함 없는 원천을 발견하게 됩니다. 삶 전체가 영원히 "아멘, 아멘"을 외치는 복된 자들이 누릴 평안의 시작이 되는 것이지요.

매사에 하나님을 찬미하고 경배하고 송축하게 됩니다. 만물 가운데서 항상 그분을 보며, 그분의 인자한 손길에만 관심을 두게 됩니다. 악은 더 이상 존재하지 않는 것이나 마찬가지입니다. 왜냐하면 가장 끔찍한 악조차도 사도 바울의 말대로 "하나님을 사랑하는 자들에게는 합력하여 선을 이루게"롬 8:28 되니까요. 하나님께서 우리를 그분의 자녀로서 합당하게 만드시기 위해 정결케 하시려고 보내주시는 고생을 악이라 부를 수 있을까요? 우리에게 그처럼 큰 유익을 가져다주는 것은 악일 수가 없지요.

그러니 모든 염려를 선하신 아버지의 품에 내려놓고, 그분께서 뜻대로 행하시도록 맡깁시다. 모든 것에 그분의 뜻을 따르고 그분의 뜻 안에 우리 의지를 내려놓는 것으로 만족합시다. 그러면 우리의 의지조차도 우리 것이 아니게 될 것입니다. 우리는 우리 것이 아닌데, 무엇인가를 갖는다는 것은 옳지 않습니다. 노예는 자기 소유가 없지요. 그렇다면 본질상 죄와 허무뿐인 피조물, 모든 것이 순전한 은혜요 선물인 피조물이 아무것도 제 것으로 갖지 않는다는 것은 당연하지 않겠습니까. 하나님께서 사람에게 자기 주인 노릇 할 수 있는 자유 의지를 주신 것은 우리가 자원하여 그분께 헌신할 수 있게 하기 위해서입니다. 우리가 가진 것이라고는 우리의 의지뿐이며, 그 나머지는 전혀 우리 것이 아닙니다. 질병은 건강과 생명을 앗아갑니다. 재산은 폭력으로 탈취당할 수 있으며, 정신의 재능도 몸의 상태에 달려 있습니다. 진실로 우리 것이라 할 만한 것은 의지뿐입니다. 그러므로 하나님께서는 바로 그것을 원하십니다. 하나님께서 우리에게 자유 의지를 선물로 주신 것은, 우리가 주인 노릇 하라는 것이 아니라 받은 그대로 온전히, 남김없이 그분께 돌려드리기를 원하시기 때문입니다. 조그만 욕망이나 조그만 불순종이라도 남겨두는 것은 창조의 질서에 거슬러 하나님 것을 도둑질하는 것입니다. 모든 것이 그분으로부터 왔으니, 그분께 돌아가는 것이 마땅합니다.

오 슬프게도, 얼마나 많은 영혼들이 스스로 주인 노릇하며 선을 행하고 하나님을 사랑하되 자기 입맛대로 자기 노력으로 하려 드는지요! 이들은 하나님께서 자기들을 만족시키고 자기들을 그분께로 이끌어 주시되 자기들 방식대로 해주시기를 바랍니다! 그분을 섬기고 그분을 소유하기를 원하지만, 자신을 그분께 드리고 그분께 소유 당하는 것은 원치 않습니다. 이런 영혼들은 열심과 열의로 가득 찬 듯이 보일지라도, 하나님께서 다루시는 손길에 저항하기 마련이지요. 어찌 보면 그들에게는 영적 부요함이 오히려 장애가 되는 것이 확실합니다. 그들은 모든 것을, 미덕까지도 자기 것으로 삼으며 선에서도 끊임없이 자기 자신을 추구하니까요. 오, 이처럼 항상 자신의 길을 가며 덕을 행하고자 하는 열정적이고 명석한 영혼들에 비하면, 자신의 생명과 타고난 모든 본성을 버리고 매 순간 복음의 진리와 그분의 섭리에 따라 하나님께서 원하게 하시는 것밖에는 원치 않으려고 일체의 의지를 내려놓은 가난한 영혼이 얼마나 더 윗길인지요!

이것이 "내 제자가 되고자 하는 자는 자기를 버리고 나를 따

르라"고 하신 예수 그리스도의 말씀에 담긴 깊은 뜻입니다.마
16:24; 눅 14:27, 33 예수 그리스도를 바짝 따르되, 그분께 가는 길
을 내 힘으로 열고자 하지 말아야 합니다. 자기를 버림으로써
만 그분을 따라갈 수 있습니다. 자신에 대한 일체의 권리를 남
김없이 내려놓지 않고서야 어떻게 자기를 버릴 수 있겠습니까?
그래서 사도 바울도 이렇게 말했습니다. "여러분은 여러분 자
신의 것이 아닙니다."고전 6:19 그렇지요, 우리에게는 더 이상 우
리 것이라고는 없습니다. 자신을 드린 후에 슬그머니 되찾는
자는 화가 있을 것입니다!

　자비하신 아버지, 모든 위로의 하나님께서 당신을 당신 자신
의 마음에서 끌어내어 부스러기조차 남기지 마시기를 기도합
니다. 이 고통스러운 수술에는 큰 대가가 따릅니다. 하나님께서
행하시도록 맡기고 생살을 도려내시는 그분의 손길 아래 잠잠
하기란 힘든 일입니다. 하지만 그것이 성도의 인내이고 순수한
믿음의 희생입니다.

　하나님께서 우리를 가지고 원하시는 바를 모두 이루시도록
맡겨 드립시다. 단 한 순간의 어떤 의지적 저항도 있어서는 안
됩니다. 감각과 본성의 저항을 느끼자마자 하나님을 향해 신뢰
하는 마음으로 돌아서서, 그분을 위해 우리의 비겁하고 반항적
인 본성에 맞섭시다. 우리 본성을 하나님의 영에 내맡기면, 그
분이 그것을 조금씩 죽게 만드실 것입니다. 결코 성령을 근심
시키지 않도록 그분의 현존 안에서 아주 사소한 과오들도 경계
합시다. 그분은 우리 내면에서 일어나는 모든 일을 주의 깊게

살피십니다. 자신의 비참을 깨닫는 겸손함을 갖되 낙심하거나 지치지 말고, 이미 저지른 과오들로부터 교훈을 얻읍시다.

자기 자신과 모든 의지를 버리고 하나님께서 선하신 즐거움 대로 행하시도록 내맡기는 것보다 더 하나님께 영광 돌리는 일이 있을까요? 우리가 그렇게 할 때 그분은 참으로 우리의 하나님 되시며, 그분의 통치가 우리 안에 임할 것입니다. 그럴 때 우리는 일체의 외적 도움이나 내적 위로 없이도, 안에서나 밖에서나, 모든 것을 행하시며 우리의 경배를 받으실 하나님의 손길만을 바라보게 됩니다.

이곳보다는 저곳에서, 저 길이 아니라 이 길로, 그분을 섬기겠다는 것은 그분의 방식이 아니라 우리 방식대로 그분을 섬기겠다는 것입니다. 모든 것에 똑같이 준비된 태세로, 모든 것을 원하며 아무것도 원치 않고, 하나님 손에 맡겨진 장난감처럼, 하나님의 통치에 순복하는 데 아무런 제한도 두지 않는 것이야말로 자신을 포기하고 그분을 섬기는 것이며, 그분을 진정 하나님으로 모시고, 우리 자신을 오직 그분을 위해 지어진 피조물로 여기는 것입니다.

오, 그분이 우리에게 험난한 시험을 주셔서 그분께 조금이라도 영광을 돌릴 수 있게 해주신다면 얼마나 행복할까요! 우리를 지으신 분이 그분이 작품인 우리 마음 안에서 여전히 저항과 유보를 발견한다면, 대체 우리는 무엇에 소용되는 존재이겠습니까?

그러므로 당신의 마음을 열되 하나님과 그분의 사랑이 급류처럼 무제한 흘러들도록, 아무 제한 없이 여십시오. 가는 길에서 아무것도 두려워하지 마십시오. 당신이 의심하지 않고 당신 자신에 대해 염려하기보다 그분의 사랑으로 충만하기만 하다면, 하나님께서 손잡아 인도해 주실 것입니다.

35

하나님께서 우리 안팎에서 행하시는 일을 순종하는 마음으로 받아들이기

하나님을 믿는 최선의 길은 하루 일과 동안 하나님께서 우리에게 주시는, 우리 안팎에서 일어나는 여러 가지 일에 대해 한결같은 순종의 태도를 갖는 것입니다.

우리 바깥에서 만나는 불유쾌한 일들을 의연하게 견디고, 즐거운 일들에도 마음을 두지 말아야 합니다. 달갑잖은 시험들은 순순히 받아들임으로써 이겨내고, 솔깃한 시험들은 섣불리 마음을 열지 않음으로써 이겨내야 합니다. 우리 안에서 일어나는 일들에 대해서도 마찬가지입니다. 괴로운 일들은 우리의 자아를 죽이는 데 도움이 되며, 굳이 마음을 달래려 하지 않고 아무 조건 없이 담담하게 견뎌내면 영혼에 유익이 됩니다. 즐거운 일들, 외적인 활동에서 실제적인 위로로 우리의 연약함을 지탱해 주는 일들은 받아들이되, 다른 방식으로 받아들여야 합니다. 우리의 필요를 아시는 하나님께서 주시는 것이니 받아들여야 하지만, 그 자체가 좋아서라기보다 하나님의 뜻에 순복하는 마음에서 그렇게 해야 합니다. 마치 약을 사용하듯이, 자기만족이나 집착이나 소유욕 없이 사용해야 하는 것입니다. 이런 선물은 마땅히 받아들여야 하지만, 하나님께서 도로 가져가신다 해도 그 박탈이 우리를 슬퍼하거나 낙심하게 하지 않도록, 너무 집착하지 말아야 합니다. 이처럼 일시적이고 현세적인 선물들에 집착하다 보면 자만하게 됩니다. 자기는 하나님의 선물에만 의지한다고 상상하지만, 실은 하나님의 선물을 자기 것으로 만들고 자기 자신과 혼동하는 것이지요. 이런 태도의 불행은, 자기 안에서 무엇인가 실망스러운 것을 볼 때마다 낙심한다는 것입니다. 하지만 하나님만을 의지하는 영혼은 자신의 비참을 보고도 전혀 놀라지 않습니다. 그런 영혼은 자신이 아무것도 할 수 없으며 하나님만이 모든 것을 하실 수 있다는 것을 기뻐합니다. 저는 아버지께서 제게 주고자 하시는 무한한 재보를 갖고 계신 것을 알고 있으므로, 제가 지금 가난한 것을 걱정하지 않습니다. 하나님에 대한 순수한 신뢰로 마음을 든든하게 할 때 비로소 우리는 자기신뢰 없이 지내는 데 익숙해집니다.

그러므로 신앙의 열정이나 자신의 완전함을 추구하여 행하는 지혜로운 일들에 의지하지 말고, 단순함과 겸손으로 모든 자의적인 노력을 포기하고 오직 은혜에 자신을 맡기는 완전한 순복을 배워야 합니다. 그렇지 않은 일체의 행위는 눈에 띄는 공덕들로 나타나 은연중에 우리 자신의 노력에 대한 신뢰를 부추길 따름입니다.

하나님께서 우리 마음에서 우리가 심고자 하는 모든 것을 뽑아내시고 풍성히 열매 맺는 생명나무를 손수 심어주시기를 기도합시다.

36.

십자가의 유익과
선용에 대하여

하나님께서 사랑하시는 자들에게 십자가를
지우시는 선하신 뜻을 납득하기란 무척 힘이 듭니다. 대체 왜
우리에게 고난을 주시면서 기뻐하실까 하는 질문이 나올 법도
합니다. 우리를 비참하게 만들지 않고는 선하게 만드실 수 없
는 걸까요? 물론, 하나님께서는 얼마든지 그러실 수 있습니다.
그분께는 불가능한 일이 없으니까요. 그분은 인간들의 마음을
그 전능하신 손안에 갖고 계시며 뜻하시는 대로 이리저리 움
직이십니다. 마치 산꼭대기에서 샘을 관리하는 이가 원하는 쪽
의 비탈로 물줄기를 돌리는 것처럼 말입니다. 그러나 하나님께
서는 우리에게 십자가를 주시지 않고도 능히 우리를 구원하실
수 있었지만 그러기를 원치 않으셨습니다. 사람이 장성한 어른

의 모든 힘을 가지고 태어나기보다 어린 시절의 모든 서투름과 연약함을 겪으며 조금씩 성장하도록 하신 것과도 같습니다. 그 이유에 대해서는 그분이 가장 잘 아시니 우리는 그저 입 다물고, 설령 이해하지 못할지라도 그분의 지혜를 찬미할 일입니다. 우리가 분명히 아는 것은, 우리가 겸손하고 사심 없이 자신을 버리고 모든 것을 하나님께 돌리는 만큼만 선해질 수 있다는 사실입니다.

우리를 우리 자신으로부터 벗어나게 하고 자기애를 떨쳐버리게 하는 은혜의 역사는 은혜에 수반되는 기적 없이는 고통스러울 수밖에 없습니다. 하나님께서는 자연의 질서 못지않게 은혜의 질서 안에서도 날마다 기적을 행하지는 않으십니다. 자기 자신으로 가득했던 사람이 한순간 모든 이기심과 예민함에 대해 죽는다는 것은 어린아이가 잠들었다가 이튿날 서른 살난 어른으로 깨어나는 것만큼이나 큰 기적일 것입니다. 하나님은 자연의 질서뿐 아니라 은혜의 질서 안에서도 눈에 띄지 않는 일련의 사건들 속에 자신의 손길을 감추십니다. 그럼으로써 아직 모든 것이 분명치 않은 믿음의 어슴푸레함 속에서 우리를 붙들어 주시는 것입니다. 그분은 그렇듯 조금씩 역사하실 뿐아니라, 지극히 단순하고 합당한 방식으로 그 역사를 이루십니다. 그 방식이 너무나 당연해 보여 인간의 지혜로는 극히 자연스럽게 이루어진 듯이 여기게 되고, 그리하여 하나님의 손길이 두드러지지 않게 되는 것이지요. 그러지 않으면 하나님께서 행하시는 모든 것이 줄곧 기적이 되어 하나님께서 우리에게 원하시는 믿음의 상태를 뒤엎게 될 것입니다.

이 믿음의 상태는 선한 사람들로 하여금 어둠으로 가득한 삶 가운데서 자기 이성을 의지하지 않게 함으로써 그들을 훈련하기 위해서만이 아니라, 교만한 자들로 하여금 스스로 눈멀게 하기 위해서도 필요합니다. 교만한 자들은 하나님께서 하시는 일을 보고도 전혀 이해하지 못하고, 그저 절로 일어나는 것으로만 여깁니다. 그들에게는 참된 지성이 없으니, 참된 지성이란 자기 머리를 믿지 않는 만큼 얻어지기 때문입니다. 교만한 자의 지혜로는 하나님의 권고를 깨달을 수 없습니다.

그러므로 하나님께서 이 과정을 느리고 고통스럽게 만드시는 것은 믿음의 어슴푸레함 속에서 은혜의 역사를 이루시기 위해서입니다. 그분은 피조물들의 변덕과 배은망덕, 그리고 반역 가운데서 맛보게 되는 환멸과 역겨움까지 사용하셔서 우리를 피조물들과 기만적인 번영으로부터 떼어놓으십니다. 그분은 우리가 무수히 다시 넘어지는 가운데 연약함과 부패함을 경험함으로써 우리 자신으로부터 깨어나게 하십니다. 이 모든 것이 자연스러워 보이지만, 이 일련의 자연스러워 보이는 수단들이 우리를 조금씩 태우는 것입니다. 순수한 사랑의 불길에 단번에 타버리면 좋겠지만, 그런 식의 자기 죽음은 너무나 급격하여 우리에게 아무런 대가도 치르게 하지 않습니다. 그렇게 단번에, 헐값에 완전해지려는 것은 지나친 자기애 때문입니다.

우리는 왜 오래 걸리는 자기 죽음에 반발하는 것일까요? 그 또한 자신에 대한 집착 때문이니, 하나님께서는 바로 이 집착을 깨뜨리려 하십니다. 우리가 아직 우리 자신에게 집착하는 한, 하나님의 역사는 결코 완수되지 않습니다. 그러니 우리가 무엇을 불평하겠습니까? 우리의 악은 피조물들에, 그리고 그보다 한층 더 우리 자신에게 집착한다는 것입니다. 하나님께서는 우리를 차츰 피조물들로부터, 그리고 나아가 우리 자신으로부터 떼어놓는 일련의 사건들을 준비하십니다. 이 과정은 고통스럽습니다. 하지만 그래도 그런 과정이 필요한 것은 우리의 부패 때문이지요. 만일 우리 살이 건강하다면, 외과의사는 굳이 메스를 댈 필요가 없을 것입니다. 상처가 깊을수록, 살이 곪았을수록 더 많이 째야 합니다. 수술이 고통스러운 것은 병집이 크기 때문이지요. 외과의사가 생살을 도려내는 것이 잔인해서인가요? 아니, 그 반대지요. 그것은 애정이고 기술이니, 자신의 외아들에게도 똑같이 할 것입니다.

　하나님도 우리를 그렇게 다루십니다. 하나님께서 우리에게 고통을 주실 때는 말하자면 마지못해 그렇게 하시는 것입니다. 그분은 우리 아버지이시니 결코 우리를 마음 아프게 하기를 원치 않으시지만, 그래도 우리 마음의 궤양을 고치기 위해 생살을 도려내십니다. 우리에게서 우리가 너무 사랑하는 것, 무절제하게 잘못 사랑하는 것, 그분에 대한 사랑에 해가 될 정도로 사랑하는 것을 잘라내셔야만 하는 것이지요. 그러면 어떻게 되느냐고요? 어린아이가 자칫 다칠 수도 있을 칼을 가지고 놀다가 뺏기면 우는 것처럼, 우리도 그렇게 웁니다. 낙심해서 고함을 지르고 하나님께 불만을 호소하려 합니다. 마치 어린아이가 칼을 뺏은 엄마를 원망하듯이 말입니다. 하지만 하나님께서는 우리가 울건 말건 우리를 구원하십니다. 우리를 고치시기 위해 아프게 하시는 것이니까요. 우리가 보기에는 너무 심하다 싶더라도, 우리의 유익을 위해, 우리가 스스로 해치는 것을 막기 위해 그렇게 하시는 것입니다. 우리가 잃었다고 우는 것이 어쩌면 우리를 영원히 울게 할 것이 되었을지도 모릅니다. 우리가 잃었다고 생각하는 것은 사실 가졌다고 생각하던 때에 이미 잃은 것입니다. 하나님께서는 장차 영원 가운데 우리에게 돌려주시기 위해 그것을 잘 보관해 두셨습니다. 그분이 우리에게서 우리가 사랑하는 것들을 빼앗으시는 것은 우리가 그것들을 순수하고 견고하고 절제된 사랑으로 사랑하게 하시기 위함이요 그분의 품 안에서 영원히 그것들을 누리게 하셔서 우리가 우리 자신을 위해 바라는 것보다 백배는 더 유익하게 하시기 위함입니다.

　이 땅에서는 하나님이 원치 않으신 일은 결코 일어나지 않습니다. 하나님께서는 모든 것을 만드시고 다스리시고 모든 것에 각각의 분깃을 주십니다. 그분은 우리의 머리카락과 나무 한 그루 한 그루의 잎사귀들과 물가 모래톱의 모래알들과 대양을 이루는 물방울을 다 헤아리고 계십니다. 우주를 만드신 그분의 지혜는 가장 작은 원자까지도 재고 달아보셨습니다. 매순간 우리를 살아 움직이게 하는 생명의 호흡을 새롭게 하시는 분도 하나님이시고, 우리의 날을 계수하시고 권능의 손으로 우리 무덤의 열쇠를 가지셔서 열고 닫으시는 분도 하나님이십니다. 우리에게는 크나큰 충격도 그분이 보시기에는 아무것도 아닙니다. 조금 더 살거나 조금 덜 사는 것이 그분의 영원 앞에서는 차이가 없습니다. 이 연약한 그릇, 흙으로 된 육신이 부서지고 재가 되는 것이 늦든 빠르든 뭐 그렇게 중요하겠습니까?

오 우리의 시각은 얼마나 제한되고 속기 쉬운지요! 우리는 한창 나이의 젊은이가 죽는 것을 보면 충격을 받습니다. 얼마나 아까우냐고들 탄식하지요. 하지만 누구에게 아깝단 말입니까? 죽는 이가 무슨 손해를 봅니까? 허영과 미망과 위험에 찬 인생을 몇 년 더 살다가 영원한 죽음에 이른다면 무슨 유익이 있다는 말입니까? 하나님께서는 불의함 가운데서 그를 끌어내시고, 부패한 세상과 그 자신의 연약함으로부터 서둘러 그를 건져 내십니다. 그를 사랑하던 사람들에게는 무슨 손해가 됩니까? 그들은 세상의 즐거움이라는 독을, 끊임없는 도취를, 그리고 하나님도 자신도 잊고 살던 태도를 잃게 될 테니, 실은 고통을 통해 그런 피상적인 삶에서 벗어나는 복을 얻는 셈입니다. 죽어가는 사람을 구원하는 같은 힘이 다른 사람들로 하여금 고통 가운데서 자신에 대한 애착을 버리고 구원을 위해 용감하게 나아가게 하는 것이지요. 오, 하나님은 정녕 선하십니다! 그분이 매를 드시는 것처럼 보일 때라도, 그 엄하심 앞에서 우리가 비명을 지르고 싶어질 때라도, 그분은 다정하시고 우리의 고통에 깊이 동정하십니다.

백 년 전에 살았던 두 사람 사이에 무슨 차이가 있습니까? 한 사람은 다른 사람보다 20년 일찍 죽었지만, 어쨌든 둘 다 죽었습니다. 당시에는 참 길고 힘든 이별로 보이던 것이 이제 우리 눈에는 그다지 길지 않고, 또 실제로도 아주 잠깐의 헤어짐일 뿐입니다. 헤어졌던 이들은 얼마 안 가 다시 만나고, 그 짧은 헤어짐은 흔적조차 남지 않을 것입니다. 사람은 자신이 마치 영원히 살 것처럼, 적어도 앞으로 수백 년은 살 것처럼 여깁니다. 참 어리석지 않습니까! 날마다 죽는 이들이 이미 죽은 이들의 뒤를 바짝 따라갑니다. 이제 곧 여행길에 오르려는 이는 겨우 이틀 전에 떠난 이보다 많이 뒤졌다고 생각하지 않을 것입니다. 인생은 급류 같이 지나갑니다. 과거는 꿈일 뿐이며, 현재는 우리가 붙들고 있다고 생각하는 순간에도 우리 손에서 빠져나가 과거라는 심연 속으로 흘러듭니다. 미래도 전혀 다르지 않으니, 역시 빠르게 지나갈 것입니다. 날과 달과 해들이 급류의 물살처럼 밀어닥칩니다. 아직 잠깐만, 잠깐만 더, 라고 말하는 사이에 모든 것이 끝나버리지요. 슬픔과 권태로 인해 길게 느껴지는 시간도 지나고 나면 아주 짧게 여겨질 것입니다.

우리가 자신이 처한 상태에 그토록 민감한 것은 자기애라는 약점 때문입니다. 밤잠을 설치는 환자는 밤이 끝없이 길다고 생각하지만, 그 밤도 다른 밤들이나 다름없이 짧습니다. 나약함 때문에 자신의 모든 고통을 과장하게 됩니다. 실제로 큰 고통도 있지만, 민감하기 때문에 한층 더 크게 느끼는 것이지요. 고통을 줄이는 참된 방도는 용감하게 자신을 하나님께 내맡기는 것입니다. 고통은 여전할 수도 있지만, 하나님께서는 그 고통을 사용하셔서 우리를 정결케 하시고 그분께 합당한 자로 만들어 주십니다. 지금껏 세상이 우리에게 미소 지었고, 이 번영이 우리 마음에 독을 심었습니다. 이 안일함과 쾌락과 화려함과 헛된 기쁨과 의기양양함 가운데서 예수 그리스도와 원수 된 세상을 누리며, 우리를 거룩하게 만들어 줄 유일한 수단인 십자가를 등진 채 평생을 보낸 후에 죽음을 맞이하려 합니까? 세상이 우리에게 등을 돌릴 수도 있습니다. 배은망덕하게도 우리를 잊고 무시하고 없는 셈 칠지도 모릅니다. 세상이 항상 세상이라고 해서, 불의하고 속이고 음험하다고 해서 놀라야 하겠습니까? 우리가 사랑하기를 부끄러워하지 않았던, 아마도 여전히 사랑하고 싶은 세상이란 본래 그런 것입니다. 이 가증스러운 세상으로부터, 그 저주스러운 예속으로부터 하나님은 우리를 끌어내시어 영혼의 자유를 주시는데, 우리는 그 점을 유감스러워합니다. 그토록 경멸해 마땅한 세상의 무관심에 우리가 그토록 민감하다면, 우리는 우리 자신의 적임이 틀림없습니다. 뭐라고요! 우리에게 그토록 유익한 것을 견디지 못하고, 우리에게 해로운 것을 그토록 갈망한다고요! 이것이야말로 우리 눈물과 고통의 근원입니다!

오 하나님, 당신은 저희의 병폐를 속속들이 들여다보시며, 당신만이 저희를 고치실 수 있습니다. 어서 저희에게 믿음과 소망과 사랑을, 저희가 갖지 못한 그리스도인다운 용기를 주소서. 저희가 끊임없이 당신을 바라보게 하소서, 오 전능하신 아버지여, 당신이 사랑하시는 자녀들에게 주시는 모든 것은 저희 구원을 위한 것입니다. 당신의 아들 예수를 바라보게 하소서,

그분은 고통 가운데서 저희의 본이 되셨습니다. 당신은 저희를 위해 그를 십자가에 못 박으셨고, 그를 고통당하는 인간으로 만드시어 저희에게 고통의 유익함을 가르치셨습니다. 그러니 수치를 당하시고 고통에 짓눌리신 예수를 바라봄으로, 나약하고 비겁한 본성이 침묵하게 하소서. 오 저의 마음을 일으키소서, 하나님, 저에게 당신 마음을 닮은 마음을 주셔서, 자신에게 엄격하게 하시고 당신을 언짢게 하는 것만을 두려워하게 하소서. 저희를 당신 나라에 준비시키시는 고통이 아니라 영원한 고통을 두려워하게 하소서. 주님, 당신은 피조물의 연약함과 비참함을 아십니다. 저희에게는 더 이상 아무 의지할 것이 없습니다. 오히려 잘 된 일이니, 당신만이 저희의 의지가 되소서. 저희가 저희 자신의 마음에서 찾지 못해 절망하는 모든 것을 당신 안에서 믿음으로 찾게 하소서.

37

순수한 사랑만이
제대로 고통당할 줄 안다

우리는 고통을 당해야 하며 고통당해 마땅
하다는 것을 압니다. 그러면서도 막상 고통이 찾아오면 놀라기
마련이지요. 억울한 일이나 당하는 듯이, 겪지 않아도 될 일을
겪는 듯이 여기는 것입니다. 참되고 순수한 사랑만이 기꺼이
고통을 받아들입니다. 참되고 순수한 사랑만이 자신을 내맡기
니까요. 인종忍從은 고통을 겪게 하지만, 그 안에는 고통당하는
것을 괴로워하고 저항하는 무언가가 있습니다. 하나님께 어느
정도까지만 드리고 여전히 자기 생각을 떨쳐버리지 못하는 인
종은 고통을 받아들이겠다고 하면서도 정작 고통 앞에서는 움
츠러들어 자신을 더듬어 찾습니다. 엄밀히 말해 인종 안에 두
사람이 있는 것과도 같습니다. 한 사람이 다른 한 사람을 다스

려 저항하지 못하도록 감독하는 것이지요. 반면 자기를 버리고 하나님께 내맡기는 순수한 사랑 안에서는, 영혼은 묵묵히 십자가를, 십자가에 못 박히신 예수 그리스도와의 연합을 양식 삼으며 자신의 고통을 돌아보지 않습니다. 자신을 돌아보려 하지 않는 그대로의 모습으로 하나님께 내놓는 단 하나의 단순한 의지만이 있는 것입니다. 그런 의지는 아무 말도 하지 않고 아무 것에도 눈길을 주지 않습니다. 그럼 무엇을 하느냐고요? 고통을 당합니다. 그게 전부냐고요? 그렇습니다, 그게 전부입니다. 그저 고통당하는 것밖에 없습니다. 사랑은 말하지 않고도, 생각하지 않고도 전해지지요. 해야 할 단 한 가지, 모든 위로를 빼앗길 때 아무것도 원치 않는다는 그 한 가지를 할 따름입니다. 다른 모든 것을 빼앗길 때도 하나님의 의지로 충만한 의지야말로 모든 사랑 가운데 가장 순수한 것입니다.

끊임없이 인내심을 불러일으키기 위해, 외적으로 완성된 미덕을 유지하도록 항상 긴장하고 주의를 늦추지 않기 위해, 그토록 조바심내지 않아도 된다고 생각하면 얼마나 안도하게 되는지요! 그저 있는 그대로의 오죽잖은 모습으로 자신을 고통에 내맡기는 것으로 족합니다. 이것은 용기가 아닙니다. 그 이상 또는 그 이하의 무엇이지요. 덕망 있는 사람들의 눈에는 그 이하의 것으로 보이겠지만, 순수한 신앙의 눈으로 보면 그 이상의 것으로 보일 것입니다. 그렇게 작아질 때, 영혼은 하나님의 위대하심 안에 들어서게 됩니다. 이런 약함이야말로 모든 힘을 버리고 하나님의 전능하심에 연합되게 하는 것입니다. 사도 바

울이 "내가 약한 그 때에 오히려 강합니다"고후 12:10 "나에게 능력
을 주시는 분 안에서, 나는 모든 것을 할 수 있습니다"빌 4:13라고
한 것처럼 말입니다.

그러면 자신의 상황과 취향에 맞추어 틈틈이 말씀을 읽으며
외적인 감각을 가라앉히고 내적인 묵상에 잠기는 것으로 족합
니다. 이치를 따지지 않는 단순한 두어 마디가 거룩한 기름 부
으심으로 채워지면 남이 알 수 없는 만나가 됩니다. 그런 말씀
은 설령 우리가 잊는다 하더라도 우리 안에서 은밀히 활동하
며 영혼을 살찌우는 양식이 되어 줍니다. 우리는 때로 자신이
고통당하는 줄조차 모르면서 고통당하기도 하고, 또 어떤 때는
고통당하면서 자신이 고통을 잘 받아들이지 못하는 것을 깨닫
고 자신의 이런 태도를 애초의 고통보다 더한 십자가로 여기
기도 합니다. 하지만 아무것도 우리를 막아서지 못합니다. 참
된 사랑은 항상 전진하니까요. 결코 자신을 위해 멈춰 서지 않
으며, 자신에게 전혀 개의치 않습니다. 그럴 때 우리는 진정 행
복합니다. 십자가는 그 고통을 짊어질 '내'가 없으면, 선한 일
이든 악한 일이든 내 것으로 삼을 '내'가 없으면, 더 이상 십자
가가 아니니까요.

38.

하나님의 뜻에 전적으로 내맡길 때
발견되는 내적 평화 I

하나님께 저항하는 자들에게는 결코 평안이 없을 것입니다. 이 세상에 뭔가 기쁨이 있다면, 그것은 양심이 깨끗한 자들의 몫입니다. 그렇지 못한 자들에게는 온 땅이 환란과 고뇌의 장소입니다.

오, 하나님으로부터 오는 평안은 세상에서 오는 평안과 얼마나 다른지요! 하나님의 평안은 정념들을 가라앉히고, 양심의 정결함을 지켜 줍니다. 정의와 떼어놓을 수 없으며, 하나님과 하나가 되고, 온갖 유혹 앞에서 우리를 강하게 만들어 줍니다. 이 양심의 정결함은 성사에 자주 참예함으로써 유지됩니다. 시험은 우리를 이기지 못하면 반드시 그 열매를 맺습니다. 영혼의 평안은 전적으로 하나님의 뜻에 내맡기는 데 있습니다.

주님께서는 "마르다야, 마르다야, 네가 많은 일로 염려하나, 한 가지만이라도 족하니라"^루 10:41-42라고 하셨습니다. 참된 단순성, 하나님께서 원하시는 모든 것에 전적으로 내맡기는 데서 얻어지는 영혼의 평온함, 하나님의 현존 안에서 타인의 결점들을 참고 돌보아 주는 마음, 아이처럼 온순하고 순진하게 자기 잘못을 고백하고 뉘우치며 경험 있는 이들의 조언을 따르려는 태도 같은 것들은 성화에 유익하고 적합한 견고한 미덕이 될 것입니다.

당신이 여러 가지 것들에서 괴로움을 겪는 것은 당신에게 닥칠 수 있는 모든 일을 하나님께 온전히 맡기지 못했기 때문입니다. 그 모든 것을 그분 손에 맡기고 마음속으로 온전한 희생 제사를 미리 드리십시오. 아무것도 당신 자신의 판단대로 끌어 가려 하지 말고 하나님께서 원하시는 대로 순종하기로 하면, 더 이상 당신에 관한 일에 그리 많은 생각을 하고 조바심을 내지 않게 됩니다. 그러기까지는 계속 마음이 불편하고 견해나 취향에서 변덕을 일삼으며 다른 사람에게 쉽게 짜증을 내고 자기 자신과도 마음이 맞지 않으며 자기 생각으로 가득 차서 주위와 불화하게 될 것입니다. 당신의 선한 정신은 낮아지고 단순해지기까지는 당신을 괴롭힐 따름입니다. 당신의 신앙심이 아무리 진실하다 해도 마음속에서 든든한 위로가 되어 주기보다는 내적인 가책들만 불러일으킬 것입니다. 반면, 당신의 마음을 온전히 하나님께 드리면, 평온한 가운데 성령께서 주시는 기쁨으로 충만해질 것입니다.

하나님의 일을 하면서 여전히 인간을 바라본다면 화가 있을 것입니다. 안내자를 선택해야 할 때는 다른 모든 인간은 셈에 넣지 말아야 합니다. 조금이라도 인간을 의지하려 한다면 은혜가 고갈되고 불확실성이 늘어날 것입니다. 고생은 고생대로 하고, 하나님은 더 언짢게 해드릴 뿐입니다.

우리가 하나님을 사랑해 마땅한 것은 그분이 먼저 우리를 사랑하셨기 때문입니다. 마치 아버지가 자식들을 어여삐 여기듯, 다정한 사랑으로 사랑하셨습니다. 왜냐하면 그분은 손수 진흙으로 빚어 만드신 우리의 연약함을 잘 아시니까요. 그분은 죄의 길 가운데 방황하는 우리를 찾아오셨습니다. 길 잃은 양을 찾아 지치도록 헤매는 목자처럼 우리를 찾아다니셨습니다. 우리를 찾아다니는 것으로 만족하지 않으시고, 우리를 찾으신 후에는 우리와 우리의 곤비함까지 떠맡으셔서, 십자가에서 죽기까지 복종하셨습니다. 십자가에서 죽기까지 우리를 사랑하셨다고, 그분의 순종의 정도는 곧 사랑의 정도라고 말해도 될 것입니다. 이 사랑으로 충만해진 영혼은 양심의 평안을 맛보며 만족하고 행복해집니다. 그에게는 위대함도 평판도 쾌락도, 시간이 흔적 없이 앗아갈 어떤 것도 중요치 않게 됩니다. 그는 오로지 하나님의 뜻만을 바라며, 행복한 마음으로 늘 깨어 신랑 되신 그분을 기다립니다.

39·

하나님의 뜻에 전적으로 내맡길 때
발견되는 내적 평화 II

　　　　　당신이 피정에서 구하는 모든 유익을 얻기
바랍니다. 가장 중요한 것은 미래를 너무 염려하지 말고 단순
한 행동 가운데 평안을 누리는 것입니다. 미래는 하나님께 속
한 것이지 당신 것이 아닙니다. 하나님께서 보시기에 좋은 대
로, 당신의 필요에 따라 이끌어 주실 것입니다. 만일 당신이 자
기 지혜로 미래를 꿰뚫어 보려 한다면 불가피한 불행들을 내다
보며 염려하는 것 말고는 얻을 게 없습니다. 그저 매일 매일을
유익하게 보내는 것만 생각하십시오. 모든 날에는 제각기 좋은
것도 나쁜 것도 있고, 하나님께 맡기고 미리 염려하지 않는다
면, 때로는 나쁜 것이 좋은 것으로 바뀌기도 한답니다.

　그런 생활 가운데 하나님께서는 그분 앞에 나아갈 충분한 시

간을 주실 것입니다. 어쩌면 당신이 좋아하는 일들에 전념하거나 완전함을 구한다는 실로 자신에게 몰두하여 살아갈 시간은 주시지 않을 수도 있지만, 당신 자신과 당신의 기질을 포기할 시간과 기회는 부족하지 않을 것입니다. 그 이상의 다른 시간은 겉보기에는 아무리 잘 보낸 것처럼 보이더라도 실은 잃어버린 것입니다. 오히려 자신을 포기하게 만드는 그 모든 일을 통해, 당신의 진짜 필요에 알맞은 재능을 발견하게 되리라고 믿어도 좋습니다. 왜냐하면 하나님께서는 당신의 기질을 꺾으시는 만큼 당신의 약점을 보완해 주시니까요. 아무것도 두려워하지 말고, 그분께 맡기십시오. 버겁지 않은, 조용하고 규칙적인 일을 함으로써 슬픔과 권태를 피하십시오. 이 두 가지는 당신의 천성에 가장 위험한 시험입니다. 당신 스스로가 자유를 잃었다고 생각하지만 않는다면, 당신은 하나님 안에서 항상 자유할 것입니다.

40.

단순함이란 무엇인가:
그 실천과 다양한 단계

       결점인 단순함이 있고, 탁월한 미덕인 단순함이 있습니다. 단순함이란 흔히 분별이 없고 남을 배려할 줄 모르는 것을 말합니다. 세상에서 사람이 단순하다고 하면 생각이 짧고 쉽게 속으며 거칠다는 뜻이지요. 반면, 미덕인 단순함은 거칠기는커녕 아주 고상한 것입니다. 양식 있는 사람이라면 다른 사람에게서 그런 자질을 알아보고 감탄하며 자기가 그 단순함에 상처를 입혔을 때는 느낄 수 있습니다. 또 언제 그런 단순함을 발휘하면 좋은지도 느낌으로 알지요. 하지만 그것이 정확히 어떤 미덕인지 구체적으로 말하기는 어려울 것입니다. 그런 단순함에 대해서는 『그리스도를 본받아』라는 작은 책이 통회痛悔에 대해 한 말을 그대로 할 수 있습니다. "그것을 정의하

기보다는 실천하는 편이 낫다"라고요.[28]

　단순함은 자신과 자신의 행동을 쓸데없이 돌아보지 않는 영혼의 솔직함입니다. 그것은 진실함과도 또 다릅니다. 진실함이란 단순함에 못 미치는 미덕이지요. 진실하지만 단순하지 않은 사람들은 얼마든지 있습니다. 그들은 자신이 진실이라고 믿지 않는 말은 일절 하지 않습니다. 자신이 실제 그대로 알려지기를 원하며 실제와 다르게 알려질까봐 늘 염려합니다. 항상 자신을 들여다보고 자신의 말이나 생각을 재고 달며 자신의 언행이 지나치지나 않았을지 늘 점검합니다. 이런 사람들은 진실하지만 단순하다고는 할 수 없습니다. 그들은 다른 사람들과 편하게 지내지 못하며, 다른 사람들도 그와 함께 있으면 편치 않습니다. 그들에게서는 편하고 자유로운 것, 순진하고 자연스러운 것을 찾아볼 수 없습니다. 사람들은 차라리 덜 반듯하고 덜 가다듬어진, 차라리 더 불완전한 사람을 좋아합니다. 사람들뿐 아니라 하나님의 취향도 그럴 것입니다. 그분은 우리가 자신에게 사로잡혀 항상 거울 앞에서 자신을 가다듬는 것을 원치 않으십니다.

　자기 성찰이라고는 없이 항상 다른 피조물들에 몰두하는 것은 오로지 현재와 감각적인 것에 이끌려 사는 사람들의 맹목적인 상태로, 단순함과는 거리가 먼 극단입니다. 그 피조물들을 위해서든 하나님을 위해서든 해야 할 모든 일에서 항상 자신에

---

28 『그리스도를 본받아』 제1권 1장 3절. ― 원주

게 사로잡히는 것은 또 다른 극단이고요. 이런 영혼은 스스로 현명하다 여길지 모르지만, 늘 자기 안에 갇히고 자기 자신으로만 가득 차서 자기만족을 깨뜨리는 극히 사소한 것도 참아내지 못합니다. 이것은 거짓 지혜로, 그 모든 장점을 지니고도 맹목적으로 쾌락을 향해 돌진하는 이들의 어리석음보다 나을 게 없는 어리석음이지요. 전자는 자기 밖에서 보는 온갖 것에 취하고 후자는 자신이 안에서 하고 있다고 상상하는 것에 취하지만, 둘 다 취하기는 마찬가지입니다. 그중에서도 자기도취가 더 나쁜 것은 지혜로운 듯이 보이지만 실제로는 그렇지 않기 때문입니다. 그래서 그 점을 고치기는커녕 오히려 자랑스럽게 여기고 그 점에 더욱 힘을 써 다른 사람들보다 더 높아지려 하는 것이지요. 그것은 정신착란과도 비슷한 질병인데 당사자는 전혀 병인 줄 모르는 것이, 죽어가면서도 "나는 건강해"라고 하는 것과도 같습니다. 요약하면, 외적인 대상들에 끌려다니느라 자신을 전혀 돌아보지 못하는 것은 경솔한 일이지만, 반대로 너무나 자기 자신에 사로잡히는 것도 단순함과는 동떨어진 부자연스러운 태도라는 것입니다.

단순함이란 경솔하지도 않고 부자연스럽게 꾸미지도 않은 그 중간입니다. 단순함을 누리는 영혼은 외적인 것에 끌려다니느라 필요한 자기 성찰마저 하지 못하는 극단을 피하는 동시에, 자신의 탁월함을 확인하느라 전전긍긍하는 자기애로 인해 끝없이 자신을 돌아보는 또 다른 극단도 피하게 됩니다. 곧장 앞을 보며 나아가는, 자기 걸음을 놓고 이러니저러니 따지거나 이미 이룬 것을 끊임없이 돌아보느라 시간을 낭비하지 않는 영혼의 자유야말로 참된 단순함입니다.

그러므로 영혼의 성숙이란 이런 것입니다. 그 첫 단계는 외적 대상들을 떨쳐버리고 자기 내면으로 돌아가 자신의 유익을 위해 영혼의 상태에 관심을 갖는 것입니다. 여기까지는 지극히 본성적인 일입니다. 외적 대상에 대한 도취에서 벗어나고자 하는, 현명한 자기애가 있을 뿐입니다.

두 번째 단계에서, 영혼은 자신에 대한 시각과 자신이 두려워하는 하나님에 대한 시각을 결부시키게 됩니다. 참된 지혜의 미약한 시작이라 할 수 있습니다. 하지만 여전히 자기 자신에게 몰두해 있지요. 하나님을 두려워하는 것으로 만족하지 않고, 자신이 그분을 두려워한다는 것을 확신하고 싶어 합니다. 그분을 두려워하지 않을까봐 두려워하는 것이지요. 이 단계의 영혼은 끊임없이 자신의 행동을 점검합니다. 이처럼 불안하게 끊임없이 자신을 돌아보는 것은 단순한 사랑 안에서 맛보는 자유나 평안과 거리가 멉니다. 하지만 아직 그런 자유를 맛볼 때가 아니지요. 영혼은 반드시 이 고난을 거쳐야 하며, 처음부터 단순한 사랑의 자유 가운데 영혼을 두려 하는 자는 영혼을 잃어버릴 위험을 무릅쓰는 것입니다.

첫 사람은 우선 자신을 즐기기를 원했으며, 그러다 보니 피조물에 대한 애착에 빠지게 되었습니다. 그런데, 길을 잃은 사람은 헤매어 갔던 길을 되짚어 돌아오기 마련이지요. 다시 말해, 하나님을 떠나 외적인 대상들을 향해 갈 때 먼저 자기를 추구하는 마음을 거쳤던 것처럼, 이제 외적인 대상들을 버리고 하나님께로 갈 때도 먼저 자기 마음속으로 돌아가야 하는 것입니다. 그러므로 회개하는 영혼을 사랑받는 자녀의 자유 속으로 인도하기에 앞서, 먼저 그가 자신과 씨름하며 자신의 비참을 엄중히 찾아낼 수 있도록 한동안 내버려 두어야 합니다. 두려움에 이끌리고 또 그럴 필요가 있는 한, 영혼은 이 환란과 고뇌의 떡을 양식 삼아야 합니다. 그러다 하나님께서 마음을 무엇인가 더 순수한 것을 향해 열어 주시기 시작하면, 지체 없이 그리고 한 걸음씩 차근히 그분의 은총을 따라가야 합니다. 그럴 때 영혼은 단순함에 들어가기 시작합니다.

세 번째 단계에서, 영혼은 더 이상 불안하게 자신을 향하지 않으며, 자신을 돌아보기보다 좀 더 자주 하나님을 바라보기 시작합니다. 그러면서 차츰 자신을 망각하고 하나님 안에서 이기심 없는 사랑에 빠져들게 됩니다. 처음에는 정념을 자극하는 외적 대상들에 이끌리느라 전혀 자신을 생각지 않던 영혼이, 그다음 단계에서는 끊임없이 자신을 돌아보던 지혜를 거쳐, 이제 마침내 조금씩 또 다른 상태, 이전에 외적 대상들에 끌리던 것처럼 하나님께 끌리는 상태에 이르게 됩니다. 하나님께서 영혼을 이끌어 주시어 자기 자신에게서 벗어나 하나님만으로 채워지게 만들어 주시는 것입니다.

영혼이 저항하거나 지체하지 않고 이 인도하심을 순순히 따라갈수록, 단순함에서 더욱 전진하게 됩니다. 자신의 결점들을 못 보거나 자신의 신실치 않음을 못 느낀다는 말이 아닙니다.

이전 어느 때보다도 더욱 그런 것들을 느끼게 되며, 아주 사소한 잘못도 견딜 수 없게 됩니다. 빛이 밝아질수록 부패한 것이 더 드러나기 마련이니까요. 하지만 이런 깨달음은 더 이상 불안한 자기 성찰에서 오는 것이 아닙니다. 현존하시는 하나님의 빛 가운데서 자신이 그분의 무한한 순수함과 얼마나 반대되는가를 깨닫는 것입니다.

그리하여 영혼은 마음껏 내달릴 수 있게 됩니다. 더 이상 자신을 돌아보고 가다듬느라 멈춰 설 필요가 없습니다. 다시 말하지만, 이 경이로운 단순함은 확실한 회개를 통해 정화되지 않은 영혼에는 맞지 않습니다. 그것은 전적인 자기 초탈과 하나님에 대한 사심 없는 사랑에서만 나올 수 있는 것이니까요. 하지만 이 단순함은 차츰 이루어집니다. 회개하여 세상의 허욕에서 벗어날 필요가 있는 영혼들은 많은 자기 성찰이 필요한 것이 사실이지만, 은총이 열어 주시는 바에 따라, 그들이 지나치게 초조하게 자신에게 몰두하는 것은 막아야 하리라고 생각합니다. 그런 자기 몰두는 그들의 걸음을 방해하고 혼란에 빠뜨려 제대로 나아갈 수 없게 하니까요. 그처럼 자기 자신에 대한 생각들로 겹겹이 싸인 영혼은 너무 많은 외투를 겹쳐 입어서 잘 걷지 못하는 여행자와도 같을 것입니다. 지나친 자기 성찰은 연약한 영혼 안에 해로운 미신과 염려들을, 그리고 천성적으로 강한 영혼들 안에는 하나님의 영과 양립할 수 없는 교만한 지혜를 만들어 냅니다. 그 모든 것이 단순함과 반대입니다. 단순한 영혼은 자유롭고 솔직하고 너그러워서, 자신을 잊고 모든 것을 남김없이 하나님께 맡기게 됩니다. 오, 얕고 이기적이고 초조한 자기 추구에서 벗어난 영혼은 얼마나 복된지요! 그의 모든 걸음걸이가 얼마나 고결한지요! 얼마나 위대하며 담대한지요!

사람도 친구가 자기에게 단순하고 자유로운 태도가 되어 기탄없는 우정을 나누어 주기를 바란다면, 우리의 참된 친구이신 하나님께서는 우리 또한 더 이상 자신을 돌아보지 말고 초조하고 거북하고 옹색한 마음 없이 하나님께서 예비하신 친밀한 관계를 누리기를 얼마나 더 원하시겠습니까! 이런 단순한 마음이 하나님의 참된 자녀의 완전함을 이루는 것이며, 이것이 우리가 지향하고 기꺼이 인도받아 가야 할 목표입니다. 이 복된 단순함을 가로막는 큰 장애물은 세상의 어리석은 지혜이니, 이 지혜는 아무것도 하나님께 맡기지 않고 모든 것을 자기 열심으로 행하며 모든 것을 자기 힘으로 관리하고 끊임없이 자기 업적에 자신을 비추어 보려 합니다. 사도 바울은 이런 지혜를 가리켜 어리석음이라고 했습니다.고전 1:20 참된 지혜는 초조하게 자신을 돌아보지 않고 하나님의 영에 자신을 내맡기는 데 있으니, 세상 사람들의 어리석은 눈에는 이것이 오히려 어리석게 비치겠지요.

회심이 아직 완전히 이루어지지 않은 그리스도인에게는 지혜로워지도록 끊임없이 권면해야 하지만, 그가 완전히 회심한 후에는 너무 지혜로워지지 않도록 주의해야 합니다. 사도 바울이 말하는 온건하고 절제된 지혜를 갖도록 해야 합니다.롬 12:3

만일 그가 하나님께 더 가까이 나아가기를 원한다면, 먼저 자신을 포기해야 되찾을 수 있을 것입니다. 의심하는 본성의 버팀목 역할을 하는 자기 지혜를 해체해야 하며, 십자가의 어리석음이라는 쓴 잔을 마셔야 할 테니, 초기 그리스도인들처럼 자기 피를 쏟지 않아도 되는 영혼들에게는 이것이 순교 대신이 됩니다.

초조하게 자신을 돌아보는 것을 끊어버리면 영혼은 설명할 수 없는 자유와 평안을 누리게 되는데, 이것이 바로 단순함입니다. 단순함을 멀리서 바라보며 분명 경이로우리라 생각하기는 쉽지만, 실제로 체험해 보아야만 그것이 얼마나 넓은 마음을 주는지 알 수 있습니다. 마치 엄마 품에 안긴 어린아이가 더는 자신을 위해 아무것도 원치 않고 두려워하지도 않으며 마음 편히 이리저리 몸을 돌리듯이, 이런 순수한 마음을 가지면 행여 다른 사람들에게 거침이 될까 하는 배려에서 조심하는 것 말고는 그들이 우리에 대해 어떻게 생각하는지 더 이상 개의치 않게 됩니다. 그저 지금 이 순간 부드럽고 자유롭고 명랑하게 마음을 기울여 할 수 있는 모든 일을 할 뿐, 성공에 연연하지 않습니다. 사도 바울이 자기 자신에 대해 말했듯이, 더 이상 자신을 판단하지 않으며 다른 사람들에게 판단 받을까 하는 두려움도 갖지 않게 됩니다._{고전 4:3}

그러므로 이 사랑스러운 단순함을 추구합시다. 거기 이르는 길이 아직 우리에게 남아 있기를! 우리는 거기서 멀어질수록 더욱 거기로 돌아가기 위해 걸음을 서둘러야 합니다. 대부분의 그리스도인들은 단순하기는커녕 진실하지도 않습니다. 부자연스러울 만큼 자신을 가다듬을 뿐 아니라 타인에게나 하나님께나 심지어 자기 자신에게도 거짓 꾸민 태도를 취합니다. 진실을 은근히 왜곡하기 위해 무수히 에두르고 지어냅니다. 오, 모든 사람이 거짓됩니다.시 116:11 천성이 정직하고 성실하고 순진한 이들, 천성이 단순하고 매사에 편하다는 이들조차도 자기자신에 대해서는 민감하고 집착하기 마련입니다. 이런 집착이 남모를 교만을 키우며 참된 단순함을 가로막는 것이니, 참된단순함이란 진심으로 자기 자신을 포기하고 부단히 망각하는 것입니다.

하지만 어떻게 내가 나에 대해 신경 쓰지 않을 수 있나요? 라고 말할지도 모르겠습니다. 하지만 너무나 자주 자신을 돌아보는 것은, 사람을 불안하게 하고 폭군처럼 휘두르고 극도로예민하게 만듭니다. 특히 내가 이런 돌아봄에서 문제 삼는 것은 의식적인 돌아봄입니다. 의식적으로 초조해하고 집착하지않는 것으로 족합니다. 그런 돌아봄을 알아챌 때마다 그것을버리려는 신실한 태도가 있다면 조금씩 자유로워질 것입니다. 하지만 그런 생각들을 정면으로 공격하거나, 물리치겠다고 고집을 부리며 싸움을 걸지는 마십시오. 오히려 더 자극만 하게될 것입니다. 우리와 우리의 관심을 사로잡는 생각들을 물리치려는 끊임없는 노력은 오히려 끊임없이 우리 자신에 착념케 함으로써 하나님의 현존과 그분이 우리에게 주시려는 임무에서주의를 흩뜨릴 수 있습니다.

중요한 것은 쾌락과 안락함과 평판에 대한 우리의 모든 관심을 진심으로 하나님 손에 맡기는 일입니다. 하나님께서 주시고자 하는 안팎의 굴욕과 고난과 시련을 유보 없이 받아들이며 최악의 상황이라도 받아들일 마음 자세를 갖는 자는 자기 자신에 맞서 강해질 것이고, 더는 다른 사람의 인정을 받지 않거나 사람들의 비판을 피할 수 없는 것을 두려워하지 않게 될 것입니다. 그는 더 이상 예민하게 굴지 않으며, 어쩌다 무심결에 그런 태도가 나오려고 하면 스스로 경멸하고 꾸짖고 험하게 다루어 조금도 틈을 주지 않으므로 얼마 안 가 그런 태도를 버리게 됩니다. 이처럼 완전한 수용과 부단한 수긍의 상태가 참된 자유를 가져오며, 이 자유가 완전한 단순성을 가져오는 것입니다.

더 이상 제 몫의 욕심이 없으며 자신에 대해 염려하지 않는 영혼은 솔직할 수밖에 없습니다. 그는 거칠 것 없이 직진하며, 자신을 포기하고 망각하면 할수록, 그의 길은 끝없이 넓어집니다. 고난 가운데서도 그는 바다처럼 깊은 평안을 누립니다. 하지만 여전히 자신에게 집착하는 한, 여전히 불편하고 불확실하며 끊임없이 돌아오는 자기애에서 벗어나지 못할 것입니다. 더 이상 자기 것이 아닌 사람은 복이 있습니다!

세상 사람들이나 하나님이나 모두 자신에게 매이지 않는 고결한 단순함을 좋아한다는 점은 이미 말한 바 있습니다. 세상은 자기와 마찬가지로 타락한 자기 자녀들에게서 전혀 자신을 돌아보지 않는 듯한 사람의 자유롭고 편안한 태도를 높이 삽니다. 사실 자기 자신을 돌아보지 않는 것보다 더 위대한 것은 없으니까요. 하지만 세상의 자녀들에게서 보이는 이 단순함은 사실 전도된 것이니, 그들은 한층 더 헛된 대상들에게 이끌린 나머지 자신을 돌아보지 않는 것이기 때문입니다. 그러므로 이 단순함은 참된 단순함의 그릇된 이미지에 지나지 않지만, 그럼에도 참된 단순함의 위대함을 엿보게 합니다. 실체를 찾지 못하는 자들은 그림자를 뒤쫓지만, 그림자는 비록 그림자이더라도 실체와 조금은 닮았기 때문에 그들에게 매력을 행사하는 것입니다. 단순함이 제자리를 떠나서도 매력을 갖는 것은 그 때문입니다.

결점 많은 사람이 전혀 결점을 감추려 하지 않고 좋은 인상을 주려 애쓰지 않으며 재능이나 미덕, 친절 등을 꾸미지 않는다면, 자기 자신을 남보다 더 생각하지 않고 다들 그토록 집착하는 자아를 잃어버린 듯이 보인다면, 자기 자신에 대해 모르는 사람처럼 무심하다면, 그는 모든 결점에도 불구하고 아주 호감을 줄 것입니다. 단순함이란 그토록 위대한 선이므로, 그 그림자조차도 매력적이기 때문입니다. 이 거짓 단순성이 참된 단순성으로 오인되기도 합니다. 반대로, 재능과 미덕과 친절로 가득한 사람이라도, 너무 자신에게 얽매이고 항상 자신에게 주의를 기울이며 최선의 것들을 내세운다면, 그는 실로 지루하고 역겨운 사람이 되어 누구나 싫어할 것입니다. 그러므로 단순해지는 것, 즉 자신에게 매이지 않는 것보다 더 좋은, 더 위대한 것은 없습니다. 피조물들은 우리를 어떤 위치에 처하게 하든 결코 진실로 단순하게 만들어 주지 않습니다. 우리는 기질적으로 어떤 명예에 덜 집착하거나 자신의 행동에 대해 과민하고 초조한 생각들을 하지 않을 수는 있습니다. 하지만 결국 피조물들을 추구하는 것은 자신을 위해서이니, 결코 진정으로 자신을 망각하지는 못합니다. 피조물들에 집착하는 것은 그것들을 누리기 위해서이니 결국 자신을 위한 것이지요.

하지만 그렇다면 도대체 자신에 대해서나 우리 관심을 끄는 것에 대해 생각도 하지 말고 우리 자신에 대한 얘기는 아예 하지 말라는 것입니까? 라고 물을지도 모르겠습니다. 아닙니다. 그런 식으로 자신을 거북하게 만들어서는 안 됩니다. 자신에게만 사로잡힐까 하는 두려움 때문에 절대로 내 이야기는 하지 않는다는 식의 규율에 매달리다 보면, 단순해지려 하다가 오히려 더 단순함에서 멀어질 것입니다.

그러면 어떻게 해야 합니까? 아무것도 일부러 규율을 정해서 하지 말고, 그저 아무것도 꾸미지 않는 것으로 만족하십시오. 자신에 대한 생각이 많아져 자기 이야기를 하고 싶어진다면, 그저 하나님이나 하나님께서 명하시는 일들을 함으로써 그런 공연한 욕구를 물리치면 됩니다. 그렇듯 단순함이란 잘못된 수치심, 거짓 겸손, 과시, 헛된 자기만족, 자신에 대한 관심 등이 없는 것을 말합니다. 허영심 때문에 자기 이야기를 하고 싶어질 때면, 그런 헛된 자기 지향을 바로 끊어버리면 됩니다. 반대로, 뭔가 필요해서 그런 이야기를 할 마음이 든다면, 길게 따질 것 없이 곧장 목표를 향해 가면 됩니다. 하지만 사람들이 나에 대해 뭐라고 할까? 바보같이 내 자랑을 한다고 생각할 거야.

내 관심사에 대해 길게 말하면 이상하게 보일지도 몰라. 이런 식의 불안한 생각들은 일고의 가치도 없습니다. 우리 자신에 대해서도 남의 얘기를 하듯이 단순하게 솔직하게 말하기로 합시다. 사도 바울이 서신서에서 자주 자기 얘기를 할 때 그랬던 것처럼 말입니다. 자신의 출신에 관해 그는 자기가 로마 시민이라고 거리낌 없이 말합니다. 그는 재판관을 두렵게 할 만큼 그 권리를 주장하기도 합니다. 또한 가장 위대하다는 사도들보다 조금도 못할 것이 없다고도 말합니다. 교리에 대해 그들로부터 배운 것이 없으며, 사역에 대해서도 아무 도움을 받은 적이 없고, 그들 못지않게 그 자신도 예수 그리스도의 것이라고, 오히려 자기가 그들보다 더 고생하고 수고했다고, 베드로에게 "비난할 것이 있으므로" 정면으로 맞서기도 했다고 말하는 것입니다.갈 2:11 자신은 셋째 하늘까지 끌려 올라간 적도 있으며, 양심에 아무 거리낄 것이 없고, 이방인들을 교회하기 위해 선택된 그릇이라면서, 그는 신자들에게 이렇게 말합니다. "내가 그리스도를 본받는 사람인 것과 같이, 여러분은 나를 본받는 사람이 되십시오."고전 11:1 자기 자신에 대해 그렇게 소탈하게 말할 수 있다는 것은 위대한 일입니다. 사도 바울은 자신에 대해 최고의 것들을 말할 때도 전혀 감격하거나 자신에게 몰두하지 않습니다. 마치 2천 년 전에 일어난 일이기나 한 듯이 담담하게 이야기할 뿐입니다. 모든 사람이 그런 식으로 말하고 행하려 해야 한다는 것은 아니지만, 어쩔 수 없이 자기 얘기를 해야 할 때는 단순하게 하십시오. 모든 사람이 그런 고상한 단순성에 도달할 수는 없으며, 때가 되기도 전에 도달하기를 원해서도 안 될 것입니다. 하지만 여럿이 모인 자리에서 정말로 자기 이야기를 해야 할 필요가 있을 때는 거짓 겸손이나 그릇된 자만에서 오는 수치심에 빠지지 말고 솔직하게 하십시오. 그릇된 자만은 자주 겸손하고 절제된 태도로 위장됩니다. 자신이 가진 좋은 것을 내보이지 않으려 하는 것이지요. 그러면서 남들이 발견해 주면 은근히 기뻐하니, 이는 자신의 미덕과 동시에 미덕을 감추는 겸손을 한꺼번에 인정받으려는 것입니다.

자신에 대해 생각하고 말할 필요에 대해서는 당신이 받은 은혜의 수준을 잘 아는 사람의 조언을 구해야 합니다. 그럼으로써 스스로 판단하고 스스로 인도하는 것을 피할 수 있으니, 이것이 복의 원천이 됩니다. 그러므로 자신에 대해 정말로 말할 필요가 있는지 아니면 내가 그렇게 상상한 것인지 결정하는 것은 우리가 조언자로 삼은 경건하고 지혜로운 사람에게 맡길 일입니다. 그의 숙고와 결정이 우리에게 불필요한 자기 성찰을 덜어 줄 것입니다. 또한 그는 우리가 정말로 말할 필요가 있어서 격식을 차리지 않고 우리 자신에 대해 유리하게 말하더라도 그런 단순함과 격의 없음을 상대방이 까탈 없이 받아 줄 수 있을지도 검토할 것입니다.

예기치 못한 상황이라 의논할 여유가 없을 때는 하나님께 맡기고 그분이 주시는 빛에 따라 가장 좋다고 생각되는 바를 따르되 주저하지 말아야 합니다. 주저하다 보면 마음이 혼란스러워지기 때문입니다. 우선 결단을 내려야 하며, 설령 그 결단이 잘못되었다 하더라도 의도가 바르기만 하다면 악이 선으로 바뀔 것입니다. 하나님께서는 우리가 조언을 제대로 받을 수 없는 상황에서 그분의 영이 주시는 단순함에 자신을 맡기고 행한 것을 결코 꾸짖지 않으십니다.

자신에 대해 나쁘게 말하는 온갖 방식에 대해서는 비난도 권고도 할 생각이 없습니다. 그것이 단순함에서, 하나님 앞에서 우리 자신에 대해 일어나는 혐오나 경멸에서 비롯되는 것이라면 훌륭한 것이고, 많은 성인들에게서 그런 것을 볼 수 있습니다. 하지만 대체로 가장 단순하고 확실한 길은 자신에 대해 좋게든 나쁘게든 불필요한 말을 하지 않는 것입니다. 자기애는 자신에 대해 망각하고 침묵하기보다 욕이라도 하고 싶어하니까요. 자신에 대해 나쁘게 말하는 것을 그만둘 수 없다는 것은 그런 자신과 타협할 태세가 되어 있다는 뜻입니다. 마치 무분별한 연인들이 미친 듯 사랑하는 상대방에 대해 길길이 분노하는 것처럼 보일 때 실은 그 사랑을 다시 시작할 태세가 되어 있는 것과도 같습니다.

결점을 고치는 일에 대해 말하자면, 우리가 처한 내적인 상태에 따라 그 방법이 달라져야 합니다. 내적인 삶에 다양한 상태가 있는 만큼, 자신을 고치는 방법도 다양한 것이지요. 각자 처한 상태에 걸맞은 노력을 해야겠지만, 대체로 우리의 결점들을 고치는 데는 묵상, 일체의 욕망과 의식적인 거부감을 끊어버리는 것, 그리고 순수한 사랑과 하나님을 의지함 등이 초조한 자기 성찰보다 훨씬 도움이 됩니다. 하나님께서 개입하시고 우리가 그분의 일하심을 지연시키지만 않는다면, 그 일은 아주 신속히 이루어집니다.

이 단순함은 차츰 외적으로도 드러나게 됩니다. 내적으로 일체의 자기 지향을 끊어버리고 자기 자신으로부터 자유로워지면, 훨씬 자연스럽게 행동하게 됩니다. 생각들을 떨쳐버리면 작위적인 것도 떨어져 나가니까요. 자신에 대해서도 자기 행동에 대해서도 생각하지 않고, 경험해 보지 않은 사람에게는 이해되지 않을 올곧은 의지를 가지고 행동하게 됩니다. 그러면 결점들도 선으로 바뀌는 것이, 자기 결점들로 인해 낙심하기보다 겸손해지기 때문입니다. 하나님께서 우리를 통해 무엇인가 외적인 일을 하고자 하실 때는, 이런 결점들을 제거해 주시든가 아니면 그 결점들을 그분의 의도에 맞게 쓰시거나, 또 아니면 그 일에서 함께할 사람들이 우리의 결점들로 인해 반감을 갖지 않게 해주십니다.

끝으로, 우리가 진정 이 내적 단순함 가운데 있을 때는, 모든 외관이 더 순진하고 자연스러워집니다. 때로는 더 진지하고 더 다듬어진 외관보다 덜 단순해 보이기까지 합니다. 하지만 그렇게 보이는 것은 보는 이들의 취향이 잘못되어 짐짓 꾸민 겸손을 진짜 겸손으로 보며 참된 단순함을 알지 못하기 때문입니다. 이 참된 겸손은 때로 다소 허술하고 산만해 보이기도 하지만, 거기에는 뭐라고 말할 수 없는 소박함과 진실성이 있어서 소탈하고 다정하고 순진하고 명랑하고 평화로운 것을 느끼게 하며, 순수한 눈으로 가까이서 지켜보노라면 마음이 끌리게 됩니다.

오, 이 단순함은 얼마나 사랑스러운지요! 누가 내게 그것을 주겠습니까? 그것이야말로 복음의 진주이니, 그것을 얻기 위해서라면 모든 것을 버리겠습니다. 오, 오로지 그것만을 원하는 모든 이에게 누가 그것을 주겠습니까? 세속의 지혜여, 너는 그것을 멸시하지만, 그것 또한 너를 멸시하리라. 어리석은 지혜는 굴복하리니, 그것은 사도가 말하듯 죽음에 지나지 않는 지혜라 롬 8:6 하나님의 자녀들은 그것을 싫어할 것이다.

41.

특별한 우정에 대하여:
공동체 안에서 얼마나 그것을 경계해야 하는지

일반적으로 우리는 우리 취향에 맞는 장점과 자질들이 보이는 사람들과 긴밀한 우정으로 맺어지는 것보다 더 순수한 것은 없다고 생각합니다. 마음을 털어놓고 위로받을 만한, 믿을 수 있는 사람을 갖는 것은 인생에서 꼭 필요한 일이라고들 말하지요. 덕스럽고 굳건한 우정의 즐거움 없이도 살아갈 수 있다는 것은 마음이 아주 딱딱해진 사람들뿐일 것입니다.

하지만 이런 우정은 다른 어떤 처지에서도 잘못될 소지가 많지만 특히 수도 공동체에서는 경계해야 할 무엇입니다. 자신이 수도자의 소명을 받았다고 생각한다면, 세속에서 자유롭고 사적인 삶을 살아갈 때와는 전혀 다른 방식으로 우정에 접근해야 합니다. 그 이유는 이러합니다.

1. 우선, 수도 공동체에 들어간 사람은 순종과 복종에 헌신하기로 한 것이므로 더 이상 자기 것이 아닙니다. 시간도 일도 자기 뜻대로 할 수 없으니, 애착 또한 마찬가지입니다. 애착심에는 시간과 마음 쏨이 따라가기 마련이니까요. 상급자들이 용인하지 않는 관계를 맺는 것은 불순종이며, 자기도 모르게 공동체 일반의 화합을 깨뜨리는 특수한 마음을 갖는 것입니다. 심지어 당신이 좋아하는 사람의 사소한 이익을 위해 지나치게 예민해지고 질투에 빠지고 열을 올리고 의심하고 화를 내게 될수도 있습니다. 당신 스스로도 부끄럽게 여길 만한 것들이지요. 상급자들이 당신의 절제와 분별과 초탈함을 비롯한 여러 미덕들을 못 미더워한다 해도 무리가 아닙니다. 이 특수한 애착심은 사람들의 시각에 대해, 당신을 아주 떼어놓거나 아니면 좋아하는 사람과 함께 있을 수 없게 하는 소임을 주는 조처에 대해 반발하게 만듭니다. 이것만으로도 상급자들에 대해 분한 마음을 품고 순종하기를 싫어하게 되며 피할 구실을 만들기에 족합니다. 침묵의 규율을 깨뜨리고 종종 사소한 비밀들을 소곤거리며 틈만 나면 규율에 어긋나는 수다를 떨고 싶어질 것입니다. 그렇듯 무절제하게 마음을 쏟아 놓는 15분의 시간은 다른데서 하는 모든 대화보다도 해를 끼치며 순종에서 멀어지게 합니다.

　상급자들은 이런 폐해를 보면 개선하려 하기 마련인데, 그들이 동원하는 더없이 자애로운 조처도 당신에게는 의심이요 가혹함으로 비칠 것입니다. 당신은 이렇게 반발할지도 모릅니다. 나더러 어쩌라고? 내가 뭘 잘못했다는 거야? 난 어떤 사람의 좋은 점을 좋게 보는 것뿐인데? 다른 사람보다 더 자주 만나는 것도 아니고, 대놓고 비위를 맞추는 것도 아닌데. 우리가 서로 사랑하는 건 하나님을 위해서라고. 그런데 내게 남은 유일한 위안을 빼앗으려 하다니. 이렇게 순수한 것을 그토록 나쁘게 취급한다면, 내가 정말로 무슨 규율을 어기기라도 하면 얼마나 심한 대접을 하겠어?

상급자들은 당신의 우정이 잘못되었다는 것을 알기는 해도 설명은 못할 수도 있습니다. 그들은 무분별한 우정이 은연중에 마음에 해독을 끼친다는 것을 느끼면서도 구체적으로 어떻게 그 파급을 막을 수 있을지 모르는 것입니다. 당사자는 처음에는 화를 내다가 부정적인 마음으로 바뀌고 결국 반발하여 바른 길을 벗어나게 됩니다. 더없이 아름다운 시작이 이처럼 불행한 결과들을 가져오는 것이지요.

2. 당신의 특수한 우정은 다른 사람들에게도 해로운 본보기가 되어 악영향을 미칩니다. 저마다 그렇듯 자기만의 애착 관계를 가져도 된다고 생각하여, 처음에 생각했던 것보다 어느새 더 멀리 갈 수도 있습니다. 제각기 다른 우정을 나누는 이들 사이에 일종의 경쟁과 감정 대립이 일어나게 되지요. 거기서 가장 엄한 규율을 지닌 수도회라도 뒤엎을 만한 작은 파벌과 음모가 생겨납니다. 그뿐 아니라 두 사람이 같은 사람에게 애착심을 가질 경우에는 서로 질투하며 누가 더 상대의 호의를 얻느냐로 경쟁하게 됩니다. 이 얼마나 시간 낭비입니까! 얼마나

마음을 흐트러지게 하며 어리석은 걱정에 빠지게 하는 것입니까! 내적인 훈련에는 싫증을 내고 잘못된 허영에 빠지는 것입니까! 신앙의 열정과 겸손을 꺼뜨리는 것입니까! 이 모든 무분별한 애착 관계는 얼마나 혼란과 추문을 가져오는 것입니까!

그렇지만 수도 공동체들은 실제로 이런 위험에 노출되어 있음을 인정해야 합니다. 이런 애착 관계는 전염성이 있기 때문입니다. 어느 한 사람이 그런 방종에 빠지면, 처음 그 금단의 과실을 맛본 사람은 다른 사람들에게도 그것을 맛보이게 되어 있습니다. 사랑하고 사랑받기를 원하는 그 사람이 얻는 위안과 지지를 다른 사람들이라고 덜 원하지 않기 때문입니다.

3. 더구나 당신이 좋아하는 상대방에게는 돌이킬 수 없는 잘못을 저지르게 됩니다. 당신이 그에게 보이는 특별한 호의 때문에 그는 단순하고 사심 없이 순종하던 생활에서 벗어나 자기애와 자기만족에 빠져들게 되는 것입니다. 그리하여 상급자들로부터 오히려 더 굴욕을 당하게 되는데, 그들도 그를 힘들게 하지만 따지고 보면 그것은 그가 그들을 힘들게 했기 때문이지요. 그들은 그를 불신하고 때로는 그가 전혀 하지 않은 일에 대해서도 그를 의심하게 됩니다. 그의 사소한 행동까지 감시하며 그가 하는 말을 믿지 않고 그의 가장 깊은 속마음과 관련된 자잘한 것들에서까지 그를 불편하게 만듭니다.

그러면 그를 좋아하는 당신은 그와 함께 십자가를 나누어 지게 되지요. 아주 위험한 관계가 시작되는 것입니다. 울화로 가득한 마음을 서로 나눔으로써, 자신의 악감정을 상대방에게까지 퍼뜨리게 되니까요. 함께 상급자들에 대해 불평하고 단순한 순명에 반발하는 헛된 핑계들을 쌓아 올리지요. 이것이 그 아름다운 우정의 불행한 결과입니다.

단 하나의 특수한 우정이 공동체 전체의 화합을 깨뜨릴 수도 있습니다. 다른 사람의 호의를 받는 사람은 종종 공동체 전체의 질투와 비판을 불러일으킵니다. 그는 증오의 표적이 되어 모든 일에 훼방 받으며 반대에 부딪히게 됩니다. 자기도 모르게 자신이 좋아하지 않는 사람들에 대해서는 무관심하고 냉담하고 거만해 보이게 되니까요. 모든 사람에게 두루 친절한 사람은 두루 사랑받으며 모두에게 좋은 영향을 미칩니다. 반대로, 자신의 취향에 따라 특수한 애착 관계를 갖고 행동하면 일반적인 우의를 해치고 차별을 둠으로써 공동체 전체에 분란을 일으키게 됩니다.

4. 끝으로, 자기 자신에게도 큰 해를 입히게 됩니다. 어느 한 사람에게 특별히 애착심을 갖는 것이 예수 그리스도의 가르침에 따라 자기를 포기하는 것인가요? 그것이 모든 것에 대해 죽고 자기를 망각하며 자기 십자가를 지고 예수 그리스도를 따르는 것인가요? 그분과 함께 십자가에 못 박히기커녕 자신에게 탐닉하고 어리석은 우정에 취하다 보면, 주님 앞의 고요한 묵상을 잃어버리고 더는 기도도 할 수 없게 됩니다. 항상 지나치게 들뜨고 차분하지 못하며 불안해하고 비밀이 많아지며 불신하는 태도를 갖게 됩니다. 마음은 자신의 호의가 쏠리는 그 한 사람, 그러니까 하나님이 아니라 피조물에 대한 생각으로 가득

참니다. 말하자면 그 피조물을 자신의 우상으로 삼으며, 자신 또한 그에게 우상이 되기를 바라는 것입니다. 하나님으로부터 갈수록 멀어지는 것이지요.

나는 그런 우정을 갖더라도 자제할 수 있어, 라고 말하지 마십시오. 만일 그렇게 자만한다면, 전혀 자제할 수 없을 것입니다. 지금 당장도 자제하지 못하면서, 실제로 위태로운 상황을 만나면 어떻게 자제한다는 말입니까? 그러니 섣불리 장담하지 마십시오. 무엇인가를 좋아하지 않고는 못 배기는 다정하고 상냥한 천성 때문에 당신은 그 애착심을 좀처럼 절제하지 못할 것입니다. 처음에는 그런 애착심이 필요하고 또 온건한 것으로 보이겠지만, 얼마 안 가 당신은 스스로 마음을 다스려 딱 원하는 데서 멈춰 세우기가 얼마나 어려운지 깨닫게 될 것입니다.

결론적으로 말해, 당신은 만일 누구한테든 각별한 애착을 갖게 된다면, 자기 마음을 제대로 간수하거나 주의 깊게 감독하여 그 헛된 애정으로 흘러 나가지 않게 하기가 매우 어려우리라 봅니다. 이런 애정의 결말은 항상 고통스러운 것이지요.

그러니 어느 한 사람만을 사랑하지 말고 하나님께서 당신에게 사랑하라 명하시는 모든 사람을 두루 사랑하십시오. 선하고 완전하신 하나님의 사랑이 당신에게서 피조물들에 대한 우정에 탐닉하는 취향을 걷어내 주시면, 당신은 크나큰 평안과 복을 맛보게 될 것입니다. 피조물들이란 항상 불완전하고 결코 우리 마음을 채워 줄 수 없으니까요!

하지만 만일 당신이 이미 그런 우정을 앓고 있다면, 아름다운 우정이라는 고집에 사로잡혀 있다면, 적어도 조금씩 거기서 벗어나기에 힘쓰십시오. 눈을 뜨십시오. 당신이 사랑하는 피조물도 결함투성이입니다. 그로 인해 괴로웠던 적이 없다는 말입니까? 당신의 애정을 지고의 선이신 하나님께 돌리십시오. 그분은 당신이 괴로워할 결함이 전혀 없으십니다. 마음을 열어 질서와 순종을 사랑하십시오. 모든 사람을 포용하는 참다운 사랑의 순수한 즐거움을 맛보십시오. 하나님이 하시는 일을, 그분이 당신을 부르신 공동체의 화합과 평강을 사랑하십시오. 만일 그 사람의 은덕을 입은 것이 있다면 감사를 표하되 침묵해야 할 시간이나 규칙적인 훈련을 어겨가면서까지 그러지는 마십시오. 그 사람을 사랑하되 하나님 안에서, 하나님을 따라 사랑하십시오. 무분별한 속내 이야기, 끝없는 속살거림, 온당치 못한 애정 표현, 헛된 즐거움, 짐짓 꾸민 열성, 잦은 대화, 이 모든 것을 끊어버리십시오. 당신의 우정이 신중하고 단순하며 모든 면에서 덕이 되기를 바랍니다. 하나님과 그분이 하시는 일을, 당신이 속한 공동체와 당신의 구원을, 문제의 그 사람보다 더욱 사랑하십시오.